亲子教育，与其『保护』『叱责』，
不如『放手』『鼓励』！

作者简介

## ○ 唐斌

40 年教育行业从业经验（自 3 岁进入幼儿园起，不是被别人教育，就是教育别人）。1997 年师范大学（物理教育）毕业，8 年百年名校（重庆市兼善中学）教书育人经历。2005 年转行国内著名青少年教育服务集团——重庆课堂内外杂志社。现任重庆课堂内外杂志社副总编，重庆市科普作协理事长，重庆市教育评估研究会教师教育发展评估专委会副理事长。

唐堂是我的小名。想知道我的学名吗？书里找找吧！

家庭教育亲子共读书

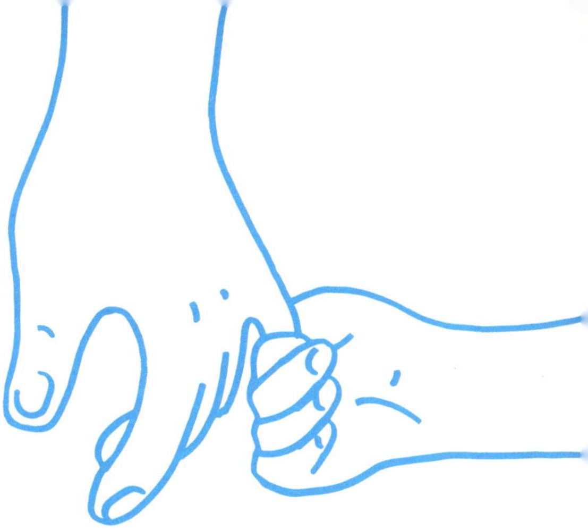

# 想想办法吧！爸爸

唐斌　唐堂 ◯ 著

一开始就做对，
胜过一辈子的弥补

CNS PUBLISHING & MEDIA 中南出版传媒

湖南少年儿童出版社
HUNAN JUVENILE & CHILDREN'S PUBLISHING HOUSE

图书在版编目（CIP）数据

一开始就做对，胜过一辈子的弥补 / 唐斌，唐堂著 .—长沙：湖南少年儿童出版社，2020.9
（想想办法吧！爸爸）
ISBN 978-7-5562-5204-6

Ⅰ. ①一… Ⅱ. ①唐… ②唐… Ⅲ. ①家庭教育Ⅳ. ① G78

中国版本图书馆 CIP 数据核字（2020）第 092601 号

**想想办法吧！爸爸**

YI KAISHI JIU ZUO DUI，SHENGGUO YIBEIZI DE MIBU

**一开始就做对，胜过一辈子的弥补**

质量总监：阳　梅
图书策划：张朝伟
责任编辑：范　丽　向艳艳
封面设计：刘　洋
封面插画：刘　洋
版式设计：王　静　周　萍

出 版 人：胡　坚
出版发行：湖南少年儿童出版社
地　　址：湖南省长沙市晚报大道 89 号　　邮　　编：410016
电　　话：0731-82196340　82196341（销售部）　82196313（总编室）
传　　真：0731-82199308（销售部）　82196330（综合管理部）
常年法律顾问：湖南崇民律师事务所　柳成柱律师
印　　刷：长沙新湘诚印刷有限公司
开　　本：710 mm×1000 mm　1/16
印　　张：21.5
版　　次：2020 年 9 月第 1 版　　印　　次：2020 年 9 月第 1 次印刷
书　　号：ISBN 978-7-5562-5204-6
定　　价：56.00 元

# 自序

## 一开始就做对，<br>胜过一辈子的弥补

同事李业陶曾分享过一个故事：她某天带儿子路过一个培训机构，儿子问，那是什么地方？她说，是专门辅导语文和数学的学校。儿子非常兴奋地说：“我们进去吧！我最喜欢做数学题了！”虽然他概念里的那点数学题，只是什么序数、相邻数、十以内的加减法，但是他喜欢得又蹦又跳，着实让她怔了片刻——很多时候，学习对于孩子来说，并不是家长想当然的那么痛苦。可能的确是我们自身，妖魔化了学习这个概念。

孩子开始启蒙学习，碰上完全适合自家孩子的好老师，是个小概率的事件，这不是拿钱择校就能办到的。于是乎，在孩子的成长过程中，父母的教育就显得特别重要。父母应该扮演什么样的角色，才能让孩子健康、智慧成长，是我一直苦苦追寻的。



常言道，做一件错事儿常有，但件件事儿都错，那就闻所未闻、见

所未见了。可惜，我就是这样的爸爸！孩子的篮球启蒙没做对、游泳启蒙没做对、阅读启蒙没做对、作文启蒙没做对、数学启蒙没做对……几乎每一次启蒙都行差踏错。

在那段令人尴尬的岁月中，唐堂妈时常对我说的一句话便是：**想想办法吧，爸爸！**

启蒙教育究竟错在哪儿？那时的我如堕烟海，不知就里，不得要领。

促使我发现问题、找准方向、做出改变的契机，源于我社同事周.com的一次启蒙教育分享：

我们如何才能跨越亲子间的鸿沟，成为孩子学习路上的盟友？在引导孩子如何成长与学习的过程中，我们缺少的不是亲子的姿态，而是方法。我们花钱让孩子上各类兴趣班、花时间陪孩子去各类机构，这些都是我们愿意引导孩子成长的姿态或证据，但往往效果并不好。因为我们没有成为孩子成长与学习路上的伙伴，只是把学习当成孩子应当完成的任务，自己只是一个监工而已。

成长是一个既美妙又充满自我修正和完善的过程，很多东西依靠“教育”是难以获得的。虽然，我们都不太懂如何教育孩子，但可以陶醉在“教育”当中。参与到孩子的成长中去，做一次孩子的同盟军，选择和他们一起面对教育，一起再来一次成长。

成长和年纪有关系吗？和孩子一起快乐，一起担担子，一起奔跑，一起流汗……在教育里，孩子就是您心的镜子，您严肃，他紧张；您快乐，他不慌；您幸福怡然，他自在温暖。然而，不少父母急于求成，对孩子的教育刚启蒙，就希望有收获。不问路径，不问付出，弄得孩子压力山大，压力一大，孩子就会改变自己的表达。就像水改变了原来的流向，您堵，他就逃。正本清源，早计划、早挖沟，水就向您想要来的地方来了。陪伴，建立好的沟通方式，就是挖沟，这样才能通啊。

所以，养育孩子的正确方式，还是老祖宗的那句“言传身教”，跟孩子在一起，做孩子学习路上的同伴，身体力行，共同成长。

于是，我开始和孩子阅读“在一起”、作文“在一起”、数学“在一起”……最终，才有了这本书里讲到的一个个故事、一个个改变。

我把自己在启蒙唐堂学识字、自行车、钢琴、篮球、游泳、国学、阅读、作文、数学等过程中，踩过的坑、受过的苦、流过的泪实录下来，分享给大家，希望您不要再犯同样的错。

在孩子的学习敏感期做对教育启蒙，做一个不给孩子“挖坑”的爸爸，是我们的底线。

毕竟**一开始就做对，胜过一辈子的追赶和弥补。**

本书就像一面镜子，您通过这个参照物，能够对自己的亲子教育启蒙进行反思与校正，全面提升在培养孩子兴趣特长、辅导孩子学习启蒙中的单兵作战能力。

郑也夫先生在《吾国教育病理》中讲过一个故事，在一次医疗讲座上，一位听众问医生：我们有病了，要不要、能不能过问和研究这个疾病？那位医生脱口而出：绝对必要，并且是可行的。大夫要懂得许多疾病，以及同一疾病的许多类别，您很难具备那么多知识，但是您只需要搞清楚自己身上的这种疾病，所以这是可能的，可行的。

郑先生总结：最坏的方式是，没病的时候不考虑保健，有病的时候以为把自己交给医院就万事大吉了。

孩子的教育不也如此？

要想孩子脱颖而出，与众不同，唯有靠父母的启蒙与培养。因为父母是所有人中，最有可能做到因材施教、匠心独运的人。一把钥匙开一把锁，每个家庭只有靠父母才能找到最适合自己孩子的成长方式。

很多时候，我看着唐堂，能够在他的身上清晰地看到自己和唐堂妈的影子。瞬间顿悟，在这个世界上，每个人都是自然法则的产物。您想改变孩子身上的坏习惯，培养好习惯，首先得改变您自己。

蹲下来，和孩子一起学习成长，仍是教育成功的不二法门。

先有学爸，再有学娃！

## 2

按出版社的要求，序言中，照例要给出几点大家购买此书的理由。我便自说自话、自卖自夸，既然是自吹自擂，当然干货中夹带大量私货，欢迎各位读者“上当”。

**购买理由一：中国版“父与子”，一本妈妈买回家让爸爸看的书——以男性视角讲述亲子学习启蒙，在“丧偶式育儿”中找回爸爸。**

都说父母是孩子的第一任老师，在多数家庭的启蒙教育中，却出现了“丧偶式育儿”——默认妈妈是“唱白脸”的启蒙老师，爸爸是“唱红脸”的甩手掌柜。

在中国，90% 的爸爸做的只是看护，而非陪伴。

犹太人说：“父亲不是因为生下孩子，而是因为教育孩子，才被称之为‘父亲’。”

所以，不要等到孩子遍体鳞伤，才想起拥抱；不要等到孩子不即不离，才想起陪伴；不要等到孩子流离失所，才想起关爱；不要等到孩子误入歧途，才想起教育。

在亲子启蒙教育中找回爸爸。愿意陪孩子一起成长的男人，最有魅力。

**购买理由二：以真实“失败案例”讲“启蒙陷阱”的教育宝典——适合的才是最好的，一本适用于普通家庭的亲子教育启蒙书。**

孩子出生，“爸爸”才诞生。“爸爸”跟孩子同龄，并不比孩子懂得更多。孩子也并非个个天赋异秉，稍加点拨，便能“大鹏一日同风起，扶摇直上九万里”。

亲子类教育图书，大多以天才儿童为范本谈成功经验。“幸存者偏差”却告诉我们，如果只看那些一路过关斩将、顺利进入名校的天才阳光少年的教育启蒙故事，恐怕并不能有效提升自家教育孩子成功的概率。虽说成功可以复制，但难以粘贴在自家孩子的身上。

我们甚至可以不夸张地讲，天才的成长经历，谁学谁倒霉！

用心揣摩失败的案例，反倒可以得到警示。审视别人家走过的弯路，避免踏入同一“陷阱”，可能对孩子的启蒙教育更为关键。

这是一本以真实“失败案例”讲“启蒙陷阱”的教育宝典。没有一步到位的育儿真经，只有一次次费尽九牛二虎之力的教育校准与修正。给予的只是一些或错误、或正确的样本与参考。

**购买理由三：辅导中国少儿学习（阅读、作文、数学）启蒙教学参考书——从根源做起，全面提升孩子学习能力。**

说话、行走、识字、骑自行车、弹钢琴、绘画、舞蹈、阅读、作文、数学、英语……不管您愿意与否，父母最终都是孩子的全科老师。

习惯可以慢慢培养，兴趣可以慢慢熏陶，待人接物可以慢慢浸润……唯独孩子的学习启蒙，没办法慢慢来。学习的好坏，直接影响孩子的信心和前途，父母不可轻视。

很多父母担心自己知识、能力水平不够，很难做好孩子的学习启蒙。本书用超简单的科学方法，让您可以手把手、零基础辅导孩子的阅读、作文与数学，您只需稍加融通，就可以让孩子在阅读、作文与数学的启蒙中轻松起步。从根源做起，全面提升孩子学习力。

很多时候，不是您不能，而是您不相信您能！

**购买理由四：接地气、易操作、行之有效的正面教育启蒙方略——新手父母，人手一本的教育启蒙书。**

很多育儿理念和教育方法，眼睛看上去容易，耳朵听起来简单，脑袋想起来可行，可一实践却发现无处着力、无从下手。毕竟每个孩子的成长细节——身心发育、知识储备、兴趣爱好、成长环境等跟别人家的孩子绝对不可能相同，教育当然得因材施教。

但教育的逻辑一定是相通的、相似的、普世的。

本书“读起来轻松，用起来顺手”，给予的是“行得通的方法，靠得住的步骤”，既具体又实在，但凡按照书中的理念去教，方法去做，确实可以达成相应的目标，收获相应的成果。

如果这本书中的某个小故事、小思考、小建议，能给您的家庭提供一丁点儿的帮助，那就是我最大的快乐。

最后，友情提醒，“想想办法吧！爸爸”系列共两本，两本配合使用，“疗效”更佳哟！

唐 斌

2020 年 5 月 18 日

# 目录

第一章

# 别让孩子，一辈子都成为别人剧本里的演员

儿子被班上的小霸王给打了，问计于爸爸。
爸爸说有三种办法：“上策是加强自己的力量，让小霸王不敢再找麻烦；中策是联合一批受小霸王欺负的同学来对抗他；下策是请小霸王吃牛排，跟他搞好关系。”
儿子选择了下策。结果……

# 学习——逆袭的不二法门

*凡是教育、学习兴盛的地方，个体更出色，群体更智慧，机会更充盈。与最优秀的人在一起，通过学习，必然推动自己成为更优秀的人。*

*——唐斌*

童书妈妈三川玲在《毕业 20 年再去参加同学会，可以帮你显著降低育儿焦虑》一文中，通过梳理一些过得还可以的同学的人生，得出以下三条人生规律：

规律一：人生并非环环相扣，敲门砖并不可靠。

不读好幼儿园就没有好小学，没有好小学就没有好中学，没有好中学就没有好大学，没有好大学就没有好工作，没有好工作就没有好人生——传说中环环相扣的人生，其实并不存在，我的同学们基本上过着随时可能起飞的人生。

规律二：真正决胜千里的，是一些考试不考的能力——保持好奇心、和谐的人际关系和美好乃至高尚的品格。

**我们的教育，花费了大量，甚至是最多的时间和精力，去考核学生对知识的掌握，而不是真正的能力的提升。**

规律三：没有绝对意义的成功，人生成就并非来自优胜劣汰，幸福的来源参差百态。

**没有一个人的人生值得绝对去羡慕，也没有一个人的人生可以绝对去鄙视，专心地过好你自己的人生就能走到人生丰盛的顶点。**

她在文中还强烈建议——毕业 20 年之后去参加同学聚会。这不是要你去攀比人生成就，也不是要你去利用同学资源，而是看看人生 20 年长跑之后，决胜千里的东西究竟是什么，输掉人生长跑的东西又是什么。

于是，我也满怀热忱地参加了 20 周年同学会。也确实想看看，当年一起读书、一同考试的人，一个专业、一样起点的人，在岁月的见证下，在起起伏伏的生活中，活得不错的，是什么让他们终身受益，“平顺适应”的智慧又是什么？停滞不前的，是什么让他们裹足不前，“优胜劣汰”的法则又是什么？

不同的是，童书妈妈参加的是中学毕业 20 周年同学会，我参加的是大学毕业 20 周年同学会。

观察对象不同，得到的基于小样本的成长结论自然大不相同。会后，我从班长处，拿到如今 71 名同学（原班 72 人，1 人已去世）的同学录。简单统计了我们这群师范大学物理教育专业的毕业生现在的人生状态：12 个同学转行离开了教育业，16 个同学在高校工作，其余同学仍在基础教育领域发光发热。

我的大学，是一所非双一流的师范大学。我的同学中，到目前为止，没有出现称得上杰出的人物。这是一群普通人在这个时代洪流中的主流命运与真实样本。

通过这次聚会，在与同学交流中，我有两点感受最强烈。

» 1 »

## 学习力强，逃离困境的能力会更强

Y 同学，典型的理科生，平日里戴一副黑框眼镜，不善交际，但一说起专业来又滔滔不绝。毕业后被分配到 ×× 镇教书，一听地名，就知道地方极为偏僻，但学校其实挺不错，是重庆市首批重点中学。收入虽高，却是有钱花不出去。他不甘现状，发愤图强，考上了广州某大学的研究生，后回四川某大学任教，现在我们见面都称他为教授。

S 同学，专业成绩好，能说会道。毕业后他被分配到老家的一所乡镇中学。因学校教师配置不到位，需要一人分饰多角，他不但要上物理课，还得上英语、历史与政治课。课虽然上得不错，但在那个年代，教师收入低，他看不到前途，更看不到媳妇——没有哪个师妹愿意到这“蛮荒之地”。S 痛下决心，卧薪尝胆三年，顺利跨专业考上西南政法大学研究生。现任某市法院副院长。

像 Y 同学和 S 同学一样的，还有 Z、C、H、X 和 F 学霸，他们要么被分配到偏远冷僻的他乡，要么回到梦的原点——家乡。他们在学校里，人微言轻，不受待见。不少人在那三五年的光景里，纷纷通过考研远走高校。这是我们班留在高校工作的同学占比较大的原因。

大多数同学逃离困境，越过越好，但也有极少数陷入困境，再也没起来的，比如 W 同学。

W 同学，动手能力极强。大二就曾徒手在寝室打造出纯手工电吉他，从建模、切割、打磨、喷漆、抛光、组装，一直干到调音，百分百体现了百工之匠的精神。尽管 W 同学多才多艺，却爱逃课，大学毕业时因补考科目过多，没能获得毕业证。艰难中，他进了一所工读学校任教。工读学校一周没有几节课，管理也松散。不知什么原因，W 同学慢慢跟一群混混搅在一起。

《孔子家语》云，“与善人居，如入芝兰之室，久而不闻其香；与不善人居，如入鲍鱼之肆，久而不闻其臭。”几年后，即传来 W 同学离世的消息。在同学间流传得最广的一种说法，是他被人逼债，在某大厦坠楼而亡。W 同学的遭遇，让人不胜唏嘘。同学们不同的人生轨迹，显现出与学习力或强或弱的联系。

尤其是在当下，学习力更重要，因为我们面对的是一个知识快速更迭，随时随地都需要持续高效学习的时代。仅靠学生时期掌握的知识，完全不足以应对工作、生活中遭遇的挑战与困境。拥有优秀的学习力，才能随时“大鹏一日同风起，扶摇直上九万里”。

学霸也有人生低潮，但有一项是普通人学不来的，那就是快速逃离困境的能力。工作生活不如意、深陷泥潭之时，还能依靠强悍的学习力，一步一步朝上走。考研读博，仍是快速修复人生 bug（漏洞）的捷径。可大部分人一旦陷入泥潭，很难在短时间内“咸鱼翻身”。

教育，仍然是这个时代改变命运的最优选择。

学习，仍然是这个时代改变命运的不二法门，也是普通人逆袭的唯一渠道。

凡是教育、学习兴盛的地方，个体更出色，群体更智慧，机会更充盈。与优秀的人在一起，通过学习，必然推动自己成为更优秀的人。

## » 2 »

## 班干部，人生更加跳跃

根据我的观察，在学校活跃，愿意承担责任的班干部同学，人生更加跳跃。以下只是陈述实况，并无好坏倾向的价值判断。

大 L 同学，人高马大，浓眉大眼，院学生会生活部部长，院篮球队队员，睡在我下铺的兄弟，成绩好，极上进。在我还懵懵懂懂，窝在寝室里看小说之时，他同时做了几份高中生家教，既挣了生活费、学费，又捡起了高中各学科知识。大学毕业，他顺利通过测试，进入成都市最好的一所中学任教，在论资排辈的名校，第五年即升任分校校长。按说这应该是一条人生的康庄大道，结果，你猜怎么着，人家转行国内某知名教育投资集团，任后勤主管副总去了。这大概算是回归大学院生活部长的老本行。

D 同学，第一任班长，人长得端正帅气，极富正义感。大学期间，经常组织我们到学校附近的火车站，给旅客送开水。大学毕业，进入一所知名小学任教。后来发现自己的兴趣不在于此，锐意进取，考取研究生。毕业后，自己拉一帮人，干起了碳排放事业。这些年，在习近平总书记“绿水青山就是金山银山”的指导思想下，生意做得风生水起。

我，校图书馆学生管理委员会会长。大学期间不务正业，好读闲书。毕业后进入重庆市兼善中学任教 8 年。后迫于娶妻生子、购房买车等生活压力，辞职后进入国内知名青少年教育集团——《课堂内外》杂志社，从责任编辑、副主编、主编、部门主任，一路摸爬滚打、跌跌撞撞地干到了著名杂志社的非著名副总编。

类似的，还有院学生会主席 T 同学，班学习委员小 L 同学。前者任职于中国电信某省分公司总经理，后者现任某省会城市人事局局长。这些拥有跳跃人生经历的同学，他们之所以敢于一层层地突破自我，与自身的责任感分不开。

“站起来能说，坐下来能写，遇到事能办”，这是时代对人才的新定义。

课堂上老师的讲解，图书馆里的阅读，让我们获得的只是新知识——知道以前不知道的。知识要升级成一项能力，还需要掌握相关知识后，去持续输出，反复磨炼，知识才能转化为技能，技能习得久了，才固化成能力。

有责任感的同学，觉醒得早，清楚自己要干什么，能干什么，怎么干，并能积极主动去干，这就具备了先发优势，毕竟一两的责任感胜过百斤的智慧。

有责任感的同学，在校园里承担更多的工作，比其他同学多得到知识以外的技能——与人打交道的技能、组织活动的技能……持续不断地打磨各项技能，最后能收放自如地使用这些技能。从此，这些才干仿佛是与生俱来的能力，想赶都赶不走。

清楚责任，才能更好地承担责任。责任即荣誉，责任是卓越的原动力，负责任的精神让你出类拔萃。

这可能就是在学校活跃，愿意承担责任的班干部同学，人生更加跳跃的原因。

通过对以上小样本的观察，可以发现学习仍是普通人逆袭的砝码。

学习，可以帮助你逃离困境，更好地面对顺境。学习改变命运这句话并不过时！所以，让孩子拥有强悍的学习力，就能在未来更好地化解生活中的挑战，走得更平稳。

同时，要帮助孩子自我认知、自我启蒙，培养他们强悍的学习力与责任感。唯有这样，孩子才有可能写下自己人生的脚本，这才是教育的正途。

否则，孩子一辈子都将是别人剧本里的演员，还是一个群演！

## 小结

1. 教育，仍然是这个时代改变命运的最优选择。

学习，仍然是这个时代改变命运的不二法门，也是普通人逆袭的唯一渠道。

凡是教育、学习兴盛的地方，个体更出色，群体更智慧，机会更充盈。与优秀的人在一起，通过学习，必然推动自己成为更优秀的人。

2. 有责任感的同学，觉醒得早，清楚自己要干什么，能干什么，怎么干，并能积极主动去干，这就具备了先发优势，毕竟一两的责任感胜过百斤的智慧。

# 经验——
# 天才的成长经历，谁学谁倒霉

*对成功人士的经验之谈，我们要尤其警惕，那很可能是他们天分超常的结果。如果孩子是资质一般的人，却硬要学他们的做法，那是给自己挖坑。*

*——微博大 V@ 奥卡姆剃刀*

著名教育家刘道玉说：“中国教育强调塑造，外国教育强调成长，这就是我国缺少杰出人才的根本原因。”因此，针对孩子的教育，他大声疾呼：“要放手，要自由。”

原人大附中校长刘彭芝说：“重要的是我们要知道，一个家庭要培养一个什么样的孩子，一个学校要培养什么样的学生。”

那么，问题来了，到底应该听谁的？培养塑造还是自由生长？随大流还是学天才？

» 1 »

## 学会“放手”不容易

不少成绩优秀孩子的家长在谈及育儿经时，都讲要学会“放手”，让孩子自己成长。但有时真是搞不清楚，是因为孩子优秀才放手，还是因为放手后才变优秀？谁为因，谁为果？

唐堂十岁生日那天说：“小孩子就是橡皮人，父母想把他捏成音乐家，就把他送去学弹琴、练声乐；想把他捏成数学家，就把他送去学巧算、学奥数。”

我告诉他：“其实爸爸妈妈知道你成不了音乐家和数学家是一个大概率的事儿，但在你还没有想好要成为什么样的人的时候，当你的社会经验还不足的时候，当你判断力还不强的时候，只有爸爸妈妈帮你做暂时的判断，一切只有跟着感觉走。”

如果按专家的说法，让孩子自由生长，10 岁之前什么都不学，到了 10 岁，孩子不会弹琴、不会游泳、不会骑自行车、不会打羽毛球、不会阅读作文，只会疯玩儿，也许还不知道如何玩，这样真的好吗？

当然，有的孩子在自由成长的阶段确实能发现自己的天赋、爱好和潜能，知道自己擅长什么、要什么、想干什么，并会全力往自己的热爱上奔走。此时，家长可以放手，全力支持孩子的梦想即可。可惜，这样天赋异禀、王戎早慧，自主能动兼勤学苦练的孩子终究是凤毛麟角。

大多数孩子在这一阶段，尚处于懵懂期，家长还是应该帮助孩子培养一些基本的技能，比如阅读、写作、音乐、数学等，有助于他在以后的人生路上走得更轻松、更顺畅，也更有乐趣。

这就如海钓和拉网的区别，海钓一旦失败，将一无所得；拉网虽说没那么精准，但往往顺带会有些意外收获。

我们往往会赞叹《老人与海》中圣地亚哥不服输、不低头、坚韧、勇敢的奋斗精神——两天两夜之后，捕杀超级大鱼，结果，大鱼仍难逃被鲨鱼吃光的命运。作为家长，我们当然不愿意自己的孩子费尽九牛二虎之力后一无所获，或仅仅拖回一副鱼骨头。因为现实比小说更残酷。

中国普通家庭的容错率低、抗风险能力差。一次突如其来的疾病、一次房产投资节点的错失、一次教育选择的错位……都可能会让一个家庭用一辈子的代价来偿还。

于是，对绝大多数家庭而言，与其将“宝”压在“缥缈”的天赋、自由生长上，还是从众更靠谱。随大流，这样试错的成本更低。毕竟这是大多数人的选择，即使错了，也是系统内的错误，至少大方向还是对的。

## » 2 »

## 天才的成长经历，谁学谁倒霉

1997 年，我从师范大学毕业，双向选择进入重庆市兼善中学。当年重庆高考出了两个理科状元，其中一个就是兼善中学的学生敖翔，两人总分一样，但敖翔的物理是满分，所以那些天重庆的报纸上，满眼都是敖翔同学的报道。

后来，这个班的老师也因“高徒”显名。

我进入学校后，“老带新”的师傅恰好就是敖翔的物理老师。师傅刚晋升特级教师，课上得一级棒，讲得深入浅出，又行云流水，听他的课，真是一种享受。我始终觉得，整个学校也只有师傅能教出物理满分的状元。

有一次我问师傅，敖翔有啥学习经验，能否给学弟学妹们借鉴？

师傅意味深长地说，状元是教不出来的——不可求，不可教，不可学，只可遇，没什么值得借鉴。

师傅还说，敖翔就是天赋异禀，高一刚入学，跟他交流了几句，就能感受到他的超常天分。做老师的也就顺水推舟，起到的作用并不大。

在高考前半年，他就没怎么听课了，基本上就是按自己的节奏在走。

后来想想，敖翔的个案的确不具有普遍意义。对我班上那些资质一般的学生来说，认真听课，课后认真完成作业也未必能考上“双一流”高校，如果连课都不听的话，恐怕连普通的二本院校也考不上。

在我不短的教师生涯中，带过几届西南师大、北师大的实习生。让我印象深刻的，是来我校实习的三位 2005 届同学，他们后来分别考上清华、人大和浙大的硕士研究生。

一天晚自习，几位实习同学评讲习题。我想，这么简单的事儿，对三位高材生来说，还不是小菜一碟。我好不容易偷个懒，躲在办公室跟几个老师漫谈，结果 15 分钟不到，学习委员进来找我，说三个实习老师讲的题，大家听不懂。

我拿过题目一看，是一道有干扰条件的光学物理题，我去教室略加导引，大家点头应和，齐声回答都听懂了。学生下课后纷纷感叹还是专任老师的水平高。

其实，从专业知识的角度上说，三位实习老师比我厉害，奥赛题也比我做得溜，几乎是秒杀我的水平。

只是这些题目在他们看来太简单，分成几种情况讨论是显而易见、一目了然的。走上讲台，张口就讲——这题应该分两种情况处理。学生根本听不懂，不知为何显而易见，不知如何一目了然。实习老师也一脸错愕，因为在他们“天才”的思维底线上，已接近讲解到 1+1=2 的水平，再往下确实没办法讲了，而且在他们看来也没必要。

而我不同，我当年差不多就跟我的学生处于同样的水平。我非常清楚他们哪里不懂，以及如何引导解决。

同理心，只存在于同一水平的人之间。天才根本体会不到我们的笨。

微博大 V@ 奥卡姆剃刀讲过一个他学英语的故事——

我上大学时，有位校长给我们讲授如何学英语，他快 50 岁的时候才开始学，没用几年就精通了。

他给我们讲授单词记忆 3721 法，即第 3 天、第 7 天、第 21 天三次巩固，然后就记牢了。

我曾按照他教的方法和节奏认真实践过，结果是一塌糊涂。当时我很自责，后来我就释然了，因为我找到了真正的原因，那就是我比他笨，他那个方法只适合于像他那样的聪明人。

谁有资格给我们讲授成功经验呢？那都是些非常成功的人，而他们成功的原因很可能来自他们的天分，而不是他们所传播的方法。

我们资质平庸的人硬生生地学聪明人的方法，绝大多数情况下会南辕北辙。但也不能埋怨这些聪明人骗我们，他们在讲授方法时是非常真诚的，因为他们的确是通过那样的方法获得了成功。

微博大V@奥卡姆剃刀总结说，人的智商天分服从正态分布，绝大多数人是普通人，极端聪明的人也客观存在。极端聪明人的经验和做法不值得我们普通人去学习和效仿，谁信他们的话，谁就会倒霉。

所以，对成功人士的经验之谈，我们要尤其警惕，那很可能是他们天分超常的结果。如果孩子资质一般，却硬要学他们的做法，那是给自己挖坑。

» 3 »

## 看不见的着弹点，更为致命

2018年，高考全国Ⅱ卷作文讨论的是“幸存者偏差”。

“二战”期间，为了加强对战机的防护，英美军方调查了作战后幸存飞机上弹痕的分布，决定哪里弹痕多就加强哪里。然而统计学家沃德力排众议，指出更应该注意弹痕少的部位，因为这些部位受到重创的战机，很难有机会返航，而这部分数据被忽略了。事实证明，沃德是正确的。

这则作文材料，来源于 1941 年第二次世界大战期间。依照当时的航空技术，机体装甲只能局部加强，否则机体过重，惯性过大，会导致飞机起飞困难及操控响应迟钝。

当时美国哥伦比亚大学著名统计学家沃德教授，接受了英国皇家空军作战指挥官请求，他根据联军轰炸机的中弹资料，以专业的统计分析，提出了“机体装甲应该如何加强，才能降低被炮火击落的概率”的建议——

沃德研究发现，机翼是最容易被击中的部位，而飞行员的座舱与机尾，则是最少被击中的部位。在提交的报告中，沃德建议加强飞行员的座舱与机尾发动机部位的装甲。这令负责该项目的作战指挥官诧异不已——统计数据清楚显示，联军轰炸机的机翼，弹孔密密麻麻，最容易中弹。按道理，难道不是应该加强机翼的装甲么？

随后沃德解释说：“我们有的数据样本，只包含了顺利返回基地的轰炸机，从统计的观点来看，被多次击中机翼的轰炸机，似乎还能安全返航。而飞机很少发现着弹点的部位——座舱与机尾发动机，并非真的不会中弹，而是一旦中弹，就无法返航。”

联军接受沃德的建议，立刻加强座舱与机尾发动机的防御装甲。之后，联军轰炸机被击落的比例，果然显著降低。为了确认决策的正确性，英国军方通过一切手段，搜集了部分坠毁在德国境内的联军轰炸机残骸。发现它们中弹的部位，果然集中在座舱与机尾发动机。

“幸存者偏差”的故事告诉我们，教育孩子也一样，如果我们只看那些一路过关斩将、顺利进入名校的天才阳光少年的教育启蒙故事，恐怕并不能有效提高自家教育孩子成功的概率。

虽说成功可以复制，但难以“粘贴”在自己的孩子身上。

更何况，所谓成功的经验，有些不能排除只是事后牵强附会的杜撰，沉不下心来，总结的模式多半是虚无缥缈的、歪曲的。成功，让我们只看见光鲜的表面，而非背后的本质。

彼之蜜糖，吾之砒霜。

如果孩子就是一架战机，我们在机翼等处重重加固，在驾驶舱和发动机等要害部位却防护薄弱，让孩子这样飞向未来社会的战场，才是教育最可怕的场景。

用心揣摩失败的案例，反倒可以给予我们警示。审视别人家走过的弯路，避免踏入同一陷阱，对孩子的启蒙教育，可能更为关键。因为失败的教训，都是付出不菲代价换取的，是深刻的、真实的。

在看不到的“失败”样本中，往往包含了丰富的信息和深刻的教训——看不见的着弹点，更为致命。

失败可以忘记，不过要牢记失败中的教训。

失误是可以避免的，决胜，也往往在看不见的地方。

## 小结

1. 中国普通家庭的容错率低、抗风险能力差。一次突如其来的疾病、一次房产投资节点的错失、一次教育选择的错位……都可能会让一个家庭用一辈子的代价来偿还。

2. 人的智商天分服从正态分布，绝大多数人是普通人，极端聪明的人也客观存在。极端聪明人的经验和做法不值得我们普通人去学习和效仿，谁信他们的话，谁就会倒霉。

3. 在看不到的“失败”样本中，往往包含了丰富的信息和深刻的教训——看不见的着弹点，更为致命。

失败可以忘记，不过要牢记失败中的教训。

失误是可以避免的，决胜，也往往在看不见的地方。

# 育儿分歧——
# 妈妈的"即时满足"vs 爸爸的"延迟满足"

*在物质上、精神上给予合理的即时满足，让孩子有足够的安全感，不自卑，有爱心；在智力、技能上延迟满足，让孩子有足够的时间独自克服困难，摸索技能，解决问题。*

*——唐斌*

在某短视频平台上看到一则国外父子间的对话——

儿子："爸爸，你为什么和我妈离婚？"

爸爸："为什么和你妈离婚？这都是你的错，儿子。"

"啊？"儿子惊讶地瞪大了眼睛，张大了嘴，手足无措，满脸的不可置信。

看着儿子吃惊的表情，爸爸继续回答："其实，在你出现前，我和你妈是非常幸福的。真正让我们分道扬镳的，是我们要忙各自的事业，同时，又要照顾你。每天没完没了的折磨，无法停止，无法放松。黑暗的生活没有一丝亮光。加之你妈生下你后，身材走形，长了太多肉，两人失去对彼此的兴致。这真叫人悲伤，儿子，是你毁了我们的爱情！”

这则对话，似乎完全背离了父子角色的设定，我们以为的剧情难道不应该是“儿子，这跟你一点关系也没有，只是爸妈感情淡了，不再爱对方了。但你不用担心，爸妈分开后，我们还是一样都爱你”？

满以为会引发众人一边倒的批评，结果数万评论的画风却是这样的：

——哈哈，不然孩子总以为，你们离婚对不起他似的。

——看似搞笑，但确实是这样的，孩子是除家务外的一切家庭矛盾的导火索！

——对大部分家庭来说，这是事实，生活太难了！

——实际上，哈佛大学研究证明，父母幸福指数降低与后代有非常高的相关性，而且很多伴侣在孩子离家上大学后，两个人的生活又变得有趣和幸福了。

评论区已完全沦陷，成了一场带娃血泪史的控诉会。

不是说孩子是上帝赐给家庭的礼物么？不是说孩子是一切幸福的源泉么？怎么一转眼孩子却成夫妻间最大的障碍了！症结，不外以下三个方面。

一是孩子出生后，家长对孩子的教育没有规划，太过随意。总是被动地解决问题，孩子出现问题，才像蜘蛛一样，遇见苍蝇吃苍蝇，撞见蚊子吃蚊子。而非主动地引导教育，把可能出现的问题规避掉，或消灭在萌芽之初。总是等孩子的问题已经比较严重，无法忽视了，才来想办法。然后陷入从“大包大揽”，到“大吼大叫”，再到“大包大揽”的恶性循环之中。

二是夫妻间没有就孩子的教育进行角色分配、定位。总有一方偷懒、推诿，不把孩子的教育当回事儿，导致“丧偶式育儿”频发。家长总是采用随机的亲子教育，谁遇上问题，谁“遭罪”，谁就负责解决。他们带着这样的怨气来教育孩子，当然缺乏亲子关系中最需要的耐心，易怒易燃易爆，于是“女子单打”“男子单打”，甚至“混合双打”，不断上演！

三是夫妻教育孩子的理念有巨大的冲突。父母常因意见相左，冒出浓浓的火药味。在中国大多数家庭里，妈妈属于即时满足派，爸爸则是坚定的延迟满足者。爸爸总是抱怨妈妈溺爱孩子，爱心泛滥，时刻享受被需要的感觉；妈妈则数落爸爸过于懒惰，是“甩手掌柜”。

所以，不是孩子毁掉了父母的爱情，而是父母没有明确亲子教育方略。

面对以上问题，身为育儿敏感体质的父母，如何破？

» 1 »

## 即时满足的问题

因为工作原因，我认识很多存在前文所说教育问题的家庭，豆豆一家就是其中的典型。虽然我家也有类似的情况，但为了家庭的长治久安、成员的和平共处，我还是讲豆豆一家的故事吧！

据豆豆爸讲述，在豆豆的知识、技能启蒙过程中，他最大的困扰，就是豆豆妈对豆豆的“求救”信号，反应过度、过敏。

豆豆抱怨数学题不会做，豆豆妈立马从沙发上一跃而起，搜肠刮肚出主意。

豆豆询问明天穿什么衣服，豆豆妈立刻从瑜伽垫上腾空而起，翻箱倒柜找衣裤。

豆豆惊呼蚊帐里有蚊子，豆豆妈立即从床上翻身而起，降蚊十八拍拍杀蚊子。

即便丢不开手头的事儿，她的声音也会如 Wi-Fi 信号一般，穿越重重屋墙“指点江山”。时不时，还夹杂着对豆豆爸的抱怨：“你这个当爸的，也太懒了……”

“好心的豆豆妈，让豆豆过上了幸福的生活，但并没有换来豆豆智慧的成长，反而让豆豆成了一个‘等靠要’的巨婴——题来等思路，衣来等安排，蚊来等枪手。” 豆豆爸说起豆豆妈的“即时满足”，忧心忡忡地吐起槽来——

豆豆妈的即时满足，造成豆豆严重的心理依赖，并导致孩子思维发展严重停滞。

遇到稍难一点儿的题或者老师没讲过的题，豆豆张口就问，扭头就翻答案，根本不会沉下心来，用基本定律、基本逻辑、基本方法，去思考、去求证。

张口就问、不善思考的孩子，其大脑解决问题的神经中枢只可能处于中等水平，长此以往，就真的做不出难题了。如果孩子自始至终，都是按别人的思路来解题的话，学会的不过是依样画葫芦、如法炮制而已。

豆豆妈的即时满足，造成豆豆在某些知识板块上，越学越迷茫。

尽管名师未必出高徒，但他给学生指的方向至少是对的；劣师则不然，因为他“兜里”的东西有限，他给学生的指点多半是最愚笨的方法，甚至是错误的方向。像豆豆妈读书时，最差的科目就是数学，现在她却忙不迭地去指导别人，当然只能是“以其昏昏，使人昭昭”。我见过豆豆妈用错误、迂拙的方法指导豆豆解题，结果只能是“差之毫厘，谬以千里”。

豆豆妈的即时满足，造成豆豆生活常识的匮乏。

抓蝇打蚊，本是我们小时候人人练就的一项本领。苍蝇蚊子既有复眼，又有其他相当灵敏的感觉器官，对空气的振动特别敏感。所以抓蝇打蚊，都要如狮子猎豹捕食一般，悄悄地接近猎物到一个获取距离，然后发动突然袭击，以迅雷之势，单手抓苍蝇，双掌拍蚊子，屡试不爽。可这一代的小孩子不行了，打蚊子时刻有大人、电蚊拍可以依靠，他们很难体会到这种“灭蚊”的乐趣。如果大人和电蚊拍这两样“神器”不在身边，他们只能端坐蚊帐中，望蚊兴叹。

我见识过豆豆打蚊子的功夫——他用的是大炮打蚊的方式，距蚊子尚远，便使出一招降龙十八掌，双龙取水，阵势惊人，风乍起，光是空气的冲击力，就足以让蚊子扶摇直上九万里，瞬间逃之夭夭。这些孩子都不知“缓接近、找时机、突袭击”三步打蚊法，眼看抓蝇打蚊这一绝学在这一代即将失传，实在可叹，可气！

即时满足，久而久之，让孩子吃不了苦，身体缺乏披荆斩棘的素质；意志不坚，内心缺少迎难而上的勇气；没有主见，大脑缺失攻坚克难的办法。这样也会导致孩子性格上的羸弱。

» 2 »

## 延迟满足的问题

面对豆豆爸的种种控诉，豆豆妈则反驳道：“豆豆爸的延迟满足堪称‘兴趣灭火器’，豆豆好不容易对游泳有点兴趣，他爸就奢望孩子像泳坛健将一样，自觉刻苦训练，以后好为国争光。行动上倒也直奔这一目标而去：一会儿纠正孩子动作不标准，一会儿指责孩子训练不认真，一会儿又要求孩子在标准游泳池里游上十个来回……豆豆还是个孩子啊，他不是专业运动员。”

一说起豆豆爸的育儿问题，豆豆妈是竹筒倒豆子——一个不留地诉起苦来。

豆豆爸最大问题在于对豆豆要求太高，过于严苛。孩子完全找不到一丁点儿玩水的乐趣，有的只是辛苦。孩子从此再也不敢提对什么感兴趣，因为兴趣就等于刻苦训练与若干批评，游泳如此，围棋如此，画画如此……

一时之间，兴趣的“阵亡”名单上尸横遍野。

豆豆爸常常耍些自以为是的小聪明，不时以教育之名给豆豆“下套”，诓他入彀。

譬如，告诉豆豆某本书非常精彩，当他读得喜不自胜时，却悍然通知他有几个精彩的段落需要背诵，有一些好词佳句需要摘抄，甚至最后还要写一篇读后感。好比孩子正在吃美味的沸腾鱼，结果一根突如其来的鱼刺卡在喉咙上，虽不致命，却刺伤了孩子的好胃口。如是再三，孩子再也不敢吃鱼了。

这种教育方法带来的负面影响是：孩子经历的“套路”多了之后，也形成了自己的“反套路”，孩子和家长在相互拉扯中失去了最宝贵的“信任”。比如，假期中，豆豆爸规定豆豆完成每天的学习任务后，有一个小时的游戏或电视时间。同时，还有两条补充条款：每天一小时，不能累积；每天晚上 10 点必须就寝。

看似公允的要求，其实潜伏着豆豆爸爸的市侩与狡黠。

一天，几家好朋友聚会，豆豆爸许诺豆豆回家可以玩游戏。但好朋友难得在一起，一高兴就忘记了时间，回家已是晚上 9:45。在 10 点就寝一刀切的政策下，只余 15 分钟游戏时间的豆豆，匆匆玩了 10 多分钟，带着怨气上了床。

还有一天，电视直播亚运会游泳赛，豆豆爸认为，这对刚学会游泳的豆豆来说，是一个难得的学习机会，豆豆妈承诺看完电视，可以继续游戏。结果，由于比赛太精彩，看完电视，大家回过神来，已是晚上 10:20，豆豆剩余的游戏时间直接作废。

几次约定的延迟满足，结果不但没有双倍奖励，甚至还“损失惨重”。

于是，豆豆在这样若干次上当受骗后，变得“精明”起来，对于看似美好的提议，全用审视的眼光上下打量。对把不准的事，开始拒绝。并逐步发展到，爸妈的提议尚未完整表达，就听到一声响亮的“不去”或“不干”！

豆豆爸故意挖坑——多次设计减少事先与豆豆约定好的游戏时间，放弃兑现承诺或打折兑现，结果导致豆豆张口就说“不”，出口就伤人，变成一个跟爸妈“作对”的孩子。真是聪明反被聪明误，豆豆爸搬起石头砸了自己的脚。

## 3
## 育儿要“即时满足”，还是“延迟满足”

40 年前，哥伦比亚大学特质心理学家沃尔特·米歇尔，设计实施了自我控制最著名的“棉花糖实验”——研究者给一群 3~5 岁的孩子各一颗棉花糖，并告诉他们有两种选择：一是可以马上吃掉棉花糖；二是等待 15 分钟后可以得到另一颗棉花糖。

随后研究者离开房间，将孩子坚持不吃棉花糖的时间长度作为衡量他们自制力的标准。以后若干年，对参与该实验的孩子进行持续跟踪研究后发现，平均而言，在小时候就表现出良好自制力的参与者，在青少年时期拥有更好的学习成绩。成人后，能更好适应社会，发展得也更好。

进一步研究发现，延迟满足能力强的孩子，未来更容易发展出较强的社会竞争力、较高的学习和工作效率；具有较强的自信心，能更好地应对生活中的挫折、压力和困难；在规划自己的目标时，更能抵制住即刻满足的诱惑，从而达成长远的、更有价值的目标。

延迟满足能力发展不足的孩子，在未来发展上容易出现一些不良的行为习惯——上课注意力不专注，爱说话、做小动作；性格急躁，缺乏耐心；作息不规律，贪睡懒觉；社交中非常不自信，疏离、羞怯、优柔寡断；遇到挫折容易心烦意乱，遇到压力就退缩不前或不知所措。

对“棉花糖”实验，有专家提出了不同的观点。

罗切斯特大学的环境心理学家西莱斯特·基德，在流浪者收容所当志愿者时观察发现，收容所里有许多孩子，如果一个孩子得到一颗棉花糖，最聪明的做法就是马上吃掉棉花糖，否则很可能会被另外一个孩子抢去。

西莱斯特·基德认为，“棉花糖实验”需要一个关键性的修正，那就是要将孩子置于一个“可靠安全”的环境中，结论才有效。

所以，孩子的即时满足习惯，在一定程度上，是对环境缺乏信任感后的自我保护。

即时满足与延迟满足，就像并蒂花、双生子。两者各有优势，不可偏废，过于强化一方，都会过犹不及。

豆豆妈的即时满足，容易陷入“溺爱”的旋涡，关心则乱。

过度的即时满足只能解决当下的表层问题，然而“知识、技能、才干”并无实质性的变化，获得感聊胜于无。长此以往，只会让孩子养成坐等援助、坐享其成的坏习惯。

完成作业、任务，需要充分调动知识、燃烧脑力、输出技能，跟问题对抗越久、思考越深、动手越多，最终对大脑刺激就越强，印记也越深。这样的延迟满足感，会刺激大脑释放更多的多巴胺，让孩子获得比战胜困难更大的愉悦感与成就感。

我们都有这样的体会——当你面对的任务越复杂、越艰难，你想尽千方百计、说尽千言万语、走遍千山万水、历尽千辛万苦，终于圆满解决问题时，那种酣畅淋漓、大快人心的感觉，会让你大呼一个“爽”！否则，净是常规操作，如何取得超量成长！

延迟满足的好处，除了情感和技能方面的奖赏，还有一份隐形奖励：当孩子沉浸在解决问题当中的时候，那种专注力，本身就是一种巨大的回报。

而即时满足，似乎可以修正为即时回应。正确的做法应该是，让孩子既感受到父母的关爱，拥有安全感；又不一味迁就孩子，替代孩子去思考、去选择、去解决问题。

特别是在一些既不重要、也不紧急的事情上，大可不必立即满足孩子，反而要投入较多的时间，引导孩子去做一些他不太愿意做但很重要的事情，为孩子将来获得更大的满足感打下基础。

豆豆爸就是一个典型的反面教材。

用当下网络流行语来说：孩子跟你有什么仇什么怨，连吃颗糖都受尽折磨，人生还有什么希望？

在物质生活渐次丰盈的当下，孩子不再为一颗棉花糖争来夺去。他们享受着物质的即时满足，看似安全，实则仍有诸多诉求的不确定性，影响着孩子对环境的信任感。

我们总是想强化孩子的延迟满足能力，使他们不被无关的事情吸引。于是不少家长唱起了“白脸”，对孩子管制严苛，孩子的愿望很少得到满足，家长给出的承诺随时可能作废。长此以往，孩子内心必然缺乏安全感，对他有限的权利充满担忧。

在孩子眼里，忍一忍，太遥远、太渺茫、太不可靠。他宁可提前透支将来的快乐和满足，也不愿意延迟满足，获得不确定的双倍奖励。同时，不科学的延迟满足会让孩子觉得父母冷漠、蛮横，不近人情。

延迟满足不是单纯地让孩子学会忍耐，也不是一味地压抑他们的欲望，更不是对孩子的要求不闻不问、漠不关心。而是在父母的指引下，让孩子有时间在精神上、在自我认知上获得长远能力——拥有主动性，拥有自我控制力。

有了主动性，就有自主的探索精神，才能情感自主、思想自主、责任自主；有了自我控制力，才能在自由与规则中收放自如，找到平衡点，游刃有余地去战胜各种困境。

同时，延迟满足不可“逃单”，应及时足额兑现延迟满足中的承诺，否则家庭信用体系将面临崩塌——孩子失去对父母的安全信任，父母的“人设”亦将垮掉，再想重塑权威可就难了。

在孩子的启蒙教育中，即时满足和延迟满足相辅相成，不可偏废。在物质上、精神上给予合理的即时满足，让孩子有足够的安全感，不自卑，有爱心；在智力、技能上延迟满足，让孩子有足够的时间独自克服困难，摸索技能，解决问题。

» 4 »

## 教育的天平，角色的分配

孩子如同一架天平，父母分居两端。父母双方都太过阳刚、强势，孩子多半懦弱，自我认可度低，缺乏主见，没有独立的思想和思考的能力。父母双方都太过阴柔、溺爱，孩子多半蛮横粗野，自私自利，以自我为中心，不讲道理。父母一阴一阳、一强一弱、一动一静，宽严相济，才能让天平保持平衡，毕竟“孤阴不生，独阳不长”。

最怕父母在亲子教育中，扮演毫无二致的角色，要么过于放纵，要么过于严苛，都会让天平失去平衡。文武之道，一张一弛，教育亦应“宽中有严”“严中有宽”。这才是最和谐、最均衡的教育。

那么在孩子的启蒙教育中，是严父慈母好，还是严母慈父佳？并没有一定之规，取决于父母的社会角色定位。

在中国儒家传统中，一般提倡严父慈母，这在旧时是有道理的。古代，男子主外，出外做事或做官，谈的是家国天下、兴衰更替，是一家人的主心骨、顶梁柱、定音鼓，是孩子心目中的“权威”。女子主内，操持一家人的吃喝拉撒睡，谈的是家长里短、三姑六婆。所以，此时讲究父爱如山，父亲少絮叨，话说在关键点上，话不多，但管用。母亲则可唠叨一点儿，孩子大不了觉得有些啰唆、心烦，但他能感受到来自母亲的关爱。

随着社会的发展，父母的社会角色发生了天翻地覆的变化，妇女在家里，往往撑起的不是半边天，而是大半边天！于是，中国人民公安大学李玫瑾教授提出，现代社会“严母慈父”是更好的教育搭配。

所以，在亲子教育上，父母角色的分配，其实也简单——社会历练丰富的一方，少唠叨、多示范，在关键问题上发言。孩子信赖的权威少表态，就让孩子有缓冲地带：你不表态，孩子还有退路；你一表态，便可能将孩子逼入死胡同，无路可退！社会事务相对较少的一方，多陪伴、少建议，做好后勤保障。这样一来，既能保持家长话语的权威性，又让孩子有依靠和安全感。

成长的方式多种多样，只要父母在教育孩子时主张一致，方式互补，不管你是走路、骑车，还是坐动车、乘飞机，早晚都能到达目的地。最怕家庭教育主张不一致，一个说向左，一个说向右；一个说往前，一个说往后。父母意见相左，一是让孩子左右为难，无所适从；二是让孩子有空子可钻，“左右逢源”式的偷懒，放弃对各种难题的探索与解决，这只会让孩子原地踏步，甚至倒退。

所以，父母统一启蒙主张，就是家庭教育最美的底色。有了这个底线，教育即使有些小偏差，也差不到哪里去！

## 小结

1. 过度的即时满足只能解决当下的表层问题，然而“知识、技能、才干”并无实质性的变化，获得感聊胜于无。长此以往，只会让孩子养成坐等援助、坐享其成的坏习惯。

2. 延迟满足的好处，除了情感和技能方面的奖赏，还有一份隐形奖励：当孩子沉浸在解决问题当中的时候，那种专注力，本身就是一种巨大的回报。

3. 社会历练丰富的一方，少唠叨、多示范，在关键问题上发言。孩子信赖的权威少表态，就让孩子有缓冲地带：你不表态，孩子还有退路；你一表态，便可能将孩子逼入死胡同，无路可退！社会事务相对较少的一方，多陪伴、少建议，做好后勤保障。这样一来，既能保持家长话语的权威性，又让孩子有依靠和安全感。

第二章

# 成才配方，别把孩子的“特点”当“缺点”

儿子：“爸爸，没洗的苹果不能吃，对不对？”
爸爸：“对。”
儿子：“生水不能喝，对不对？”
爸爸：“对。”

配方一

# 天赋——在天赋方向努力，事半功倍

*天赐禀赋，用之则兴，弃之则罔，无所知之则盲。*

*——詹克明*

» 1 »

## 天赋与潜能

很多家长常常将潜能误以为天赋，其实两者之间有着本质上的区别。

天赋，与生俱来，是上天赋予你的，不可更改，常被遗忘。潜能，深藏若虚，是个人后天充分努力发掘出来的。

天赋和潜能之间的差别，用一个小故事就能说明白。

一只鹰从小和鸡一同驯养，受大环境影响，它认定自己也是一只鸡。虽然它也跟其他小鸡一样，不时扑腾两下翅膀，除了比其他同伴飞得高一点以外，并无惊人之处，压根就没想过自己能够飞翔。

长大后的鹰不会飞，但是主人把它带上悬崖，扔下去的时候，鹰却奇迹般地振翅翱翔，一飞冲天，这就是天赋。

一只鸡，当你将它丢下悬崖，它虽不能展翅高飞，却也能挥动翅膀，延阻下坠之势，因为那时候它极度渴望“飞”，这就是潜能。

只要有翅膀就存在飞翔的潜能，就看你能不能把它激发出来。

但潜能与天赋之间的差距，一如鸡的奋力飞行与鹰的直上九霄，在本质上天悬地隔，很难通过人力逾越。

天赋人人有，可天赋有高有低。有的天赋跟俗世生活所需相近，容易被发掘，再通过刻意练习，便能展现出类拔萃的才能，可这仅是金字塔尖的极少数幸运儿。

作家麦家在《暗算》中，就讲述了这样一位听觉奇人——瞎子侦听员阿炳的故事。

瞎子阿炳，智商只有七八岁，可耳朵灵敏得吓人，连动物是公是母都能听出来。因为敌方电台一夜之间改变了频率，为找回这些电台，需要侦听员，在浩如烟海、倏忽即逝的电波声中，凭报务员发报时手法、节奏、习惯等微乎其微的“手音”差别，找到潜形匿影的敌方电台及使用频率。一般训练有素的侦听员，在正常速率下，一人听一套设备，一个频率一个频率仔细甄别，千辛万苦才能找到一个敌方电台使用的新频率。可阿炳仅通过简单训练，就能在五倍速率下，同时侦听六套设备，旬月之间，阿炳一个人找到 73 部电台，共 1309 套频率，占所有侦听确定电台总数的 86%，频率总数的 87%。阿炳因此荣立一等功。

阿炳称得上有听力天赋的天选之子。

在中国流传甚广的爱迪生名言——“天才就是 99% 的汗水加 1% 的灵感”。据说还有被“腰斩”了的后半句——“但这 1% 的灵感远远比那 99% 的汗水重要，没有这 1% 的灵感，汗水就只是汗水”。

加有加的理由，不管是否真有后半句，不得不说加上它，是有道理的。

天赋决定一个人的上限，在天赋的方向上努力，事半功倍。一如故事中的普通侦听员费尽心力，才能小有斩获，但在阿炳的天赋面前，简直不值一提。

删也有删的道理。毕竟天赋的高低是一个无法改变的定值，对于那些想成才的普通孩子来说，关注潜能、方法、努力等变量，才具有普遍性与积极意义。像阿炳这样有着非同寻常听觉天赋的传奇，恐怕也只存在于小说当中。

所以，对大多数人来说，天赋不足不要紧，因为我们还有一个东西叫潜能，通过一些方法诱导出来，加上日雕月琢的努力，最终助力我们的成功。比如盲人钢琴调音师陈燕。

陈燕，一位盲人，3 个月大时查出患有先天性白内障，被父母抛弃，之后由姥姥抚养。

姥姥很要强，她告诉陈燕："你如果跟其他盲人一样拿根竹杖摸索行走，一辈子就完了。"利用小孩儿贪吃冰棍、奶糖的心理，姥姥每次扔 5 分钱的硬币在地上，只要陈燕能捡起来，就让她去买想吃的零食。

正常人行走做事，靠的是眼睛捕捉各种物体的反射光线，聚焦成像。通过严格训练，陈燕竟然能靠反射声波，听音辨位，一步到位捡起掉在地上的东西。尽管后来双眼完全失明，陈燕却能切菜做饭，骑独轮车，会游泳，会画画，会跆拳道，在导盲犬珍妮的引导下行走如常人，让人几乎看不出她是一位盲人。

为了生活，陈燕更是克服了常人难以想象的困难——一架钢琴有 88 个黑白琴键，220 条琴弦，8000 多个零部件。全靠手摸耳听，靠着对生活的执着，陈燕坚持下来了，成为国内首个盲人钢琴调音师。

人的潜力确实无穷。理论上讲人体有补偿机制，失明后听力灵敏很正常。但要达到陈燕的境界，仍然跟她持之以恒的勤学苦练分不开。

实际上，天赋也好，潜能也罢，只代表一种尚未兑现的潜力，能否转化为才能，还需要后天的练习。任何领域的"大神"，看上去神乎其技，说白了，都是日积月累之功。

综上，我们来理一理天赋、潜能、才能、成就和刻意练习（努力）之间的关系——

天赋＋刻意练习＝才能$^{n}$。天赋加上刻意练习，才能是指数级增加，可这是极少数人的绝对优势。

潜能＋刻意练习＝才能 ×n。潜能加上刻意练习，才能是线性倍增，这是大多数人成功、努力的方向。

才能＋合适舞台＝成就。才能加上一点点运气，遇上合适的平台，便能功成名就。

## 2

## 在天赋的方向上努力，事半功倍

努力与方法是成功的反应物，天赋则是催化剂。认知天赋绝对重要，一旦方向不对，努力全白费。

所以说，方向是大于努力的。

虽然天赋爆表、智能超群的天才极少，在养育孩子的过程中，要尽力将孩子去中心化，去天才化，把孩子当普通人养。但“天之生物不齐”，上天给每一个孩子的成分配方，既截然不同，又别出心裁，同一人的不同智能，仍有高下之分，我们当然希望孩子在他智能高的方向上去发展。所以，父母既不能耽溺于想象，又要为天才预留空间。

可惜的是，太多人一辈子都不知道自己的天赋所在。

如何发现孩子的天赋？

网上有各式各样的天赋智能测试——皮纹测试、量表测评、基因检测……但我个人认为，最靠谱的方式，还是父母的长期观察。

法国著名儿童精神分析学家、教育家弗朗索瓦兹·多尔多在《儿童的利益——学会尊重孩子》一书中，讲述了如何发现一名已经出现发育迟缓问题的男孩的音乐天赋的故事。

在教室里，小男孩总霸占手提式自动电唱机，并且不停地在一叠45转唱片中翻找，一会儿放上唱片，一会儿又取下来。在父母看来，这是性情不稳定的表现。但多尔多对他进行足够的观察，发现一旦他碰到他所寻找的曲子，他就安定下来，甚至注意力十分集中，因为他会把曲子从头到尾听完并随着节奏扭动，而且在曲子结束后马上把唱片再放一遍。为此，多尔多和孩子的父母做了一次交谈，提醒他们多注意孩子平常的行为。

年轻的父母回想起小家伙刚学会走路时，他曾在一次聚会上对一位陌生老先生紧跟不放。他是家里请来的乐师。当时没有人知道为什么孩子对这个并不负责照顾他的老先生如此依恋。父母一直认为他发育迟缓。多尔多对孩子的父母说："我不知道他是否发育迟缓，但他听觉的敏锐和聆听声音时的注意力都令人惊讶，他依恋乐师的原因就是由此产生的。"

故事中的男孩幸运地找到了自己的天赋，但有些孩子的天赋却被忙碌掩盖。

成长规律决定了孩子们拥有最多的闲暇，因为他们还没有劳动的能力与责任，可现在的功利教育竟然和自然法则唱对台戏，孩子从三四岁起，就成为全家最忙碌的人，各种才艺培训班、学习启蒙班……

社会学家郑也夫对此评价说："不管家长和学校安排孩子忙碌什么，我们都可以断定：孩子必毁于忙碌。"

给予孩子自发玩耍的时间和空间，天赋才会在这样的状态下展现。

从发现天赋这个角度来说，当孩子完全处于自由状态之时，观察孩子的某种感觉是否天生就比另外一种感觉更加敏锐，例如视觉超过听觉、嗅觉超过触觉、平衡感超过运动速度等。这比用冰冷的参数对孩子进行大数据比对测试得到的结果更准确，毕竟每个孩子的禀赋都是独一无二的。

后继章节将讲到的唐堂游泳的能力，编故事和模仿方言、咬字准确的能力……都是在他自由玩耍中展现，并被后知后觉的我和唐堂妈在某一瞬间发现——天啦，这不就是我们一直在找的孩子的天赋吗？

我相信，天赋，与生俱来，只能发掘，不能创造。如果发现不了，可能就是因为我们一直在拽着孩子朝我们设计的路线奔走，没有让他们走到前面，来引导我们。

真正的学习是自主的，孩子的成长也应该是自主的。你连孩子玩耍的时间都不给，天天让他忙于各种兴趣班，如何发现他的天赋？

同时，一个人的智力发展有自然的节奏，要对每名儿童的不同发展节奏给予尊重。有时，聪明很可能以一种出人意料的方式隐藏于低智的外表之下，比如爱因斯坦小时候就是个“后进生”，很少说话，神思恍惚。他的天赋，他的聪明，只不过不是我们熟悉的样子而已。

孩子或许一直都在我们的眼皮底下展现他的天赋，但孩子的天赋往往毁于父母的日见而不觉的思维之中。

所以，父母需要在发现孩子的天赋上，做个有心人。

## 3

## “正确方法”才是首要之义

天赋到结果之间，有许多条岔路。

即便发现孩子的天赋，加上努力也并不一定等于成功，方法才是成功的关键。好的方法，能让孩子迅速将天赋转变为兴趣，让擅长与喜欢合二为一，一举数得。

可一旦方法不对，一个天赋很可能还没有冒头，就已被扼杀。

在“一万小时”天才理论中，我们往往过于关注“一万小时”，而忽略了用“正确的刻意练习”度过这一万小时才是本质。所以，掌握不了正确方法，天赋仍然难以转化成能力。当正确方法成为习惯，你跟别人的差距才显而易见。

爱因斯坦说：“孩子生来都是天才，但在他们求知的岁月中，错误的方法往往扼杀了他们的天赋。”

在哈佛大学，有一条大家公认的成功定律——W=X+Y+Z（成功 = 勤奋学习 + 正确方法 + 少说废话）

在陪伴唐堂成长的过程中，我也深切感受到“正确方法”才是启蒙教育的首要之义。

唐堂在幼儿园大班期间，他见小宝（唐堂最要好的小伙伴）学自行车，也闹着要学。运动，对孩子的自然生长发育有着无可比拟的作用，比补钙、补锌、补铁好太多，充足的户外活动，还是塑造孩子活泼开朗性格的最佳药引子，必须无条件支持。

前三天的练习，说多了都是泪。

初学自行车，孩子很难掌握好平衡，家长总会在侧后方“推一把送一程”。但因儿童自行车车身矮，没有后车架，导致家长的辅助，犹如徒手摘生板栗——无从下手，抓人抓车总是掣肘。

因为没有初速度，唐堂启动摇摇摆摆，骑行晃晃悠悠，加上我的拉拉扯扯，最终双方在互相制约中，“步兵”累得腰酸背痛，“骑兵”摔得青一块紫一块，却没有什么成效。最惨的一次，两个并排摔在水泥地板上，自行车砸在身上，叠了个人肉汉堡。

每天出门练习，他都有心理阴影了。

命运在第四天晚上发生了改变。在我们第 N+1 次摔倒后，唐堂说：“爸爸，你真笨，连个车都扶不好。”

我说：“哼，你才笨，想当年，我可是自己一个人……”

这时迎面走来的一个银发老奶奶忍不住“教育”我：“你真笨，孩子学车怎么能这样教。要找一根长木棒，绑在三角车架的后立管上。然后像船夫掌舵一样，大人就可以轻松地辅助小孩掌握车的平衡了。教小孩学车，要注意方法、方法、方法！”

我们还没来得及说声谢谢，老奶奶就走远了。

按老奶奶的教导，我们给车装上长杆方向舵后，我在离车两到三步的侧后方，运用杠杆原理，单手掌舵，控制平衡，调节速度。唐堂在自行车上，像风一样自由。

两小时不到，唐堂基本上就能独立骑行自行车。

回顾往事，我们做了太多“低价值付出”，自以为付出很多，效果却乏善可陈，没有丝毫进步。而老奶奶看似轻飘飘的一句话，却是“高价值付出”。在孩子启蒙过程中，家长觉得很累，也不被孩子理解，或许就是因为我们做了太多的低价值付出吧。

所以，正确方法，就是多做“高价值付出”。

其实，学自行车，最好的方式，是在孩子四五岁时，给孩子一辆没有辅助轮和脚踏板的滑步车，孩子自己玩着玩着，便能双脚离地，保持平衡，在小区的路上飞奔。再给他安装上脚踏板，就能水到渠成，无师自通啦。

否则，随着孩子年龄渐长，身体发育，重心上移，再来学自行车，难度便会逐年增加。所以，任何技艺，肯定是有其学习的敏感期与优势期，一旦错过，再想习得，事倍功半！

说完学自行车的故事，再回头讲讲唐堂游泳的故事。

二年级暑假，唐堂和小宝报了小区举办的游泳班，三天后开班。

初学游泳，有许多恐惧需要克服。一怕下水，身体处于半失重状态，脚踩不到实地；二怕埋头入水，鼻不能呼吸、耳不闻声响、眼不见东西；三怕呛水、溺水。

诸般惧怕中，以不能呼吸最为恐怖。

为了帮助他俩打消对水的恐惧，报名当天，我就带领唐堂和小宝，在家中用一个巨大的脸盆练习憋气和换气。

三个人，脱掉上衣，光着膀子，两个孩子特别兴奋。

我率先示范。我自信满满地对他们说："给我计一下数，不到 120 秒，我是不会起来换气的。"

我潇洒地深吸一口气，把头一下扎进装满水的脸盆。万万没想到，很快就被"打脸"。坚持不到 30 秒，我像个海怪般，猛抬头四下喷水，吓得围观的两个小孩高声尖叫，四处奔逃。

轮到他们，第一次均是"秒进秒出"，上一秒刚埋头进水，下一秒就抬头出水。

眼耳口鼻都在进水，这让孩子们特别惧怕。但一抬头，又可以呼吸了，好像也不是件特别可怕的事儿。

毕竟人是站在地上的。

"用心感受水的力量，水可是连大轮船都托得起来的大力士……"在我像魔法师般用低沉搞怪的语言刺激后，两个小孩一次比一次坚持的时间长。

连续练习三天，唐堂和小宝完全习惯在水中憋气和换气。进入游泳班后，因为不怕下水、不怕换气，他们是最快学会蛙泳的两个人。

还记得在陪伴孩子学游泳的那些天，我看见许多没为孩子学习游泳做任何铺垫的家长，不断大声呵斥着泳池里胆战心惊的孩子。甚至有一位爸爸，不但一直指责孩子胆小怕事，还不止一次地将怯生生的孩子的头强压进水里。不难想象，小朋友在泳池里遭受的惊吓与恐惧。

原本，我们是想孩子能爱上游泳，为生活增添一点乐趣、为意外加上一道保险，最后小朋友收获的却是失败、羞辱和惊骇。

所以，哪怕孩子有天赋，学习一项技能时，家长营造的氛围与采用的方法依然很重要。孩子的进展缓慢，多半只是因为没有找到正确的方法。

只要找到合适的方法，从关键的地方入手，便事半功倍。

而那些只抱着“花钱就能培养兴趣，责骂就能提升技能”观念的父母，注定达不到想要的目的。

**小结**

1. 天赋＋刻意练习＝才能$^n$。天赋加上刻意练习，才能是指数级增加，可这是极少数人的绝对优势。

潜能＋刻意练习＝才能×n。潜能加上刻意练习，才能是线性倍增，这是大多数人成功、努力的方向。

才能＋合适舞台＝成就。才能加上一点点运气，遇上合适的平台，便能功成名就。

2. 天赋，与生俱来，只能发掘，不能创造。如果发现不了，可能就是因为我们一直在拽着孩子朝我们设计的路线奔走，没有让他们走到前面，来引导我们。

3. 即便发现孩子的天赋，加上努力也并不一定等于成功，方法才是成功的关键。好的方法，能让孩子迅速将天赋转变为兴趣，让擅长与喜欢合二为一，一举数得。

配方二

# 兴趣——“认真”，摧毁孩子兴趣的第一杀手

*我相信，在（各种兴趣）漫长艰辛的练习途中，有些人失去耐心退出了。我不相信，最终的成功者是有刻苦精神而无兴趣的，因为我不相信无兴趣的练习是高质量的。*

*——郑也夫*

» 1 »

## 天使和魔鬼互相 Diss（看不惯）

父母时常推崇的，孩子不喜欢；家长喝令禁止的，孩子偏偏很上瘾。

让唐堂写一篇 400 字的作文，他会觉得很累。但几个孩子在一起玩上几个小时，按理说应该很消耗体力，可他们一点也不疲惫。

这之间的差别只在两个字——兴趣。

兴趣是天使，厌恶是魔鬼。

当孩子心甘情愿地陷进去的时候，才是真正引起质变的教育契机。

人们常说，“兴趣是最好的方向，努力是最好的手段，兼具二者，方能成就人生”。周华健《真心英雄》中有句经典的歌词：“把握生命里的每一分钟，全力以赴我们心中的梦；不经历风雨怎么见彩虹？没有人能随随便便成功。”我想，就是对这句话最好的注解。

社会学家郑也夫在《吾国教育病理》一书中讲：

反对没有兴趣的刻苦读书。有了兴趣，也就不需要激励了；没有兴趣，激励毫无意义，南辕北辙。……我相信，在（各种兴趣）漫长艰辛的练习途中，有些人失去耐心退出了。我不相信，最终的成功者是有刻苦精神而无兴趣的，因为我不相信无兴趣的练习是高质量的。

综上可以得出一个结论：兴趣定方向，努力定成败。

这两者谁也离不开谁。努力很重要，它是通往成功的必经之路；可兴趣更重要，几乎没人能够在自己完全不感兴趣的事情上坚持不懈。可以这样说，兴趣是人生最好的方向，倘若选错方向，付出再多的努力，也注定南辕北辙。

这些道理，我们都懂。

遗憾的是多数孩子喜新厌旧，动辄见一个爱一个。看见篮球，想学篮球；看见泳池，想学游泳。可惜尚未认真投入，便已十分厌恶。从一见钟情到放弃，就是分分钟的事儿。

每个周末，为了得到去西南大学打篮球的机会，我常央求唐堂妈说：“如果准我去打篮球，我会感激你一辈子！”见我每次打篮球都高兴得不得了，唐堂一年级便兴趣盎然地报名参加学校篮球训练队。看着他半生不熟地练习篮球，我喜上眉梢。以为篮球即将成为家学技艺，唐堂妈再也没有理由阻止我去打球了！结果一年不到，唐堂就失去兴趣，哪怕用玩半小时游戏引诱他一起去练一个小时篮球，也没能让唐堂坚持下来。

学游泳也一样，唐堂刚开始兴趣高涨，学会没多久，就懒得去了。

我问了周围的朋友，发现孩子们的情况差不多。

孩子的兴趣为何不能持久？我百思不得其解。

» 2 »

## 浇灭孩子的兴趣，只需“认真”二字

要回答上面的问题，首先得搞清楚好奇心、兴趣、爱好、特长之间的差别，以及兴趣的几个层次。

好奇心是人认识某种事物或从事某种活动时，扰动感觉，感到新奇，想要了解的心理倾向。好奇心是受到外部的某种诱惑而产生的。比如唐堂读了金庸的《射雕英雄传》，被一阳指、九阴真经等绝技吸引，边走路，边“嘿嘿哈哈”地演练着他的降龙十八掌。这就是对绝世武功的好奇心。

兴趣是接触某事物之后，仍不断地自我肯定、自我强化的结果。好奇心是兴趣的起点，兴趣是好奇心的进化。好奇心升级到兴趣是一个比较漫长的过程，这个过程中你会经历非常多尝试与心理斗争，最终在不断的自我肯定中，好奇心才会一步一步升级为兴趣。

好奇心不等同于兴趣，但是和兴趣是相辅相成的。凡是三分钟热度的尝试都只是好奇心而已。好奇心是兴趣最低的一个层次。对事对物的兴致是脆弱的，很快就会转移或消失。所以，孩子在这个阶段，什么事情都喜欢掺和一下，但又见异思迁，并不专一。对他们而言，好奇的只不过是引起兴趣的那些东西。

爱好是在兴趣的基础上，情有独钟，经常还会抽出时间、付出精力去学习。爱好要比兴趣高一个层次，可以理解为乐趣，乐此不疲。此时的兴趣变得有主动性，有进一步学习的冲动。仅就启蒙教育而言，即便孩子有初步学习的愿望也应再压一压，等孩子的愿望较强烈时才开始教他，兴趣的延续性会更好。

兴趣的最高层次是志趣。志向与兴趣合二为一，再通过领会晓悟，反复锤炼，力求完美，坚持不懈，从而获得一般人很难达到的专门技艺，这就是特长。决心做什么与喜欢做什么融为一体，努力做的事就是自己喜欢做的事，持之以恒便不再是难事。

从好奇心到兴趣、到爱好、到特长再到成就，有很长的距离。不是具备了某方面的兴趣就能将其转变为特长，进而一步登天，功成名就。

曾在一本书里看到这样两个公式——

兴趣 × 努力 = 特长

特长 × 努力 = 成就

孩子在兴趣中待得越久，兴趣才越有可能升华为特长。可每当孩子对什么稍微有点儿好奇，家长便急不可耐地拿兴趣与特长作比较，看到巨大差距的家长，常把孩子认为有意思的兴趣，悄悄替换成了认真刻板的训练。孩子在多次“上当受骗”后，再也不敢流露出自己对新鲜事物的好奇！

好奇心是引领孩子探索世界的源头——我想知道！如果一开始，好奇心这探索的火苗就在成人的功利思想下被掐灭了，孩子一旦拒绝尝试新事物，便难以踏出探索世界的第一步。

这就是用游戏时间也诱惑不了唐堂练习篮球的原因。

每个周末早晨，像国家队队员一样按时起床，在篮球场上先做准备活动，压腿、拉筋、俯卧撑、跑圈；接下来是运球训练，交叉运球、胯下运球、体前变向运球、360 度转身运球；然后是传接球练习、定点投篮练习、一对一突破练习、背身单打练习……

在训练过程中，还有不断的纠错，错了，错了，又错了！

在训练过程中，还有不断的呵斥，怎么练了这么多遍还不熟练！

在训练过程中，还有不断的羞辱，你真是笨得可以，这么简单的动作都做不了！

这哪里还有半点兴趣的痕迹？去他的兴趣，去他的训练，去他的NBA！

如果用参天大树的标准来比对孩子才发芽的兴趣小树苗，你时刻在训练，时刻在打分，时刻在比较，时刻想让它快速长高，小树苗笼罩在害怕输在起跑线的巨大阴影下，终日不见阳光，怎么可能茁壮成长？

游泳也是一样。

唐堂二年级那个夏天，在他学会蛙泳后，我们一家人经常在晚饭后相约小区游泳池，开心地玩上两小时，三人比闭气、比姿势、比耐力……那段时间家庭氛围格外融洽，一家人真是如鱼得水，其乐融融。每天晚饭后，唐堂都是第一个冲出家门，最后一个离开游泳池。

可惜，快乐的日子总是很短暂。唐堂的“幸福”在他展现天赋的那一刻就此终结。

有一天，我惊喜地发现，唐堂趴在打水板上，用自由泳打水方式前进时，犹如离弦之箭，速度奇快。比好多大孩子手脚并用还快。

好不容易发现孩子的一项天赋，我兴奋不已。可不能辜负了！

跟唐堂妈商量后，我们立刻行动起来，第二天便将游泳场地从小区搬到西南大学游泳馆，并请一位大学老师亲自指导唐堂进行训练。老师考察过后，同样觉得唐堂有潜质，立马规范他的自由泳动作，并要求每个动作游十个来回。50 米的标准泳池，十个来回，一个动作就是 500 米。

完了！这是羊入虎口啊！

当晚，唐堂就告诉妈妈，不想再去训练，因为太辛苦、太枯燥。然后，就没有然后了。

在孩子的启蒙教育中，最怕所谓的兴趣不是孩子内心的自由表达，而是外来功利使然。这就是孩子兴趣总是不持久的原因。孩子刚在某方面燃烧起兴趣的小火苗，家长立马就想把兴趣换成特长的大篝火。

回过头去想想，即使家长没法将兴趣交给快乐这个天使，但也不应该把兴趣交给效率这个魔鬼啊。多么痛的领悟！

» 3 »

## 先见树木，再见森林 vs 先见森林，再见树木

如何培养孩子长期的学习兴趣与持续了解的动力？

自由作家陈之华在《芬兰教育全球第一的秘密》一书中，给出了一条中肯建议——先见森林，再见树木。

陈女士长年旅居芬兰，透过两个孩子在芬兰的求学过程及亲身体验，得出这个结论。

她对比了中国式游泳课与芬兰式游泳课的差别。

书中所描述的中国式游泳课，与我陪唐堂去上的游泳课别无二致。比如蛙泳，头几次课都是让孩子们在岸上双腿重复做“收翻蹬夹”的分解动作，双臂机械地练习“划臂抬头快吸气，伸臂低头慢呼气”的滑水动作。然后让孩子进入泳池，一溜扶着池沿，在教练的指挥下练习水中换气。

一节游泳课结束，孩子几乎没有下水游。课后，教练要求家长扛起监督孩子游泳训练的大旗，上百遍的重复训练，让孩子叫苦连天。在这样高强度的“早训”下，不管是怕水还是不怕水的孩子，都会出现厌学的情绪。

陈女士说，这就是“先见树木，再见森林”的方式。

带着孩子反复演练细节动作，一磨再磨标准动作。在这个过程中，许多孩子会觉得自己没有天分、缺乏慧根、没有兴趣，于是游泳显得如此遥不可及。

陈女士接着描述了芬兰式游泳课：

芬兰式的教法，是让大家先快乐地“见森林”。基础游泳班和成人一样在轻松、欢快的心情下，先“玩水”，而不是马上学“游泳”。不会一直强调什么自由式、蛙式的“标准”动作，而是先让大家在水波中浮沉自如、快乐嬉闹，自然而然地不惧怕下水、不惧怕把头埋进水里，到自行换气、轻松游泳。

有的家长肯定会问，这样老师会不会太偷懒了点？这样教，会有效果吗？姿势不标准，会不会太丢脸？但是，孩子们在历经一段好像没有真正在练习游泳的课程后，他们却真的好喜欢去上游泳课，因为上课就是大家一起在水里玩。大家不仅学会了游，还学会了跳水和潜水，每个人自信满满地在泳池中换气前进，还能随心所欲地从蛙泳、仰泳切换成自由泳，一举能游上三五百米。

这种看似既不严谨，又不要求动作标准，而用体验、鼓励法的“玩乐”教学，却能让孩子们不怕水，以最自然的方式，如鱼得水般畅游！

这真是没有比较，就没有伤害。

看到这些文字，我想起自己小时候学游泳的那段日子。

夏日的午后，我总是和一群小伙伴，光着屁股结伴下河游泳，没有谁来教导。我们一起在浅水滩打水仗，一起在浅水滩比密水（闭气把头埋进水里），看看谁密得久。慢慢地，大伙不怕水了，壮起胆子，冒死往水深的地方扎个猛子。这样经常会呛几口水，但头从水中冒出来的那一刻，大伙只觉得兴奋，没有惧怕！随即大伙彻底放松下来，再把头埋进水里居然都可以向前狗刨两把。后来我们还发现，在水里只要不手忙脚乱，竟然不会沉！很快，差不多所有的小伙伴均能以狗刨式游到河的对岸，正式宣告游泳技能已 Get（掌握）！

整个过程，没有催促、没有比较、没有打击，没有对一招一式的精雕细琢，留给我的，只有童年的自由、嬉闹与快乐。这不正是陈女士建议的“先见森林，后见树木”的学习方式吗？

原来，我小时候享受的才是真正的快乐教育啊！

好的启蒙无一例外，都是“示以美好，授以希望”。

在孩子接受专业化训练、执着于知识的细枝末节前，让他先看看震撼的原始森林和起伏的山峦幽谷，使他对置身的知识领域有一个框架性的认识与印象，对未来有一个美好的期许与憧憬。最好能够把这个知识森林储存在大脑中，给他一张“活点地图”。今后涉足再偏僻的羊肠小道，也不会迷失自己，因为孩子知道努力的方向和意义。

» 4 »

## 让兴趣回归快乐初心，远超分数的指标

孩子很难主动去努力学习不能引起快感的东西。

补救措施也简单，就是让兴趣回归兴趣、让兴趣回归自由、让兴趣回归快乐。让兴趣既有入口，更有出口。让兴趣得到展示的机会，在成就感中点燃他们持续学习的动力。当他们养成持续学习的习惯，他们就从“要你学”变成了“我要学”。

比如篮球，我便改变“只见树木，不见森林”的做法。每个周末，我和唐堂妈都“怂恿”唐堂约上几个同学，进行分组篮球实战 PK。在保证安全的前提下，让他们自己掌控规则。球赛结束后，请孩子们吃个甜筒，几次下来，这群孩子便爱上了篮球。一到周末，孩子们就相互约战，此时的篮球，已经成为他们周末的一项娱乐活动。为了捍卫球队的尊严，即使无人敦促，他们私下也会主动讨论战术，练习篮球。

这是因为他们感受到了兴趣带来的乐趣。

陈女士在书中总结道：没有一种教学方式是完美与绝对正确的。因为，终极目的都是想要达到某种设定的教学目标，但不同模式所带来的学习是痛苦还是快乐，以及能否激发孩子终身学习的兴趣，能否真正让兴趣扎根，却是天壤之别。

而且，两种模式的差别，或许比我们想象的还要大得多。

巴里·洛皮兹在《林中的孩子》一书中说：

告诉林中漫步的孩子每样东西的名字，相当于早早打开一扇门，而这扇门只能通向最小的房间。通向大教堂的门是另一种：迟迟不语，行为示范，鼓励他们知觉敏锐。

比如，孩子对树干的奇形怪状感兴趣，对树冠的枝繁叶茂感兴趣，对树根的盘根错节感兴趣……他会自主发问、比较、研究，然后发现若干关于树的有趣故事。但孩子刚进森林，我们急忙告诉他，这棵树是橡树，那棵树是枫树，孩子多半会失去探索的欲望。

明眼人为何往往熟视无睹？因为屡见不鲜，感官变得迟钝麻木，心灵变得呆滞平庸，不再激动，不再动心。一进森林，就能一一叫出树的名字，司空见惯，便习以为常，不足为奇。人性如此，通常只是认识，却误以为是了解。失去探索的好奇心，因而无法深入地看清一棵树。

所以，拜托每一位家长不要每一堂课都要“立竿见影”或是“反复演练”。反复练习、反复考试，最终是压倒了周边的竞争者，但抹杀了孩子对任何一门课的长久兴趣。

这是多么得不偿失！

**小结**

1. 浇灭孩子的兴趣，只需“认真”二字。家长即使没法将兴趣交给快乐这个天使，但也不应该把兴趣交给效率这个魔鬼。

2. 在孩子的启蒙教育中，最怕所谓的兴趣不是孩子内心的自由表达，而是外来功利使然。好的启蒙无一例外，都是“示以美好，授以希望”。

3. “先见森林，再见树木”：在孩子接受专业化训练、执着于知识的细枝末节前，让他先看看震撼的原始森林和起伏的山峦幽谷，使他对置身的知识领域有一个框架性的认识与印象，对未来有一个美好的期许与憧憬。

4. 不要每一堂课都要“立竿见影”或是“反复演练”。反复练习、反复考试，最终是压倒了周边的竞争者，但抹杀了孩子对任何一门课的长久兴趣。

配方三

# 耐心——陪伴是最长情的告白，让世界没有笨小孩



*孩子的身上存在缺点并不可怕，可怕的是作为孩子人生领路人的父母缺乏正确的家教观念和教子方法。*

*——珍妮·艾里姆*

1

## 和孩子在一起，才能找到幸福的秘方

2019 年春晚，开心麻花团队表演的小品《占位子》播出后，引发了教育界广泛的讨论。

《占位子》讲述了小学开学第一天，几位家长使出浑身解数为孩子占“C 位”的故事。在小品中，沈腾为给儿子占取“C 位”，卖力地忽悠其他家长。最后在班主任的电话中，才知道自己连孩子的上课年级都弄错了。

“孩子几年级了都不知道，还在那儿抢座哪。把什么都给孩子抢到最好的了，孩子就好了？”

“一直觉得自己是个特别称职的父亲，现在想想，劲都使歪了！座我不抢了，今儿早点回去陪孩子！”

小品最后，大家都说要早点回家多陪陪孩子，这句话说起来容易，做起来却困难重重。这个阶段，正是家长在职场中打拼的关键期，压力山大。出差、加班、应酬都是工作常态，没有时间，怎么陪呢？

经常听身边的一些朋友讲：工作太忙，没时间陪孩子，我也很绝望啊！

工作和陪伴真的是鱼和熊掌，难以兼得吗？这仍然是选择的问题。

毕竟我们再忙，也不比美国前总统奥巴马忙。奥巴马的妻子米歇尔曾这样评价孩子们的爸爸：“做总统的丈夫，至今仍每晚和女儿一起吃晚餐，耐心回答她们的问题，为她们在学校交朋友的事儿出谋划策。”

唐堂读幼儿园中班的时候，得了疝气，需要动手术。结果手术当天恰好遇上主管领导要上北京拜访主管业务部门，我是主管领导要求陪同前往的三人之一。

那段时间，正是我在职场上能否更进一步的关键期。

去还是不去？

我没有半点犹豫，必须留下来陪唐堂。《穷爸爸、富爸爸》中有这样一句话：所谓成功，就是要有时间照顾自己的小孩。虽然我与成功之间还差着几万光年，但在孩子生病最脆弱的时候，作为爸爸的我一定要陪在他身边。

回想这一切，我没有一丝一毫后悔。甚至很庆幸当时的选择。

有一年，央视在《开学第一课》中，邀请全国百家青少年期刊的主编，让他们告诉孩子们怎样才能找到幸福。让我印象最深刻的，是我社《创新作文》杂志李彦雅主编说的一段话：

让孩子幸福的方法，就是与他们“在一起”。

在一起阅读，你问他答。

在一起练笔，你提示他落笔。

在一起聊天，你聆听他倾诉。

在一起运动，你加油他进步。

在一起旅游，你指点他欣赏。

在一起游戏，你童心未泯他开怀大笑。

……

在一起了解彼此，在一起平等成长。少一点应酬，少玩几次“吃鸡”，少打几圈麻将。不要总是“在别处”，课堂内外与孩子“在一起”才能给孩子真正的幸福。

这段话虽然有为我们公司打广告的嫌疑，但实实在在地道出了启蒙教育的真谛——“在一起”。

无论工作多么忙，父母还是应当想尽一切办法，抽出时间跟孩子在一起，毕竟陪伴是最长情的告白。否则，再不陪孩子，孩子就长大了！

## 2

## 惩罚你，过九点，不准再写作业

2017 年 10 月，一篇题为“老娘我上辈子做错了什么，这辈子要陪孩子做作业……”的文章在网上走红，引来无数父母的吐槽。

有两位家长的遭遇，让不少爸妈感到“被家庭作业支配的恐惧”。

一位家长称：陪儿子写作业到五年级，然后心梗住院了，做了两个支架，想来想去命重要，作业什么的就随其自然吧。

另一位家长说：我此刻躺在急诊室急救，原因是脑出血，我深刻怀疑是教孩子写作业弄的，请不要再让我陪他写作业。

更多家长表示找到了组织，纷纷爆料自己的陪读经历，简直就是一部惊天动地的《陪读血泪史》。

家长们在辅导孩子写作业时，最具代表性的表现与心态是这样的：

婚前是淑女，大声说话都不会。现在瞬间就是泼妇一般，每次作业，都是各种吼……他爸爸走进来说，有点耐心好不好？结果 5 分钟不到，声音比我还大。我俩只能在中场休息时告诉自己和对方，要耐心，要温和，要多想办法……

儿子刚睡着了，亲亲他的小脸。有点后悔刚辅导他做作业分分钟想抽他的念头。明晚还会如此吗？或许不用质疑，每天都会重复上演！

每次吼完孩子，我都气得耳鸣、头胀、胸痛……等孩子睡着后又各种自责后悔内疚，然而第二晚写作业继续各种吼。

世界说大很大，说小很小。在回复中，大家发现竟然有住同一个小区的。

每次到作业时间，整个小区都是我的咆哮声，他爸说每天一进小区就知道我在不在家。我觉得我在人间的历劫快到头了，很快就可以飞升上神了。

前几天睡觉前，总是听到有个女的很大声地讲话，仔细听，才知道是在辅导孩子作业，那真是可以称之为咆哮了……

还有各种堪称经典的吐槽：

我已经在上小学的两个孩子的家庭作业中沦陷了，如果有一天，我不见了，请不要找我，实在是撑不住了！

我嫂子陪孩子写作业，把孩子揍得嗷嗷叫，我哥进去劝，10 分钟后，变成了男女混合双打……

平时和蔼可亲，好好的一人儿，一辅导作业就成暴脾气——暴躁易怒、杀气腾腾、绝望心梗。

不辅导作业，父慈子孝；一辅导作业，鸡飞狗跳。

当代父母对于家庭教育的焦虑感为何这么强烈？为何家长总是缺乏

耐性？

一方面，对孩子而言，中国家长笃信“教育改变命运”，所以在孩子的教育上最舍得投资。据统计，中国内地父母对子女的教育经费投入占家庭总收入的比重列全球第一。中国家长的焦虑源是孩子，每一对父母都对孩子抱有很高的期望，甚至是可量化、很具体的期望。家长的期望越高，付出越多，当事与愿违之时，必然大失所望，情绪失控，崩溃动怒。

另一方面，就家长自己而言，要找一份事少钱多离家近的工作，简直比中 500 万彩票还难。家长白天像陀螺一样忙碌一整天，下班紧赶慢赶冲回家，又是洗衣又是煮饭。好不容易完成锅碗瓢盆衣裤袜、柴米油盐酱醋茶等日常事儿，早已身心俱疲的家长打起鸡血，一边加班赶 PPT，一边辅导孩子作业。孩子但凡有丁点儿磨蹭、三心二意，心力交瘁的父母立马如火药桶一般，一点就着，亲情的小船说翻就翻。

以上说的都是家长缺乏耐心的表面原因，深层次的原因下节再讲。先来说说如何解决孩子作业拖拉的问题。

孩子拖拉，家长就得一直陪着熬着，晚上九点做不完，那延长到十点，十点还没做完，便开始不断责骂孩子，除了发泄一下心中的怒火，显然不可能解决任何问题，甚至只会耽搁更多时间。家长担心孩子的睡眠，怕影响孩子的大脑发育、身体发育等等，但孩子还太小，不太懂这些事儿的重要性。看到家长很生气很紧张，他们反而有一种挑战权威的成功感。给他们贴上“拖拉”的标签，反而愈加强化了他们的“拖拉”，事情往往会变得越来越糟。

事实上，拖拉的情况是可以避免的。

第一，孩子写作业拖泥带水、磨磨蹭蹭，主因是周边分心的物品太多——图书、玩具、零食、电子产品……一会儿摸摸这个，一会儿看看那个，效率当然不高。据研究表明，孩子 14 岁前大脑尚未发育完全，主动控制能力较差。让他们“不要走神”“不要玩铅笔”，对他们来讲真的很难。所以，请家长清除孩子视野范围内的一切“无关物品”，让他的思想和视线牢牢锁定在作业上，孩子小动作减少 50%，作业效率至少提高 50%。

第二，写作业前花半分钟，和孩子一起清空大脑，建立小任务清单，把每一科“大作业”化为“小项目”，再由“易”到“难”，安排作业顺序与大致完成时间，将孩子的注意力集中到作业上来，屁股一沾凳子就动笔写作业。有目标地写作业，才能让孩子快速进入学习状态，同时每完成一项小任务，用打钩给予鼓励，让孩子的大脑及时获得正向回馈。把孩子的学习与积极情绪建立联结，做作业再也不会磨蹭拖拉。

第三，用小步前进原则，帮孩子设定达得到的目标，强化自信心，让他遇到难题再也不会“习惯性求助”，而是勇敢跨越障碍，越战越勇！同时，将作业签字权还给孩子，有助于培养孩子的学习自主性。有的孩子做作业很皮，必须要家长在旁边守着才行，完成家庭作业要花很长时间，这是因为家长与孩子距离太近。给孩子家庭作业签字权，有助于让孩子明白答案的对错并不是最重要的事情，学习中最重要的事情是要对学习感兴趣。

父母唯有放下焦虑，教育才能走得更远。

除此之外，家长要清楚，启蒙阶段的作业辅导，更多的是学习习惯的培养。

家长在对待孩子作业“拖拉”时，在逻辑上还应颠倒过来——每天作业最迟只能做到九点，超过绝对不允许再动笔，第二天独立去面对老师的询问。刚开始甚至可以蛮横一点，不论作业多少都要严格执行。特别在作业多的时候，更是培养孩子合理安排时间的好时机。让孩子明白，这种时候，他就要学会在学校利用课间写作业，这才是培养孩子时间观念的正确做法。

助力孩子学习就像推车，孩子越大，惯性越大，你就越是推不动。因此培养孩子的好习惯，一定要趁早。

» 3 »

## 耐心，让世界没有“笨小孩”

在父母缺乏耐心的背后，其实有更深层次的原因。

启蒙教育中，我们有不少错误观念，其中最为致命的一条是认为学习知识更快的小孩子更聪明，学得快的人就是学习好的人。

这导致我们总是拒绝给孩子更多的时间来完成作业或学习（这跟上面讲的“拖拉”有本质的区别）。孩子们写作业时争分夺秒，如果不能在规定时间内完成任务，还会受到相应惩罚。

这种观念深入人心，以致我们极容易失去耐心，只要孩子的学习速度稍一放缓，我们就担心自己的孩子是个“笨小孩”。

芝加哥大学教授本杰明·布卢姆在 20 世纪 70 年代末 80 年代初做过一系列著名跟踪研究对比实验：一组学生按“学校规定的固定速度”学习，课程结束后，只有大约 20% 的学生达到了掌握知识的水平；而另一组按“自主速度”学习，课程结束后，90% 以上的学生达到了掌握知识的水平。

布卢姆的实验表明，若学生在学习速度上能有一些弹性时间，绝大多数学生最终都会表现得非常好。而将学习速度与学习能力等同起来，这种观点毫无疑问是错误的。实验数据还证实，每个学生的学习途径都不同，有些知识学得很快，而有些知识学得很慢，即使同一课程也是如此。

面对中国庞大的适龄学童，一个班四五十人，学校教育不可能做到“因材施教”，都是按教学大纲规定的“固定速度”开展教学、布置作业的，多半也是按“别人家孩子”的速度安排，这显然会人为地削弱孩子取得成功的机会。这其中的平衡，就得靠家长来把握。于是，“耐心”至关重要。

唐堂的班主任赵老师说过一句话：“谁要有低智儿童父母一般的耐

心，这个世界上就不会有‘后进生’一说。”

其实，父母也不是有了小孩后，就失去耐心的。相反，父母在孩子学说话、学走路的过程中就表现得特别有耐心。

我们这辈子，学得最扎实的东西非母语莫属。回忆一下，我们引导孩子学说话时是这样：总是微笑着逗孩子牙牙学语，哪怕他学了快一年，还不会含混不清地叫“爸爸”或“妈妈”，我们仍不厌其烦地引导。当孩子终于有一天叫出那个特定称呼时，我们像中了彩票头奖一样，激动万分，跟个傻瓜复读机一样，一次次傻笑着说，“宝贝，再叫一声”。

汉语和汉字的难学、难认，是世界公认的，但孩子们效率非凡。

当孩子总是分不清“你吃，我吃”的区别时，我们开心于孩子的呆萌，并不给予责难。如果在孩子学母语的过程中，每天考试，列出“今日进展”“今日考评”，孩子一开口说话，你就开始评分“这个地方边音不标准，重新来”“今天你说话含混不清，还夹带口水，所以只能得 30 分”，那孩子多半会患上说话困难、口吃等“疑难杂症”。

孩子学走路也是一样，我们总是一个人在后，扶着他，一个人在前，始终用微笑鼓励他，大胆迈步向前。看着他蹒跚学步，在扑向你怀里的那一刻，我们的心都被这一扑和孩子的笑声给融化了。我们也总会在他就要摔倒的时候，扶他一把，不曾厌烦，不曾气馁。我们也从未生气地说：“都吃一年的奶粉了，还不会走路，真没用！”因为没有打分和评比，我们都为他迈出的每一步而欢呼雀跃。孩子也正因为有了我们的微笑、鼓励和耐心，才能一步、两步、三步，最终学会行走。

人一生之中，说话与走路，是后天具备的所有能力中，最重要、最困难的。但两种能力的启蒙学习，我们和孩子，做得一样好。

学说话、学走路，既不需要上培训班，也不需要专门的老师，但幼小的孩子就能完成这么复杂的学习。如果我们一直坚持这样启蒙孩子，孩子应该什么都能学会。

为何随着孩子成长，能力增强，各种启蒙的难度降低，我们却觉得启蒙更难了，甚至进行不下去了呢？

因为，随着孩子长大，越来越多的“标准”摆在我们面前——智商标准、成绩标准、特长标准……加上社会教育资源的不均衡、加剧的升学压力，一切的一切让我们失去了耐心、失去了笑脸、失去了鼓励。所有与效率、结果无关的顽皮、嬉戏，均被斥责为不努力、不专心。

于是，只剩下各式各样的追求速度、追求效率、追求结果的过分要求。

回归初心，不要把孩子启蒙阶段的各种“特点”当“缺点”。小孩子的能力是慢慢增加的，不要一味蛮横地要求他立马达到你心中的速度和效率。

养育孩子不是做化学实验或照菜谱炒菜，同样配方、同样分量、同样操作，并不会得到同样的效果。毕竟孩子千差万别，效果当然迥然不同。

所以，在孩子成长的过程中，请多给孩子一点耐心吧！家庭如一片土壤，和孩子在一起才能让孩子如花果般正常生长，父母的耐心陪伴则是花果能够茁壮成长的养料。

最后摘录一段“鸡汤”，与大家共勉。

当孩子打破砂锅问到底时，没耐心的你厌烦的表情，烦掉了他的好奇心；

当孩子慢腾腾穿衣系鞋时，没耐心的你上前帮忙，帮掉了他的独立性；

当孩子要求你陪他玩耍时，没耐心的你忙着自己事，忙出了他的孤独感；

当孩子正向你诉说苦恼时，没耐心的你打断了话语，打跑了他的亲和力；

当孩子汇报不合格成绩时，没耐心的你来一顿责骂，骂掉了他的自信心；

当孩子因怕挨打而说谎时，没耐心的你真给一顿打，打掉了他的诚实观；

当孩子要你再讲个故事时，没耐心的你找借口推脱，推掉了他的求知欲。

## 小结

1.让孩子幸福的方法，就是与他们“在一起”。

在一起阅读，你问他答。

在一起练笔，你提示他落笔。

在一起聊天，你聆听他倾诉。

在一起运动，你加油他进步。

在一起旅游，你指点他欣赏。

在一起游戏，你童心未泯他开怀大笑。

……

在一起了解彼此，在一起平等成长。少一点应酬，少玩几次“吃鸡”，少打几圈麻将。不要总是“在别处”，课堂内外与孩子“在一起”才能给孩子真正的幸福。

2.谁要有低智儿童父母一般的耐心，这个世界上就不会有“后进生”一说。

配方四

# 奖惩——不奖不惩，学习不是功利的“交换”

*奖励和惩罚只能带来暂时的屈服，为我们买来服从。我们却希望从“服从”中成长起“自信、独立、创造性和责任感”……*

*——埃尔菲·艾恩*

»1»

## 惩戒与奖励，大棒与胡萝卜一样不管用

考考考，老师的法宝；分分分，学生的命根。

罚罚罚，家长的王法；抄抄抄，孩子的绝招。

中国人常说人分三六九等：一等人，不打不骂自成人；二等人，又打又骂才成人；三等人，又打又骂不成人。

但大多数人只看见了二等人“不打不成才”的教育方式，认为爱要有底线，爱离不开惩戒，却看不见成为一等人的奥妙——“不打不骂”“不

罚不奖”。

惩戒确实在一定程度上可以让孩子变好。但是，仅有惩戒，很难让孩子达到卓越，卓越是靠自我激励与自我追求造就的。

任何惩戒，即使使用的是一些较为温和的手段，也改变不了其实质是一种强烈的控制手段——按我说的去做！

任何惩戒，结果大同小异，产生的是抵触情绪而不是责任感——只会让孩子在一段时间内表现得“顺从”。孩子借此学到的是使用强权，而不是成为一个负责任的人。

康斯坦斯·凯米告诫我们：“如果想让孩子们心悦诚服地去做那些该做的事，必须减少成年人自身的力量，并尽量避免使用奖励和惩罚的手段。”

可老师、家长似乎无法避免使用惩戒手段，认为这样才能驱赶孩子进入学习的主航道。不少老师把做更多的作业当作一种惩戒，或把做更少的作业当作一种奖励。

这岂不是作业讨人厌的“官方认证”？

唐堂四年级的时候，迷上一款电脑游戏，跟好朋友小宝与小任在一起，说不上三句话，便扯到游戏上，询问所有的技术细节。只要有空，总会想尽一切办法，主动在网上搜相应的游戏直播节目学习战术。有一次，他在用 iPad 完成老师布置的配音作业期间，竟然偷偷摸摸地看起了游戏直播。发现苗头不对的我们，暴跳如雷，歇斯底里地一通“狂风怒号”。看着面目狰狞的父母，被吓住的唐堂，口不择言，犟嘴称没打游戏，盛怒下的我，三下五除二将网页历史记录调出，傻眼的唐堂，被没收了 iPad，受罚一学期不能碰游戏。

冷静下来后，我们给了唐堂一个“悔过自新”的机会，和唐堂约定，如果期末表现好，则将 iPad 还给他。

本以为，这样一来，既断了唐堂的游戏念想，又能让他化悲痛为力量，一心扑在学习上。没想到接下来的一个周末，几个小伙伴凑到一起，我听见唐堂不无遗憾地告诉小宝，他被“依法”取缔玩游戏的事儿。我以为他幡然醒悟、迷途知返。哪知他话锋一转，竟询问小宝在电脑上浏览网页后，如何才能“毁尸灭迹”，不留痕迹！

对唐堂的惩戒，真是失败。

他反思的竟然是自己的技术还不高明，“清扫战场”的动作还不及时，他甚至还计划着，下次如何更加聪明地避免被抓住“狐狸尾巴”。

回顾唐堂的游戏事件，当时，我和唐堂妈只管宣泄自己的负面情绪，不留情面地揭穿他的谎言。唐堂听到惩戒的结果，如五雷轰顶，失魂落魄。父母再有道理的说教，恐怕也置若罔闻，更加不可能关注到自己已有游戏上瘾的趋势。而如果当时保持冷静，旁敲侧击地交流，孩子一方面会感激你没有揭穿他，另一方面也会更加在意地听取你的意见，这样才能真正地帮助到孩子。

惩罚孩子常常跟教育的目的背道而驰，是不可取的。

可只有爱，没有规则，也不行。

于是，许多父母习惯用金钱或其他奖品来“购买”孩子的良好行为或成绩。他们认为奖励是比惩戒更有效的手段——胡萝卜比大棒好！

真相让人意想不到——奖励带来的唯一结果就是降低孩子学习的兴趣。

作家埃尔菲·艾恩在《奖励的惩罚》一书中，列举了20世纪80年代在美国中小学风靡一时的阅读奖励计划：有用五角星、证书、奖状等来诱使学生读书的；有用金卡、银卡、白卡、无卡来区分阅读优良中差的；有用免费比萨、现金美元来贿赂不读书的孩子的……

然而这一切带来的后果是：

奖励使阅读量急剧上升，但奖励的使用也改变了孩子们选书的模式，字少、简短、大号字体的书成为理想的选择；奖励还改变了孩子们读书的方式，他们经常回答不出关于某本书，甚至是刚看完的那本书的一目了然的问题。当活动最终结束时，孩子们课外看书的数量变得更少。

这其中的问题不仅是奖励的效果转瞬即逝，用奖励来操纵人们的行为不能产生我们所期望的长久的改变。更重要的问题是奖励的“效果”能持续，但这些效果与我们期望产生的结果刚好相反，将磨平人们对本来愿意参加的活动的热情。

受奖励的启发，孩子会以为，让别人按自己意愿做事的最好办法就是“贿赂”和“收买”。而这种“做此即得彼”的奖励带来的只可能是“以奖换奖”：孩子拿弹钢琴的奖状换你手里的奖励，孩子拿期末的成绩换你许诺的奖品……让孩子兴奋的竟然不是因为掌握技艺和获得知识本身，这一定是哪里不对！

艾恩说：“无论是多大年龄的孩子，奖励和惩罚一样，都会损害他们学习兴趣的内驱力，会取代对所做之事的真正兴趣，这是一件无比糟糕的事儿。”

下面这个故事，我们都不陌生：

有一群孩子几乎每天在一位上了年纪的老人门前的草地上嬉戏打闹。时间长了令人非常厌烦，以至于老人难以忍受，于是她想出了一个计谋。

星期一，她从家里出来，把所有孩子都召集过来，对他们说：“你们每天在这里玩，让这儿变得很热闹，也让我自己觉得年轻了不少。为了表示谢意，从明天起，你们每个人将得到 1 美元。”孩子们又惊讶又兴奋。

星期二，他们甚至来得更早，尽其所能，喧嚣连天。老人信守承诺，给了他们每人 1 美元，感谢他们的努力，让自己感受到了不少活力。“明天请再来。”老人对孩子们说，“使劲叫喊，你们将得到 50 美分”。虽然少了 50 美分，但也还不错，孩子们又兴高采烈地走了。

星期三，孩子们依然卖力叫嚣，老人边给每个孩子 50 美分，边宣布“从明天起，你们这么做，我只能给你们 1 美分。”孩子们相互看看，生气了。他们觉得自己都累趴下了才给1美分，太不值了。于是孩子们对老人发誓，他们再也不会为她在这里玩了。

在这个故事当中，老人的计谋狡猾而有效，用一个很简单的方法，就将孩子“为快乐而玩”的内部动机，变成了“为得到美元而闹”的外部动机。一旦让孩子们觉得，他们只能得到与付出完全不匹配的奖励或者没有奖励，他们就再也不愿出现在“工作”场地了。

幼儿学习启蒙，其实无须采取奖励机制，因为他们对知识的渴求是与生俱来的。

几乎每一位父母、幼儿园老师可以证明，幼儿像是十万个为什么，他们对语言、数字和各种想法都充满好奇，总是不停地问。

可为什么跨入校门，学校变着花样地增加一系列的奖励措施，孩子提问的“兴趣”却日渐消退，不再提问，也提不出问题了呢？孩子为什么会从“十万个为什么”变成“三棍子打不出一个闷屁”来的闷油瓶？

还是奖励与惩戒惹的祸！

在孩子启蒙学习的后续练习中，如果孩子取得进步，我们选择游戏、礼物或旅游来奖励孩子。为了获得好评与奖励，孩子必然放弃对没有把握的问题的回答，希望用更稳妥的方式获得更高的评价，这势必降低他们接受挑战的欲望。如果孩子表现得不够好，我们采用责备、呵斥、打骂来惩戒孩子，往往一声吼，就把孩子吓得一动不动，然后按你的要求“认真”地多练两遍。久而久之，不但不见半分效果，甚至孩子有样学样，沾染上撒谎、使用暴力等陋习。

这些，不正是艾恩笔下奖励的惩戒吗？

如果我们在孩子的学习启蒙过程中，放弃奖励与惩戒，让孩子回归对知识、对学习本身的兴趣，有没有可能成功呢？

答案是肯定的。

» 2 »

## 读书，不是为奖品而战

唐堂一年级寒假时，我和唐堂约定，一起诵读《道德经》。

我给唐堂选了几十页小开本注音版的《道德经》；给大人选了几百页大开本的《道德经》全集，每章后附许多妙趣横生的故事。

每天，我和唐堂妈先看一章《道德经》，精挑细选些有趣的小故事，然后开始一家人的“诵经大会”——先讲小故事，再讲述诵读章节的大致含义，然后是一家人的集体诵读。

《道德经》字数最多一章不到 150 字，字数最少一章 21 字。刚开始的几天，我们尽量选择一些字数少又押韵、句式相同的章节诵读。

每日的“诵经大会”还未结束，三人基本都能背诵，于是三人轮流背诵，其他两人监督。我和唐堂妈时不时故意出错，唐堂则兴高采烈地给我们指出。困难一些、字数稍多的章节，我们不刻意要求当天背下来。

一个寒假，唐堂诵读《道德经》三十多章，是一个了不起的成就！

开学后，唐堂有了家庭作业，我们为了节约时间，把“诵经大会”的讲故事和互动环节取消，直奔主题“背诵”，并承诺唐堂背完《道德经》，通过检测，奖励一台 iPad。

在教育的岔路口，一旦转向错误，便再也回不到起点。

当背诵成为一个任务时——启蒙的小船，说翻就翻；兴趣的巨轮，说沉就沉。由此，留给唐堂的只剩下背书的痛苦，他唯一的动力也只是得到 iPad。

不到一周，他便无法坚持下去，只好改期到暑假进行。

时间来到暑假，唐堂一看，还要背近 40 章才能拿到 iPad，想要放弃。任凭我和唐堂妈巧舌如簧，也点不燃唐堂的兴趣。实在没招，我以唐堂班主任的身份，虚构了一条手机短信：鼓励班上小朋友在暑假诵读诸如《道德经》等国学经典。唐堂看了短信，才又断断续续、隔三岔五地开始了这段九九八十一难的“取经”之路。

直到三年级结束的那个暑假，在大人与小孩的痛苦博弈中，唐堂的“取经”之路，才宣告结束。

“取经”结束后，我如约给了唐堂奖品，唐堂为得到 iPad 而尖叫，却没有为自己背诵了整本的《道德经》这一了不起的成就而兴奋，有的只是解脱。

为此，我很纳闷。究竟是哪里做错了？为什么没有奖励前，诵读畅行无碍；有了奖励，反而方枘圆凿，功亏一篑？

或许不该太功利，把“读”变成“背”，或许不该丢掉最初“诵经大会”其乐融融的氛围和互动合作的模式。最令我后悔的，是将知识“卖”给了奖励，使孩子失去了获得知识的成就感，只剩下“为奖品而战”的辛苦。

奖励让关注的焦点变成了奖品，而不是获得知识、技能、特长这些真正有价值的东西。这样，必然冲淡或转移成功本身带来的快乐。

你越是奖励，孩子越觉得有陷阱——如果是一件让自己快乐的事儿，父母为什么要奖励？奖励肯定是让我去做不愿做或是有难度的事儿！

一年后，在一次会议间隙，时任长安大学招办主任的王荣禄先生，给我讲述了他启蒙儿子诵读《道德经》的正版样本——完全没有奖励，更没有强迫，孩子却甘之如饴。

王先生在某音频平台注册一个账号，每天和孩子一起诵读一节《道德经》并上传。刚开始，孩子单纯为了好玩——能反复听到爸爸、妈妈和自己的声音。随后，陆续收获的一些点赞和鼓励，由此带来的知识获得感，竟成为孩子更加专注的动力。从此，孩子乐此不疲，无人监督，没人要求，孩子不仅独立诵读完结整本《道德经》，随后《三字经》《诗经》《笠翁对韵》……一发不可收拾。

艾恩讲过一个 20 世纪 80 年代，她在一所高中做教师时，亲身经历的故事：

有一次，一个女学生搭我的便车，这个 15 岁的女孩对她所学的一切课程都没有什么特别的兴趣。我们彼此心照不宣，气氛尴尬。她什么也没说，只是让我打开车上的收音机。接下来的一路上，她一直和着收音机独自吟唱，一首歌也不错过，所展现出来的热情完全超出了我的想象……为什么一个教室里的失败者能够设法背出最流行的几十首当红歌曲和歌词，并记得一字不差……没人承诺给她奖励，没人给她打分。既没有胡萝卜也没有大棒。

所以，请老师和家长放弃惩戒或是奖励，让孩子拥有对事情本身的兴趣，才是一种最高级的学习方法。有兴趣才会主动学习，有兴趣才能找到学习的快乐，这样的孩子后劲才更足，也更容易成才。一百分或是五十分，也永远都不是知识的终点。

有人说，奖励和惩罚是一枚硬币的两面，但这枚硬币没有什么购买力。

“不奖不罚，回归知识”的本质，是每个家长要明白的事情。知识不是功利性的“交换”，教育的目的，从来都是为了孩子有更饱满的人格，有独立思考的精神，能更好地学会生活。

## 小结

1.惩戒确实在一定程度上可以让孩子变好。但是，仅有惩戒，很难让孩子达到卓越，卓越是靠自我激励与自我追求造就的。

2.这种“做此即得彼”的奖励带来的只可能是“以奖换奖”：孩子拿弹钢琴的奖状换你手里的奖励，孩子拿期末的成绩换你许诺的奖品……让孩子兴奋的竟然不是因为掌握技艺和获得知识本身，这一定是哪里不对！

3.奖励让关注的焦点变成了奖品，而不是获得知识、技能、特长这些真正有价值的东西。这样，必然冲淡或转移成功本身带来的快乐。

4.请老师和家长放弃惩戒或是奖励，让孩子拥有对事情本身的兴趣，才是一种最高级的学习方法。有兴趣才会主动学习，有兴趣才能找到学习的快乐，这样的孩子后劲才更足，也更容易成才。一百分或是五十分，也永远都不是知识的终点。

配方五

# 态度——聪明不是永远的武器，努力才是最可靠的朋友

*这个时代不缺少聪明的人，缺的是意志坚定、学习认真、干事刻苦的人。聪明永远不是你的武器，努力才是你最可靠的朋友。*

*——袁黎慧*

复盘迄今为止自己育儿上的最大失误，就是没能培养一个“笨小孩”。这并非自谦或是无病呻吟。

这个世界上确实存在着一种聪明人，他们似乎不需要付出太多努力，就能进名校，就能学富五车。他们往往是大家的话题中心——“别人家的孩子”，在很多方面赢在了起跑线上。

可现实往往会给“聪明人”开一个大大的玩笑，他们当中许多人坠落的速度甚至超过方仲永。而许多大家公认的“笨小孩”，却往往会悄无声息成长为行业精英，赢在人生的后半程上。

我想除了人生是一场马拉松，很多时候并不需要赢在起跑线上之外，还有很多原因值得大家思考。

» 1 »

## 要为夸孩子“聪明”道歉

唐堂学钢琴，亲朋好友一看他手指颀长，便忍不住表扬唐堂练琴有天赋。从成长的角度来说，这种事有百害而无一利，家长当然可以淡然处之，一笑而过。但孩子还小，他们的心灵像一张白纸，每一次不当的夸奖都会在纸上留下一道划痕。时常听到这样一些不当的表扬，久而久之，他就会把这样一些天生优势，当成自己的本领。这会给孩子造成巨大的认知误区。

唐堂和小宝差不多是同时开始学琴的，由同一位钢琴老师指导。老师常说：“唐堂学钢琴有先天优势，手指长，打开度好。”有一段时间，小一岁的唐堂练习的是八级曲目，小宝因手指长度，练的是六级曲目。面对这种情况，老师或宝妈多半会对小宝说：“咱们没有什么先天优势，唯有靠后天的勤奋和努力，才能跟上进度。”

不要小看这种潜移默化的表扬与要求。经年累月下来，效果差距凸显——不管是四级、六级还是八级曲目，小宝的练习从来是一气呵成，五遍八遍毫不含糊；唐堂的练习却总是偷工减料，时断时续，练习一两遍就得偷个懒，休息一下。哪怕他如此练习，仍能时不时得到老师的表扬。

于是，有天然优势的“聪明人”得出了一套完整的“应付方法论”——你让我每首曲子弹 10 遍，我采用倍速的手法，让你目不暇接，5 分钟搞定 10 遍；你让我练习 40 分钟，我每首曲子都慢进，弹完一曲，得休息两三分钟，磨洋工。

态度决定一切，四五年时间下来，小宝的钢琴演奏势如破竹，浑然天成，投入度、感受力、技巧和乐感都精进不已；而唐堂靠天生优势勉力维持，强行“续命”，只能在及格线上徘徊，不上不下。

小宝的“后来居上”告诉我们：做任何事，量变才能引起质变，没有一万小时正确刻苦的练习，是不可能有所成就的。

所以，为人父母者，尽量不要去夸赞孩子的遗传优势，更不要随意给孩子贴上聪明的标签，这可能会让他们挣扎一辈子。动辄就表扬孩子聪明，孩子就相信自己聪明，当他从小利用聪明来让自己获利，最终孩子只会有“小聪明”。

所以，请为你以前的随意夸奖向孩子真诚地道歉。少去赞美他们的先天优势，多去夸奖孩子为做成某件事而付出的艰辛和汗水——表扬努力，而不是聪明；表扬过程，而不是结果；表扬成长，而不是表现。

## 2

## “小聪明”总是吃大亏

什么是聪明？

顾名思义，耳聪目明。聪明人智力发达，记忆和理解能力超强。聪明的人和颜值高的人一样，招人喜爱。“聪明”用对了地方，将升华为“大智慧”，会助力自己取得大成就；“聪明”用错了地方，将演变成“小聪明”，往往聪明反被聪明误，聪明人会败给“努力”的普通人。

聪明人更大的问题是，有特别明确的做事边界，做事儿从不愿吃亏。

我社有一名资深文字编辑，因为功底深、水平高、资格老，所以只管文字，从不管排版、插图这些事儿，他认为那是美编和组版编辑干的事儿，对网上的新技术、新工具更是理都不理。新媒体时代到来后，他非常依赖别人。当他想在微博、微信、头条或抖音发布一篇争分夺秒抢热点的公众号文章或视频时，他就需要有人帮他做后半部分，因为他自己只会做文字部分的工作。他永远都得等别人、靠别人，永远抢不到热点头条，总比别人慢两小时。

与他形成鲜明对比的，是我社另一名女编辑。她“不够聪明”，资历也浅，极少请求别人的帮助，当然，也可能是请不动。想做什么，只有凭借着好奇心独自去尝试，从前端撰文到后端排版，甚至包括视频剪辑等，都去了解和学习，还很擅长追热点。很多热点，自己一个人就可以搞定，出 10 万 + 阅读量文章的概率是别人的几倍。2019 年春节，大年三十她守在电视机前，春晚一结束，马上出了一篇《2019 春晚中出现了哪些中高考热点？这里有一份超全总结！》，发布后不到两小时，阅读量超 10 万 +，第二天，被央视新闻、腾讯新闻（微信）、中国教师报等头条推荐，最终全网阅读量破千万。

后来我反思，这位“笨编辑”的特点就是肯去做，负责任，从来不推诿。原来她只负责我社初中段杂志的几个边角余料栏目，但只要她有机会承担事情，她总是尽其所能地去做。尽管大多数情况下做得并不算特别好，但她在总结时，总是很诚恳地告诉大家她这样做的理由，也乐于听取别人的反馈。因此，她的成长速度是别人的好几倍，短短几年时间，就做到了我社新媒体主管。

你看，聪明人之所以聪明，是因为他们往往能看到一般人看不到的路径，因此就能少走很多弯路。少走弯路是好的，但不能凡事都靠小聪明、走捷径、投机取巧，有些捷径可以走，有些捷径走了就会摔跟头。

所以，做一个总是好奇、执拗和努力的“笨小孩”吧。

因为搞不懂而好奇，于是努力去尝试许多新东西；因为搞不懂而执拗，于是努力去了解跟它相关的知识；因为不知道太多捷径，对“笨小孩”来说，成功唯一的道路就是努力，努力，再努力！

» 3 »

## “笨小孩”有大智慧

笨小孩很难弯道超车，因为他没有那个心思与技巧。但把功夫下在知识的弥补、问题的解决上面，把时间用在能力的提升上面的“笨小孩”，虽然短期内很难看到奇迹的发生，可一旦拥有足够的实力，便能厚积薄发，直道超车。他们拼的就是硬实力，硬桥硬马，没有那么多花拳绣腿。

“笨小孩”更专注。“笨小孩”因其“笨”，思维单纯、想法简单，知道自己天资不高，就得比别人付出更多努力才能达到目标；知道自己能力有限，很多东西不能兼顾，只在自己擅长的领域埋头深耕，经过反复学习训练，反而能有所作为。比如《射雕英雄传》中大家熟识的“傻小子”郭靖。“愚笨”的郭靖每学一招一式，都必须经过无数次的反复练习才能学会。但最终他能在华山论剑中与“五绝”旗鼓相当。

“笨小孩”更有韧劲，更能得到上天的垂青与眷顾。聪明人与笨小孩各自有其客观的发展规律。那些从小被夸赞“聪明”的孩子，屡屡因“聪明”获得赞赏，慢慢会形成“聪明定式思维”——把遗传优势当成自己最大的优势，坐吃山空，白白浪费良好的天赋。

众人的夸赞，使得他们以为仅凭聪明就能“胜天一筹”。他们认为一切成功的获得均是靠天赋异禀，与努力的程度关系不大。他们解决问题不是以努力为主，而是靠“聪明”，可人生之漫长，不是事事都能靠聪明解决的。当“聪明人”在遭遇一个个挫折、碰到解决不了的问题后，常会怨天尤人，选择退缩放弃。

“笨小孩”自身的特点决定了他们的成才之路不同于聪明小孩。在“努力”为导向的成长环境中长大的孩子，往往把成功归因于“足够努力”。

他们抗压能力更强，遇事不会一惊一乍。干成了一件事儿，低调不炫耀；失败了也不气馁，会积极从教训中寻找原因。

他们很少会有消极思想，始终认为只要努力，问题终会解决。

“笨小孩”从不懈怠，人虽笨，却韧劲足，朝着正确的方向一直努力，尽管他们走得很慢，但能走得很远。

《新课程研究·教师教育》杂志曾刊载《怎样评价和对待“聪明”的孩子》一文，我特别认同袁黎慧老师提出的观点：

“你很聪明，就是不大努力”——这句不痛不痒的评价，对于“聪明”的孩子来说，无异于一副毒药，弱化或掩盖了孩子意志薄弱、不愿艰苦付出的致命弱点，让其满足于“我很聪明怕什么”的可怕心理之中。然而这个时代不缺少聪明的人，缺的是意志坚定、学习刻苦、干事认真的人。聪明永远不是你的武器，努力才是你最可靠的朋友。

聪明往往和懒联系在一起——科技的发展趋势就是为了解放人类，让人类偷懒。聪明人是懒人中的佼佼者，他们的习惯（作息习惯、学习习惯）一般都不太好。他们喜欢做白日梦，躺在床上把一切想得美好、规划得合理，可就是不能按时起床，梦想始终躺在床上。

聪明还和拖拉联系在一起——聪明人笃定自己的聪明，总能有这样那样的巧可以取，事情不被逼到最后一刻是不会开工的。面对的任务相对简单时，迟开工凭借聪明往往后发先至，以致聪明人误以为自己干什么事都能如此，当事情越来越复杂，越来越困难，聪明人的延迟套路将举步维艰。

他们的作业、工作、任务总是完成得潦草马虎。经年累月，和“笨小孩”的差距越拉越大，最后只能望尘莫及。

聪明还和浮躁浅薄联系在一起——沉不住气，控制不住自己的嘴巴，老是想卖弄自己了解不多的知识和浅薄的“见解”。聪明人总是边听课边说小话开小差，往往听到半截话，看到半截知识，就叽里呱啦轻率发表意见。他们只顾说话，忘记思考（忘记了造物主为何只给人安排了一张嘴巴，而安排了两只眼睛、两只耳朵），要么肤浅、要么无聊，欠缺深度思考。

老师完整的一堂课、流畅的一条知识线，被截成若干琐碎知识段，自己课后得花若干倍的时间、询问若干人才能把这些知识段连接成知识线，而且还不牢靠！日积月累，差距巨大。自己还不明就里——别人学时，我也在学；别人玩时，我还在“求知”；别人课后半小时就搞定复习作业和第二天的预习，自己课后花了一个半小时还没做完作业。感觉自己很努力，可效果极差。用桌面上的忙碌，掩盖了自己桌下小动作不断、不用心、不踏实的事实。用小聪明取代大智慧，真是得不偿失！

因此，不要轻易夸赞孩子“聪明”，要多为孩子的努力鼓掌。孩子有时不妨“笨”一些。

## 小结

1. 请为你以前的随意夸奖向孩子真诚地道歉。少去赞美他们的先天优势，多去夸奖孩子为做成某件事而付出的艰辛和汗水——表扬努力，而不是聪明；表扬过程，而不是结果；表扬成长，而不是表现。

2. 聪明人之所以聪明，是因为他们往往能看到一般人看不到的路径，因此就能少走很多弯路。少走弯路是好的，但不能凡事都靠小聪明、走捷径、投机取巧，有些捷径可以走，有些捷径走了就会摔跟头。

3. 做一个总是执拗、好奇和努力的“笨小孩”吧。因为搞不懂而好奇，于是努力去尝试许多新东西；因为搞不懂而执拗，于是努力去了解相关的知识。因为不知道太多捷径，对“笨小孩”来说，成功唯一的道路就是努力，努力，再努力！

配方六

# 自律——你不知道，自律的孩子到底有多可怕

*自律是解决人生问题的主要工具，也是消除人生痛苦最重要的方法。*

*——M·斯科特·派克*

1

## 良好习惯来自自律

有人说性格决定命运，有人说习惯决定命运，还有人干脆合二为一——思想决定行为，行为决定习惯，习惯决定性格，性格决定命运。

其实《三字经》很早就告诉我们——“性相近，习相远”。每个人本性差不了太多，能改变的是习惯。

生活习惯、阅读习惯、表达习惯、思考习惯……在这么多习惯之中，许多家长认为学习习惯是青少年的重中之重，其实不然，没有良好的生

活习惯，其他一切习惯都将归零。

古罗马诗人奥维德说：“没有什么比习惯的力量更强大。”习惯是一个思想与行为的真正领导者。习惯减少了思考的时间，简化了行动的步骤，让我们更有效率。

我们每天高达 90% 的行为都是出于习惯。在我们的身上，好习惯与坏习惯并存，而获得成功的可能性就取决于好习惯的多少。所以，倘若我们能看清并且改掉坏习惯、坚持好习惯，我们至少就能在人生路上得 90 分。

好习惯要如何养成呢？就得靠自律。自律地选择正确的行为，自律地坚持良好的习惯，久而久之，你就能成为一个成功的人。

何为自律？“自律”出自《左传·哀公十六年》，指在没有人现场监督的情况下，通过自己要求自己，变被动为主动，自觉地遵循法度，拿它来约束自己的一言一行。而我所理解的自律就是自己能管理自己的能力。

心理学研究表明：一个人能否成功，自律的影响是智力的 2 倍还多。

比如，记日记看似很简单的事情，但要是几十年如一日、每天都记日记，也不那么轻松。

刚开始记的日记也许大多是流水账，无非是今天发生了什么事儿，读了什么书，吃了什么，都去哪里串门了等等。时间久了，文字的凝练和成熟在不知不觉中就形成了。

参天大树从来不是一夜长成的，任何特长都是在日积月累中完成由量变到质变的。

就拿起床这件小事来说，每天早晨闹钟响起的时候，我们面临两个选择：起床，还是继续待在被窝里。自律让你选择起床，而人性的弱点让你待在被窝里。你如何选择？

我们和孩子，在假期都曾做过早起的运动计划。6:30 闹铃响了，再眯一会吧。第一天眯到 7:00 ，第二天眯到 8:00。这是人之常情，人性的弱点。加上起床之后的拖拖拉拉——沙发上左一瘫、右一瘫，一瘫又是大半天！等洗漱结束，吃完“早午餐”，一个上午就这样偷偷溜走！

如果你和孩子够自律，每天早上 6:30 准时起床，而不是拖到 8:00，洗漱一结束，立马开始锻炼，这种自律将无形转化到你的生活之中，那你每天的有效时间就比以前多出不止两小时，而且是最有效率的晨间时光—— 一个完整的上午，孩子足以轻松搞定所有作业。其余时间，孩子拥有完全的自主支配权——阅读、运动、游戏、休息……

所以说，不是你不够努力，而是你能够努力的时间太少。

自律的人按时起床，梦想就能按时起航。但如果你选择赖床，懒散将如影随形地跟随你一生，困扰你一生，最后，打败你的一生。

在你瘫在床上的每一分钟，别人都在奋力精进，你不觉得可怕吗？

这并非鼓励我们不休息、不放松。自律的本质是为了提高效率，而不是把每个小时都填满。人要的是主动放松，比如目的明确的运动放松，劳累身体，放空大脑，身心同时得到愉悦。而被动消磨时光，时间消耗了，大脑和身体却更加疲惫，甚至没有意识到有过休整。

学习也是如此——练时，全情投入，拼尽全力；玩时，全力释放，尽兴而归。而练时偷工减料，偷奸耍滑；玩时只会惴惴不安，忐忑不安。任何项目，任何学习，超量训练才有超量成长。仅有天分没有努力，金山银山也终将坐吃山空。

所以，自律才是人生（学习、生活、健康）的第一要义。

自律的人能够说到做到，所以才有超值回报——说好的 7:30 起床，他不会拖到 7:35；看电视玩游戏，他知道节制，到点儿，准时中止；他知道主动休息与主动运动，让身心随时处于最佳状态；他知道学习只有全情投入，才有全面成长——课前预习，重点难点问题一一标注；课间全神贯注，事半功倍；课后及时复习，查漏补缺。

人最怕事前不努力，事后来哭泣！用王小波的话来讲，各位今天的痛苦、无奈、后悔，本质上都是对自己昨天不自律、不努力的愤怒与惩罚。

» 2 »

## 自律的好与难

“知乎”上有这样一个问题：你最深刻的错误认识是什么？点赞最高的回答是——以为自由就是想做什么就做什么，后来才发现自律者才会有自由。

乔布斯年轻时每天凌晨 4 点起床，9 点前把一天工作做完。他说：“自由从何而来？从自信来，而自信则是从自律来。”正是他这种极强的自律，让苹果开创了一个智能手机新时代。

网上曾流传一张万达集团董事长王健林先生一天的行程表——

早晨 4:00 起床，4:15 到 5:00 健身，5:00 到 5:30 早餐，5:40 到 6:30 前往机场，7:00 到 12:15 雅加达飞海口，12:20 到 12:45 到达宾馆，12:45 到 13:00 会见海南领导，13:00 到 13:20 海南万达城项目签约仪式，13:20 到 14:10 便餐，14:10 到 15:00 前往机场，15:00 到 18:10 海口飞北京，18:30 到 19:10 到达办公室……

一天 24 小时，飞两个国家，三个城市，签 500 亿合同，最后还要回公司办公。严格的时间管理，可以让王健林每天做很多事情。大家都在感叹原来这就是他成功的秘密。

早晨 4 点钟起床，每天的时间严格精确到分钟，包括路上的时间都是精确计算过的。不止王健林，还可以列一长串的名单：库克、扎克伯格、陆奇、马化腾……

为何这些自律到极致的人，都拥有开挂的人生？

这个问题让我想到一句话——废青的时间肆意挥霍；精英的时间精打细算。

话虽难听，但在理。任何人都不可能随随便便成功。特别对于普通大众来说。找准方向，用对方法，投入更多的时间，是人生逆袭唯一可靠的路。

作家 M. 斯科特 · 派克在《少有人走的路》里这样写过：“自律是解决人生问题的主要工具，也是消除人生痛苦最重要的方法。”

解决人生问题的首要方案，乃是自律。缺少了这一环，你不可能解决任何麻烦和困难。

为什么自律的人生，可以像开了挂一样，但现实中，很少有人做得到？因为自律意味着你必须有所放弃，不能全部都要。

就像你想要保持完美的体形，维持身体的健康，你就必须和垃圾食品说再见，不能肆无忌惮地吃麦当劳和肯德基；就像你想要成为学霸，拿到奖学金，那舍友半夜三更还在玩游戏、谈恋爱煲电话粥，你就不能如此放纵；就像你毕业后想要拥有自己的事业，那就必须在周末的时候，继续加班研究自己感兴趣的领域，同事发起的聚会，你都得加以拒绝。

这个世界上，太多事情是不可能面面俱到的，你必须有所放弃。

» 3 »

## 自律，对孩子的人生很重要

自律是一种强大的自我管理能力，它还包括更多的时间自律、情绪自律、关系自律等等。

孩子的自律需要培养吗？当然需要。

在两岁之前，孩子之间看不出什么差异。但是 3 岁之后，好像就有点不一样了。科学家将孩子的 3~6 岁称为“潮湿的水泥期”，意思是说孩子 85% 的性格、习惯和生活方式都在这一时期形成；将 7~12 岁称为“正凝固的水泥期”，这一时期孩子 85%~90% 的性格、习惯等已形成。

一旦错过自律形成的敏感期，我们将花数倍的力气去纠正而不得。

毕竟一开始就做好，胜过一辈子的弥补！

孩子的自律能力有限，但并不代表家长可以忽视孩子自律能力的培养。每个家长都希望自己的孩子能够自觉不用大人管，省时省力又省心。事实上，在孩子的性格、习惯尚未形成时，家长做一些必要的干预，提高孩子的自律能力，其实是十分有必要的，这将伴随、影响孩子的一生。

在时间越来越碎片化、看似越来越不可控的当下，上不完的兴趣班、打不完的手游网游、看不完的综艺选秀、刷不完的抖音快手……牵扯孩子注意力和精力的事情太多，如果孩子没有自律，几乎可以肯定，孩子必将毁于毫无节奏的忙碌。仅靠父母的监督监控，只可能在“大包大揽”与“大吼大叫”中徘徊游走，孩子是很难成才的。如果没有良好的自律，既学不好，更玩不好。只有孩子觉醒了，自律了，从要他学，变成他要学，这才是成才唯一正确的路径。

在知乎上看到过一个问题：“你见过最不求上进的人是什么样子？”

点赞数第一的回答是：我见过的最不求上进的人，他们为现状焦虑，又没有毅力践行决心去改变自己。三分钟热度，时常憎恶自己的不争气，坚持最多的事情就是坚持不下去。终日混迹社交网络，脸色蜡黄地对着手机和电脑的冷光屏，可以说上几句话的人却寥寥无几。他们以最普通的身份埋没在人群中，却过着最煎熬的日子。

自律的孩子各有各的幸福和满足感，不自律的孩子却大同小异。没有良好自我控制能力的孩子，很难完成自己设下的目标。

明明有一大堆作业要做，总是管不住自己“再玩一会儿”。到了实在不能再拖的时候，才猛然醒悟，奋笔疾书，最后草草了事。

上一秒，还痛定思痛，要绝地反弹，一心扑在学习上；下一秒，没人监督，一看到电视手机，立马全心全意沉浸在综艺游戏之中，一开始就刹不住车。

说话永远不算话，说最后一个、最后一集永远会耍赖，不会是真的最后……学习就在这样的反复中挣扎沉沦堕落！

自律是一种技能，由一系列的习惯组成，与开车、打球并没有什么不同。既然是技能，就说明自律并不是天生的，而是通过后天习得，如同我们的肌肉一般，可以被训练。

» 4 »

## 如何培养孩子的自律性？

第一，耐心，孩子能够完成的，尽量让孩子自主完成，从小事做起慢慢形成自律。父母可以提供建议和选择，让孩子自己承担后果。

垃圾扔进纸篓里，自己衣被自己理，醒来睡前都刷牙，自己鞋袜自己洗，所有物品理整齐……每件事情有始有终。

第二，秩序与规律，尽可能提供有秩序的生活环境，尽量保持有规律的生活。有条件的家庭，不妨增加一些有趣又好玩的生活仪式，强化自律的获得感。

引导孩子形成一套良好的全天作息程序，有规律、不拖沓、知节制，最终就会形成好习惯。

第三，顺势而为，“趁热打铁”，在秩序敏感期培养孩子的好习惯更容易。

每一个小孩在 3 岁前都是一个标准的作息小闹钟，7:00 左右就能准时醒来，我们只需顺势而为，不干涉孩子即可，孩子自然就会养成准时起床的习惯。

最后，言传不如身教，父母是最好的榜样，以身作则帮助孩子培养自律性。

孩子最大的特点就是模仿。

教育家鲁道夫·斯坦纳在《童年的王国》中说过，孩子在 7 岁前实际上是一个观察者。

在年幼的孩子心中，父母就是他们观察和模仿的对象，他们就是父母的一面镜子，父母懂得自律、自制，生活井然有序，孩子就会心领神会，并奉之为最高准则，最终通过模仿和学习，成为和父母一样的人。

从一个被教育者的角度来看，没有任何“言教”能胜过“身教”。在自律这件事上，尤其是如此。

想想我们小的时候，一个从来不读书、每天打麻将的大人，反复对你说“要多读点书”“你怎么不读书”“你怎么就知道玩”……你听了，是不是很厌烦？他说得越多，你就越会降低对他的评价。因为你觉得他言行不一。

可是，换一个手不释卷、常常给你讲点故事、分享些新观点的人，对你轻描淡写地说一句“要多读点书”。你听了，是不是很服气？是不是连连点头？

将心比心，设身处地，我们作为被教育者的态度都是一样的。

“父母是什么样的人”远比“父母对孩子做什么”更重要。

说了这么多，可培养孩子的自律性并不容易。

心理学家曾经总结过这样的规律：自律的前期是兴奋的，中期是痛苦的，后期是享受的。很多人在中期就放弃了，根本不可能坚持到后期。毕竟睡懒觉是很舒服的，不努力是很舒服的，玩游戏是很舒服的……若干的很舒服，导致我们总是间歇性地自律、周期性地努力，从而让我们一事无成。

这就需要我们做父母的，在关键时候推孩子一把！当然，父母的推也是需要自律的。不能是看不下去了，才推一下；不能是有一茬没一茬地推一下。这就像“飞轮效应”，为了使静止的飞轮转动起来，一开始你必须使很大的力气，一圈圈反复地推，每转一圈都很费力，但是每一圈的努力都不会白费，飞轮会转动得越来越快。达到某一临界点后，飞轮的重力和冲力会成为推动力的一部分。这时，你无须再费更大的力气，飞轮依旧会快速转动，而且不停地转动。

## 小结

1. 自律的人按时起床，梦想就能按时起航。但如果你选择不起床，懒散如影随形地跟随你一生，困扰你一生，最后，打败你的一生。

2. 自律的本质是为了提高效率，而不是把每个小时都填满。人要的是主动放松，比如目的明确的运动放松，劳累身体，放空大脑，身心同时得到愉悦。而被动消磨时光，时间消耗了，大脑和身体却更加疲惫，甚至没有意识到有过休整。

3. 为什么自律的人生，可以像开了挂一样，但现实中，很少有人做得到？因为自律意味着你必须有所放弃，不能全部都要。

4. 自律是一种技能，由一系列的习惯组成，与开车、打球并没有什么不同。既然是技能，就说明自律并不是天生的，而是通过后天习得，如同我们的肌肉一般，可以被训练。

5. 自律的前期是兴奋的，中期是痛苦的，后期是享受的。

配方七

# 内驱力——没有内在动力，孩子的成长永远低效

*孩子好比一辆汽车，如果发动机没有启动，仅靠家长外力的拽、推、拉、扯，汽车的前进永远低效，而且不可持续。任何学习亦是如此，有效、高效学习的前提，是激发出孩子学习的内驱力。*

*——唐斌*

之前，我们列举了影响孩子智慧成长的若干关键词。

但，家长所做的一切的一切，只为一个关键词，让孩子找到自己学习成长的内在动力——内驱力。

孩子好比一辆汽车，如果发动机没有启动，仅靠家长外力的拽、推、拉、扯，汽车的前进永远低效，而且不可持续。任何学习亦是如此，有效、高效学习的前提，是激发出孩子学习的内驱力。

如何让孩子找到愿意为之奋斗的理想和目标？

这个比较难！

可一旦有了这个前提，自然会产生足够的内驱力、强大的意志力、深度的思考力、快捷的行动力，最后让孩子在逐梦过程中既获得快乐，

又拥有能力！

那么，父母平时应该如何有意识地去挖掘和引导？

» 1 »

## 走出山村的动力

我的学习经历，用“奇葩”“异类”形容比较中肯——小学没考上初中，初中没考上高中，唯独高中考上了大学。

我的家乡是四川凉山一小山村，当时，整个村落，以陈、代二姓为主，辅以王、罗等姓，唐姓就只有我一家。因为单门独户，所以作为家中的唯一男孩，我特别敏感、自卑、要强。

那时，爸爸在县城供销社上班，妈妈在乡下务农。我从小学开始，便在县城上学。小学、初中几乎没人管，我也尽情释放孩子的天性——耍！结果当然很悲惨，小学没考上初中、初中没考上高中。

中考结束，知道自己的成绩，多半上不了县一中，我垂头丧气地回到乡下。刚走进村子，远远就看见邻家婶婶，正把我妈堵在家门口“修理”——因为我妈牵牛路过她家的秧田，牛偷嘴，“捞”了一口秧苗。虽然我妈不住道歉，婶婶一看见我，盛怒之下依然用手指着我冲口而出：“不要以为你儿子在县里读书，尾巴就翘到天上去了。我看他没那个命，还得回来脸朝黄土背朝天，跟我一样！”

听见婶婶这样说，心中的那种屈辱，难以言表。我暗自发誓，如果能进县一中，一定玩命学，一定要证明给婶婶们看看，我到底能不能跳出农门。

还是那个暑假，我家一块玉米地，一夜之间，被人偷了个精光！

这块玉米地有两亩，想想，得忙上大半夜吧！不可能一点线索都没有！妈妈、几个姐姐和我挨家挨户问询线索，得到的回答都是沉默与摇头！

两亩地玉米，一家人大半年的口粮！

走访大半天回到家中，母子几人饥肠辘辘，凄凄惨惨，相对无言。大家缓了好一阵子，我妈去做饭，起身的一瞬间对我说："娃儿，认真点读书吧，以后不要再留在这里了！"

我诧异地看着妈，想了想，然后认真地点了点头！

后来爸爸想办法真让我进了县一中。虽然只是一个普通班。高中三年我拼了命地学，成绩一个月比一个月好，一学期比一学期好。最终高考，我们班有三个同学考上了本科，我是其中之一。

"老唐家儿子考上大学了！"是那年暑假村里的热门话题！

为何能"逆袭"？如果这算"逆袭"的话。

因为高中三年，我找到了学习的内驱力——出人头地！

生存的压力、身为人子的压力、离开农村的压力……最终所有的这些压力，全部转化成了我学习的内驱力！

当然，压力短时间内成为内驱力，是不错。但这种压力不可持久，除非内心非常强大，否则不是被压垮，就是被压爆。而且压力一旦释放，内在动力立马下降。所以，许多孩子通过千军万马挤独木桥，进入高校后，立马放飞自我，持续挂科，直至退学。

现在的孩子，虽说生活普遍比较好，但在学习上仍有压力，只是他们的压力有些喜剧——学习让我妈快乐，我妈快乐，全家快乐！

显然，这样的压力，不足以转化为内驱力！

» 2 »

## 小姐姐的职业

2019 年 9 月，一次同事午餐聚会。几个传统出版人凑一桌，热火朝天地讨论文创产品如何如何，结果旁边的净姐冷不丁地告诉我们：“女儿在上海，7 月、8 月两个月挣了 300 多万！”

众人立刻收声，有些不敢相信。我小心翼翼地问：“干什么，这么挣钱？”

净姐告诉我们：“cosplay（动漫真人秀）直播带货！收入 300 万，利润 200 万！”

净姐，我社行政总监。她女儿是我们看着长大的。

小女孩成绩中上，从初一起，疯狂热爱 cosplay，但凡哪里有 cosplay 漫展，自筹经费，必定参加。这种状态，从初中、高中、西班牙留学，一直延续到回国工作。

女儿回国后，拿到了数家大公司的 offer（录用信），包括捷豹汽车上海总部、渣打银行重庆分行，以及重庆大渝网……这些一般人眼中的好工作，孩子要么没干几天，要么根本没去，还是只爱 cosplay。看着亭亭玉立，已然成人的女儿，净姐十分担忧，结果女儿告诉她，“喜欢 cosplay 十几年了，我一定可以从中找到生存之道！”

短短一年过去，净姐的女儿在上海注册成立一家公司，签约十几位面容姣好，热爱 cosplay 的小哥哥、小姐姐（均自带粉丝几十万），在几个大的直播平台，做 cosplay 直播，利用暑假时光和 cosplay 漫展，顺利挣到人生的第一桶金！

念念不忘，必有回响！不忘初心，方得始终！

这就是热爱的力量，因为这种力量，让自己既温暖又开心！

一个人生命的价值是需要证明的。热爱便是那根若隐若现的辅助线，无它，寸步难行；有它，豁然开朗。现实与梦想，总是有或短或长的距离，我们不知道最后是否会成功，更不知道该不该向生活屈服，但热爱终究会让孩子活成被生命偏爱的样子。

仅依靠老师、家长的规矩、鞭策、激励等外驱力，孩子的行为容易随这些因素的改变而改变，比如孩子会在家长的监督下练习乐器，可是家长一旦放松管教，孩子就会懈怠、偷懒。毕竟学习习惯、学习方法等也只是辅助，并不一定具备直接的变现功能，短期不见成效，行为便会大打折扣。这些教育技术动作，都不会真的内化为孩子的动力，尊重孩子内心的欢愉，激发孩子内心对知识的热爱，才是我们教育的重心和中心。

## 3

## 最好的学习方法

任何学科最好的学习方法，往往也是从热爱这一“内需”出发。

原北大中文系主任、教授、博士生导师，语文统编本教材总主编温儒敏，2019 年 11 月 9 日，在我社 40 年社庆时，应邀来课堂内外杂志社给中小学老师分享他关于中小学诗歌教学的方法。其中最重要的一条——“中小学校在开展古诗文教学时，应该少一些朗读，多一些吟诵。”

吟诵与朗读不同。朗读多半是对外的，是读给别人听的，把文字作品转化为有声语言的创作活动，强调结合各种语言手段来完善地表达作品思想感情，带有明显的表演性质，有固定的“腔调”，是展现给别人看的。而吟诵是对内的，依字行腔，是自我陶醉式的、独处式的，更有助于学生沉浸到作品中去。有节奏地吟诵诗文，偏重的是情通古人——离乡、流放、孤独、怀才不遇、感春……反复琢磨作者的原意，体会诗文的含义，在这一过程中能够增强学生对文本的主观感受。

你看，温老师建议孩子学习诗歌的最好方法，亦是从关照内心开始——内在的唤醒，内在的感悟！因为热爱，所以对作者的身世、境遇、心境等感同身受，自然对诗歌的理解更深刻有力。

温老师还讲，阅读的目的，不是为了当作家，甚至也不只是为了学习写作等外在目标，更重要的是人格的熏陶、是品位的提高，是生活的乐趣等内心的浸润与需求。

作文的初心也一样，作文不是写给老师看，不是为了得到别人的表扬而写，也不应是为完成一项任务而作。作文要有感而发，要把每一次作文，看作是跟自己内心的对接与对话，明心见性；每一次认真写作，都是一次对自己精神的洗礼、一次人生的蜕变和境界的提升。获奖不是作文的目的，写出更好的作品才是内心的真实追求。

所以，对所有学科的学习，并不是为了考出好分数，而是我们内心需要这样一些去理解、改造世界的知识、工具、方法。每一次考试，只是检验自己前一阶段的得失，哪些掌握了，哪些还有欠缺；每一次考试，只是自己对自己的挑战。通过努力，检验是否冲破了之前对自己形成禁锢的知识樊篱，之前没理解的知识是否通达，之前没掌握的方法是否熟练。仅此而已。

## 4

## 卷发男生的故事

我大学毕业，双向选择到重庆市兼善中学任教，带过一届初三，三届高三，做过两届班主任。虽不敢说桃李满天下，但后来出类拔萃的孩子也不在少数，其中 2005 级一名叫余海舰的学生，给我留下了深刻的印象。

他，一张娃娃脸，配上乌黑浓密的自然卷发和黑框圆眼镜，长相卡通，说话奶气。他，成绩中上，有些偏科，物理、化学和英语比较好，特别对外语情有独钟。

高三，大家都忙着晨读时，他在看《中国日报》英文版；大家在忙着刷题时，他在看英文版小说《悲惨世界》；大家在忙着整理错题集时，他在收听《疯狂英语》有声杂志；大家洗漱上床，打开一天的笔记时，他翻开的是一本厚厚的《牛津中阶英汉双解词典》……

高中三年，《牛津中阶英汉双解词典》被他如韦编三绝一般翻散了架。那段时间，他要查找某个单词，基本都是“盲查”——眼睛不看，随手一翻，便能精准定位，真是神了！到后来，他就是一本行走的英语词典，英语老师记不得、不认识的英语单词，懒得查词典，抓住他直接问。

从高二开始，他还偷偷地开始自学法语。

他原本想上外语院校学小语种，因为总成绩不算特别拔尖，结果本科上的是江南大学。后来，他将语言特长与学业、专业、职业、事业的关系理顺了——以自己的外语水准，进外语专业学习，只有优势，而无成长。本科四年，等于白白浪费时间学自己已经不需要提升的语言！不如把这种优势，嫁接到类似对外贸易之类的专业上，跨界优势更强悍！

事实证明，这一规划相当成功。毕业后凭借精通外语（英、法、日语自由翻译，德语、意大利语自由阅读）这一特长，他进入中国石油工作，并长驻非洲法语国家。因为表现特别优秀，晋升也特别快，现在年纪轻轻的他，已是国资委的中国石油和化学工业联合会国际研究员，“走出去智库”(CGGT) 能源专家。

“纯粹的喜爱和清晰的目标！” 后来，我专门问他，为何如此痴迷外语，动力是什么，他说，“一翻开英文词典，一打开英文小说，一听见纯正的电影配音；记住单词，看懂文章，听懂外语对白，理解外国文化，就有一种怦然心动的感觉！工作后用外语的优势跟外国人自由交流，第一时间读懂最前沿、最顶尖的学术论文，比如清洁能源、氢能源的研究成果、企业转化情况，仅靠语言一项优势就能领先别人几十年！”

开心、快乐——学习纯粹的内驱力！

如何才能找到内驱力？重点就在“内在感觉”！做让自己内心快乐的事儿，做让自己内心温暖的事儿，做让自己内心觉得有价值的事儿！

这是一个人最可持久的内在动力，因为做这件事儿，让自己快乐！

我不相信，谁在内心不喜欢、做事不开心的情形下，还能长年累月，锲而不舍地全情投入，并取得丰硕成果。

世界上，在各行业真正成功的人，大多数都是因为做这些事儿，让自己内心快乐，才能数十年如一日地醉心投入，才有今天的成功。比如乔布斯、乔丹、马云……

目标、理想——学习纯正的内驱力。

目标和梦想如同梯子，让孩子们越过围栏看到比现实更遥远的东西，这也是内动力的根源。

目标感不强是孩子成长中的普遍问题，小学、中学，甚至大学，孩子还处在一个浑浑噩噩的阶段，但一定有他们钟爱的项目、学科与兴趣，引导孩子发现并确定自己的目标，激励他们为之努力，就能让这种内驱力自小就“根正苗红”。

成功的人生离不开奋斗。奋斗的理由很多，但最纯粹、最纯正、最可持久的内驱力，是在理想牵引下的热爱。爱到发烫，爱到开心快乐，就是前行的超级动力，它可以化解生活、学习、工作上的一切压力、困难！

内是源头，外是风景；内有磁场，外才有气场！

过去为分数而学，今后因爱而学；过去因压力而学，今后因喜欢而学；过去被动而学，今后因理想主动而学！

## 小结

1. 一个人生命的价值是需要证明的，热爱便是那根若隐若现的辅助线，无它，寸步难行；有它，豁然开朗。现实与梦想，总是有或小或大的距离，我们不知道最后是否会成功，更不知道该不该向生活屈服，但热爱终究会让孩子活成被生命偏爱的样子。

2. 开心、快乐——学习纯粹的内驱力！

如何才能找到内驱力？重点就在“内在感觉”！做让自己内心快乐的事儿，做让自己内心温暖的事儿，做让自己内心觉得有价值的事儿！

这是一个人最可持久的内在动力，因为做这件事儿，让自己快乐！

3. 目标、理想——学习纯正的内驱力。

目标和梦想如同梯子，让孩子们越过栅栏看到比现实更遥远的东西，这也是内动力的根源。

4. 成功的人生离不开奋斗。奋斗的理由很多，但最纯粹、最纯正、最可持久的内驱力，是在理想牵引下的热爱。爱到发烫，爱到开心快乐，就是前行的超级动力，它可以化解生活、学习、工作上的一切压力、困难！

第三章

# 再好的学区房，不如你家的一间书房

一家人亲子阅读，妈妈：“春天来了，小河里的冰融化了……”
为了检验阅读效果，妈妈提问：冰融化了是什么？

# 阅读价值——现代人的“吸星大法”

*父母自己不学习，却去挤破头买学区房，听起来很拼，但其实是一种昂贵的偷懒。你是在花巨款买一个心安理得而已。最好的学区房，其实不贵，别人也抢不了的——那就是你自己的书房。*

*——六神磊磊*

有人曾提出这样一个问题：“既然大部分读过的书最后都会被忘掉，那阅读的意义在哪里？”

我在网上看到一个有意思的回答，“我吃过很多东西，虽然早已记不清具体吃过什么，但我知道，它们已经成了我现在身体的一部分。读书，就是如此。它往往在不知不觉中就已经影响了我们的思想、言行、气质和形象”。

作家严歌苓在《读书与美丽》中讲——

漂亮和美丽是两回事。一双眼睛可以不漂亮，但眼神可以美丽。一副不够标致的面容可以有可爱的神态，一副不完美的身材可以有好看的仪态和举止。这都在于一个灵魂的丰富和坦荡。或许美化灵魂有不少途径，但我想，阅读是其中易走的、不昂贵的、不须求助他人的捷径。

在知识的学习中有一个“二八定律”——过去，一个人全部知识的80% 都是在学校里获得的，20% 是离校后补充的；现在，一个人在学校中学到的知识仅占 20%，80% 的知识都是在平时的生活与日后的工作中慢慢习得的。

养成阅读的兴趣与习惯，是发掘学习主动性、创造性的最重要的途径，更是开发孩子终身受益的自学能力的重要手段。

教育专家尹建莉在《好妈妈胜过好老师》一书中便有过明确的建议，“为了让孩子聪明又学习好，父母们都在倾尽全力，从怀孕开始就忙着吃这个吃那个。营养对儿童大脑发育肯定有用，但无论吃多少好东西，都只是加法手段。智力启蒙真正的乘法手段，就是阅读，它可以让儿童的聪慧以几何级数递增”。

唐堂曾问我：“爸爸，你为什么老让我多读书？”

“读书是现代人的‘吸星大法’。别人穷尽一生的收获——知识、心得、绝招……这一切都在他们的书中，我们每天只需花上几个小时，就能把许多名家大家一辈子才积攒下的心血和见识吸收过来，就能不断提升智慧的上限，再通过持续实践，最终转化成自己的才能。”我告诉刚读完《笑傲江湖》的唐堂，“无论今后遇上什么困难，只要我们有阅读的习惯，便能借助古今中外任何一位名家大家的智谋，来帮助自己渡过难关。”

实际上，阅读比上学习辅导班、才艺培训班重要一万倍。单论阅读的好处，三天三夜都讲不完。简单地说，阅读能带给你所期望孩子拥有的一切。

» 1 »

## 阅读，可以建立幸福的家庭

一年级，看了《父与子》（注音文字版）后，唐堂每天最快乐的事儿，就是跟我分享书中的故事。他发现我和他与书中的父子之间，有种种相似之处——身份是父子，一起玩闹时是朋友，一起作业时是战友，偶尔被妈妈教训时是“难友”。书中除了随时能让孩子感受到生活的智慧与幽默外，还传达了浓浓的父子亲情。最让我印象深刻的是，唐堂读完《父与子》那天，他竟然一字不差地脱口而出《父与子》的结束语：“当你仰望星空，你会发现那皎洁的月亮就像爸爸的笑脸，而闪烁的星星就像可爱至极的儿子。”

你看，这可没有谁要求他记住。

孩子自己看喜欢的书、读精彩的句子，无须父母老师的督促，他自己就会主动吟诵。

一年级，唐堂读了《猜猜我有多爱你》，书里小兔子与大兔子相互比拼“谁爱谁更多一点”，小兔子确定大兔子很爱自己，于是它想尽办法，试图用各种身体动作、看得见的景物来描述自己的爱意，直到它累得在大兔子的怀中睡着了。

唐堂读完后，鼓起勇气试着对妈妈深情告白：“妈妈，我对你的爱，像字典里的汉字一样。”

妈妈有些不理解，字典跟爱？

唐堂解释说：“字典里的汉字最多最全，可以组成世界上最美最深情的句子，表达我对您的爱！”

哇！

四年级，看了《追风筝的人》，唐堂对妈妈说：“为你，千千万万遍。”瞬间让他妈妈泪崩，哭得稀里哗啦。

孩子在当前阶段仍处于“模仿学习”的过程，读书，尤其是读好书，可以让孩子的表达更熨帖、更精准、更“高级”。它不仅能给孩子带来知识，更多的是能增进亲子间的感情，提高家庭的幸福指数。

关于爱，关于亲情，关于友情，这些都可以从阅读中获得。

» 2 »

## 阅读，可以帮助孩子树立正确的“三观”

我们为孩子设立各种各样的学习目标、能力目标，但没有什么比培养一个拥有正确“三观”的孩子更重要。

良好的品德是孩子走向社会谋生存、求发展的第一要素。道德是一种看得见的力量，但又是让人难以捉摸的人格品质，仅靠说教，很难在孩子的心中建立起正确的“三观”。而阅读恰恰是孩子建立正确“三观”行得通、靠得住的手段。

唐堂三四岁的时候很喜欢踩踏草坪，他可不管什么“小草也有灵，脚下请留情”，只觉得草坪踩着很舒服。每次去公园，都让我伤脑筋。你阻止他，他以为你在跟他玩游戏，一个劲儿地拼命往草坪上突围。

直到我给他读了《世界儿童》杂志的绘本《小草也怕疼》，听完这个故事，唐堂知道了原来小草也有生命，也是会疼的。之后，他再也没有随意践踏过草坪。

你看，有时候我们费尽口舌唠唠叨叨，孩子也不一定听得进去我们的大道理。这种时候，不妨给他一本书、一个故事，用阅读故事的方式，让孩子受到潜移默化的影响，巧妙地让他们自觉遵守、自我改变。

在日本东京工作的白领下班后，即便互相认识，也会自觉排成一列往车站走。因为日本的人行道不够宽，并排走可能挡住后面的人，这也许就是日本人“不愿意给人添麻烦”的国民性表现。

作家屈颖妍在《怪兽家长》里讲一个人去日本，发现他们在深更半夜、机动车稀少的情况下，仍然按红绿灯指示通行。这个人问：“这是为什么呢？”一个日本人回答：“那盏灯，就是法律——我们不是怯于法律，我们只是尊重那盏灯。”唐堂读完这本书后，恰逢学校要求写一篇“遵纪守法，从我做起”的征文，唐堂在《不守法，红灯会伤心的》一文中就引用了这个故事，并论述到——

尊重一盏灯？对啊，交通信号灯是有生命的，它时刻帮我们管理着道路的畅通和守护着我们的生命。如果我们直接闯过去，它会很伤心。

尊重一盏灯，就是尊重一座城的交通，就是尊重我们自己的生命，就是尊重法律。

其实阅读在完善孩子三观的同时，也在修复我们大人三观的bug（缺陷）。在物欲横流的社会，在一切向钱看的风气影响下，有一些最浅显的道理、最基本的常识，很多大人都已经忘了。那些带孩子插队、带孩子闯红灯和随地吐痰、乱扔垃圾的家长们，在与孩子一起阅读时，会不会羞愧？

阅读的力量不容小觑。

如果孩子怯懦，阅读会让他勇敢；如果孩子骄傲，阅读会让他谦虚；如果孩子漠然，阅读会让他学会关爱；如果孩子迷茫，阅读会让他找到目标。

3

## 阅读，可以提高孩子的想象力与表达力

二年级，看了《吹牛大王》后，唐堂惊喜地发现：侦察敌情，原来可以骑着炮弹飞过去，再跳上敌人的炮弹就可以返回。只有一段草绳怎么从月亮返回地球？把绳子系在弦月的弯角上往下溜，溜到绳子一头，把上面的绳子砍下（你没看错，用斧子砍），接在下面，继续溜。

于是，每天在唐堂上床熄灯后，我和他都会在黑灯瞎火中，随便找个梗，开个头，一起吹一波牛皮。

在重庆最热的那些天，我们一起吹牛——天太热，食物一秒生食变熟食，二秒熟食变焦炭，为了赶紧在食物变质前把它吃完，我们得有什么特异功能？

在唐堂学书法那一阵儿，我们一起吹牛——万一王羲之穿越到我们家，会发生什么？会不会练书法太认真太努力，不仅练出“墨水缸”“墨池”，还能练出“墨河”“墨云”和“墨雨”？

在因不熟悉道路违章变道收到罚单的当天，我们一起吹牛——如果厂家能生产一款带自动纠错功能的高智商汽车，那超速、闯红灯、违章停车等现象，就能一扫而空了。

在唐堂妈周期性减肥的那几天，我们要找一个词来形容胖，找到了“脂肪团”“不倒翁”“千层肉饼”“压坏体重秤”“眼睛看不到自己的脚尖”……最后，我们一致认定“XXXXL”是形容胖的最有调性的标准，而“BMI（身体质量指数）大于28”则是形容胖的最科学的表述。

我渐渐发现，唐堂编故事的能力超强。他随时随地都能将阅读过的故事，嫁接到他和小伙伴现编的故事当中。宝爸说：“唐堂与小宝，哪里需要把他们带出去旅游，只需要把他们扔在车子的后备厢，他们就能编个长篇连载冒险故事，乐上三天三夜。”

## »4»

## 阅读，让知识自我生长

三年级，唐堂看了《射雕英雄传》，黄蓉以“霜凋荷叶，独脚鬼戴逍遥巾”下联，对书生出的“风摆棕榈，千手佛摇折叠扇”上联；面对“琴瑟琵琶，八大王一般头面”这一绝对，黄蓉更以“魑魅魍魉，四小鬼各自肚肠”嘲讽“渔樵耕读”四兄弟的故事，让唐堂感受到了古典文学的美。

看到周伯通戏弄郭靖背《九阴真经》，“天之道，损有余而补不足……”唐堂惊喜地发现，原来《九阴真经》就是自己会背诵的《道德经》的副本。原本背《道德经》积累的一些小怨气，一下子消失得无影无踪。甚至他还为自己窥到武学的最高宝典而扬扬自得，觉得自己距绝世高手“东邪西毒南帝北丐中神通”不远了。

四年级，唐堂读完《极简宇宙史》，竟能跟我这个理科男谈论科学，小到无限小的分子、原子、质子、中子、夸克……大到无限大的星系，甚至发问：“宇宙到底有多大？”我跟他讲，可以用“抓个金星当球踢，一脚踢出太阳系”来形容宇宙到底有多大。他睁大眼睛，只听一次，就会背了。

仍然是那段时间，唐堂看了《面包制作科学》《了不起的面包》这两本书后，不但能跟我们讲面包的起源和发展史，而且一直不爱做家务的他，竟然要亲自动手烤面包！在制作过程中还能给我们讲一次发酵、二次发酵等过程中，涉及的化学变化、物理知识和数学知识。

阅读从来不是任何一门技能，但有了阅读作为基础，孩子就能更迅速地掌握他需要学习的知识，并让他具有无穷的学习潜力。

教育专家王金战说：“认真听讲的孩子成绩偶尔好，认真自学的孩子成绩一直好。”阅读就是一种最好的自学，通过阅读，无须任何人指导，各种知识就能自我生长、自由拓展。

还有什么是比阅读更能让孩子开心、让父母省心的启蒙方式呢？

»5»

## 阅读，让孩子撕掉“后进生”标签

叶波，我侄儿，大姐的宝贝儿子。他初二从四川老家转学到我当时任教的重庆市兼善中学。第一次考试，全班五十六人，他排名第三。很明显，我说的是倒数。他偏科相当严重，害得我每次看见他的班主任何亚（唐堂好友涵涵的妈妈），都得绕道走。

终于，我和何亚还是在路上“偶遇”了。何亚说：“你害得我好苦，说给我送一个三好生来，三好生在哪儿？”我说：“总共六科，有三科好，这还不是三好生？”

那段时间，只要一考试，我总是躲着何亚走。

怎么办呢？

我们试过多种补救措施，后来甚至亲自上阵：我给他补物理、唐堂妈给他补英语。还有同事建议，要减轻波仔的学习负担，让他专注教科书，多刷题。不要去读其他的课外书籍，以免分心。

而我最崇拜的苏联教育家苏霍姆林斯基却给出了完全相反的建议：

学习越困难的学生，在脑力劳动中遇到的困难越多，他就越需要多阅读，就像敏感度差的照相底片需要较长的时间曝光一样。不要靠补课，也不要靠没完没了的“拉一把”，而要靠阅读、阅读、再阅读……阅读可以治疗大脑两半球神经细胞的萎缩、惰性和虚弱，正像用体育锻炼可以治疗肌肉的萎缩一样……借助阅读发展了学生的智力。学习困难的学生读书越多，他的思考就越清晰，他的智慧力量就越活跃。

信身边经验丰富的优秀教师还是从未谋面的“苏先生”？

当时，我发现波仔在补课、刷题、死记硬背的恶性循环中，课越补漏洞越大，题越刷成绩越差，知识越背思维越迟钝。

我渐渐失去耐性，对波仔的态度不甚友好，看哪儿都不顺眼。毕竟在中国式家长眼里，成绩高于一切。

波仔一度到了要退学回老家的地步。本来好好的一个阳光男孩，结果变得沉郁寡欢，恨死学习、恨死所有的学科，可能也恨死我了吧。

痛定思痛，我决定相信一次外国的“苏先生”。

我跟波仔商定，不看短期成绩，先培养对成绩差的学科的兴趣，正视自己现在的水平，不跟班上同学比，只跟自己比。

我从学校图书馆、区图书馆、市图书馆，借来许多闲书，像理科类选择了《时间简史——从大爆炸到黑洞》《果壳中的宇宙》《科学的历程》《物种起源》，以及《科幻世界》杂志；英语选择了许多中英文对照的图书，如《鲁滨逊漂流记》《威尼斯商人》。

通过大量阅读来积累经验，增加知识的宽度，再加上不时的灵感突发，面对新知识时更容易左右逢源、举一反三。波仔慢慢摸索出一套类比学习方略——以前理解不了的定律原理，竟然能触类旁通了；一些不认识的单词，也竟然变得眼熟起来。

如武汉六中的杨幼萍老师所讲，一个听说过“路遥知马力，日久见人心”的人，在理解学习概率论大数定律的知识时相对会更容易些；一个听说过“still water runs deep（静水流深）”这句西方谚语的人，可能更容易记住河流靠近水面以下的水流速最快；一个听说过“强弩之末，力不能入鲁缟”的人，在掌握匀减速直线运动的规律时就显得更加容易。

越阅读，越适应学习；越阅读，越善于学习。

阅读好比武侠世界中的内力，它是一切神功的基础。波仔完全像郭靖练习了马钰的呼吸吐纳和睡觉之术、张无忌学得九阳神功一般，开挂了！学习本来使不到力的地方，现在一伸手就自然而然地用上了巧劲；原来拼了命也做不到的地方，忽然做得又快又准。成绩差的学科开始“乾坤大挪移”——成绩的逆袭就这样在众目睽睽之下上演了。

有时候就是这样，100 分努力不一定能得到 1 分成功，但往往只需要一个方法的改进，就能获得 99 分的成功。一瓶好酒，不开，依然闻不到酒香，有的时候，就差一个开瓶器，而宽口径阅读无疑就是波仔打开学习这瓶好酒的“开瓶器”。

后来，波仔顺利进入重点高中、重点大学，读了本科、研究生，本可以保本校读博，自己放弃了。

温儒敏老师讲：“阅读量上去了，孩子成绩不会差！”从波仔身上，我确实体会到了这一点。

阅读是一切学习的基础，多读才能提高，成绩只是读书顺带的副产品。

考试分数高的人，语文素养不一定好，也许他只是掌握了类型试卷所需要的特定东西——应试技术，考试之外的能力或许一片空白；阅读素养高的孩子，试卷分数一定不会差，因为他有足够的积累，面对任何一张试卷，都能得心应手。

从小就爱看书的小孩，智商、语言表达、学习能力会比不爱读书的小孩优秀几个等级。

我很真诚地建议那些怕麻烦、又急于求成的家长，通过广泛阅读来培养孩子“大的格局”，因为大格局才能有大发展。

如今，在每天互联网流量累积达到 1EB（约 10 亿 GB 或 1000PB。EB、GB、PB 均为计算机存储单位。）的时代，新一代年轻人所接收的信息和知识都是碎片化的。如何才能让你的小孩在众多孩子中脱颖而出？如何培养出一个智商高、见识广、三观正的孩子？走捷径肯定是行不通的。作为家长，要为孩子建立一个完整系统的知识链，才能在碎片化时代激流勇进。

最后，有读者会问，你这么强调阅读，我就想问问，阅读能当饭吃不？

我的回答是不能。但阅读是一辈子幸福生活的良友，也是一辈子苦闷生活的解药。

因为，会读书的孩子，不教自慧。

## 小结

1. 如果把一个人的未来比喻成一栋建筑，良好的阅读习惯就是这栋建筑的钢筋和骨架。

2. 读书是现代人的“吸星大法”。别人穷尽一生的收获——知识、心得、绝招……这一切都在他们的书中，我们每天只需花上几个小时，就能把许多名家大家一辈子才积攒下的心血和见识吸收过来，就能不断提升智慧的上限，再通过持续实践，最终转化成自己的才能。

3. 阅读是一切学习的基础，多读才能提高，成绩只是读书顺带的副产品。

# 阅读启蒙——父母不是路人甲（上）

*“一定不让孩子在学前认字”的风气，有点儿太绝对了。我们一定不要强迫孩子在学前认字，但是他的识字敏感期来了，你也犯不着故意拦着是吧？*

*——三川玲*

一天，同事忧心忡忡地对我说，他家小孩很喜欢阅读，本想花几百元，给孩子订本刊物再买些书，让孩子在诗书中慢慢成长，但看见周围的人动不动就在培训机构甩几千元、几万元出去，便开始担心自己花的钱太少，怕投资小、回报少、效果不好。

我回复，甩几千元几万元出去，这是请人来“教”孩子，自外而内，有点灌输的味道，长得虽然快，但基础不一定扎实，甚至有拔苗助长的嫌疑；订十几元一期的杂志、买三四十元一本的书，这是孩子“学”的开端，自内而外，是自我生长，虽然慢一些，但好在可以让孩子有丰厚的底蕴，更有厚积薄发的潜力！

看着同事还一副不死心的样子，我只好再次搬出自媒体原创作者六神磊磊的观点——最好的学区房，就是你家的书房！

»1»

## 一次走弯路的经历

在对唐堂的所有启蒙中，目前为止最成功的是阅读——无聊时看书，作业做得烦了看书，上“大使馆”（厕所）也看书。碰上自己感兴趣的书，睁开眼就要看，中午不睡觉要看，甚至晚上熄灯、大人离开后，还偷偷把灯打开接着看。

看到这里，有些家长不免羡慕。有些朋友问我：“这孩子怎么那么喜欢看书啊？”其实在唐堂的阅读启蒙中，我们曾走过很长一段时间的弯路。后知后觉的我和唐堂妈，完全就是一个路人甲。

那时的我，深受一个故事的影响。

1968 年，美国内华达州一个叫露丝的三岁小女孩告诉妈妈，她认识了礼品盒上“OPEN”的第一个字母“O”。她的妈妈感到很吃惊，问她是怎么认识的。露丝告诉妈妈说是幼儿园的薇拉小姐教的。

令人想不到的是，这位母亲立即一纸诉状把薇拉小姐所在的幼儿园告上了法庭，理由是——该幼儿园剥夺了女儿的想象力，因为她的女儿在认识字母“O”之前，能把“O”说成苹果、太阳、足球、鸟蛋之类的圆形东西，然而自从幼儿园教她识读了字母“O”后，女儿便失去了这种能力。

这位母亲要求幼儿园对这种后果负责，赔偿她的女儿精神伤残费 1000 美元。

她的诉状递交上去后，在整个州引起了轩然大波。幼儿园的人认为这位母亲一定是疯了，而其他家长也认为她有点儿小题大做，就连她的律师都不赞成她的做法。

三个月后，此案开庭审理的结果出人意料——幼儿园败诉！因为陪审团 23 名成员被这位母亲在辩护时讲的一个故事打动了。

这位母亲说：我曾到东方某个国家旅行，在一家公园里见过两只天鹅，一只被剪去了左边的翅膀，一只完好无损。剪去翅膀的被放养在较大的一片水塘里，完好的一只被放养在一片较小的水塘里。当时我非常不解，就请教那里的管理人员。他们说，这样能防止它们逃跑。我问为什么。他们解释说，剪去一边翅膀的无法保持身体平衡，飞起后就会掉下来；在小水塘里的，虽然没被剪去翅膀，但会因为没有必要的滑翔路程而无法起飞，只好老实地待在水里。当时我非常震惊，震惊于东方人的聪明和智慧。可是我也感到非常悲哀，为两只天鹅感到悲哀。

今天我为我女儿的事来打这场官司，是因为我感到，露丝就犹如一只在幼儿园里的天鹅，他们剪掉了露丝一只想象的翅膀，过早地把她投进了那片只有 26 个字母的小水塘。可能露丝的想象力不是很丰富，但是你们不可以剥夺露丝想象的权利，因为一只没有翅膀的天鹅是永远都飞不起来的。

而后，这段辩护词成了内华达州修改《公民教育保护法》的依据。现在美国《公民权法》规定，幼儿在学校拥有两项权利：一项是玩的权利；另一项是问为什么的权利，也就是拥有想象的权利。

想象力多么宝贵，爱迪生就是因为拥有许多不切实际的幻想，才发明了电灯；牛顿就是因为拥有异想天开的想象，才能从苹果落地中发现万有引力……为了保护好孩子天马行空的想象力，我和唐堂妈决定晚一点再开始唐堂的认字启蒙。

在唐堂阅读启蒙的重要阶段，恰好是我离开学校、唐堂妈两地奔波的时期。上班地点远，我早出晚归，跟不在家一样；唐堂妈两地奔走，一周回来一到两次。在阅读启蒙的重要时段，唐堂是跟着外婆、奶奶和电视长大的。

有些孩子的阅读启蒙阶段，恰好是家长在职场中的成长期，一天到晚有做不完的工作、开不完的会，很忙很累很辛苦。

有些孩子的阅读启蒙阶段，恰好是家长年轻好玩的享乐期，工作之余，还得放松一下，各种娱乐活动应接不暇，不是应酬聚餐，就是唱歌打牌。

所以，认可并搬出上文这一案例，并非因为它有多么正确，也许只是它符合当时自己需要的答案。

而有时候照搬别人的案例去实践的时候，才会知道有多坑人。

我们被坑惨了。

工作日，外婆或奶奶白天要买菜做饭，唐堂主要交给电视带。

周末，我和唐堂妈在家的时候，也主要带孩子到户外玩耍，很少给孩子讲故事、读绘本。即使一时兴起要给唐堂读个绘本，唐堂也没有耐心听完。

时间过得很快，孩子一晃就到快要上小学的年龄了。一家人终于合而为一，在唐堂妈工作的区域安定下来。

这时，唐堂的固定小伙伴多了起来，其中就包括小宝。当把两个小孩放在一起比较的时候，就发现差距突显。

100 以内的加减法小宝轻车熟路，几百个汉字了然于胸……嗯，那时唐堂可以数大概 50 以内的数字（或许可以数更多，但他不愿意，也就没硬逼他测试过），汉字认识的不到 20 个，还是从巧虎 DVD 中看来的。

两个小孩，玩累了。

小宝在一旁抱着一本书阅读，唐堂吵着要看《喜羊羊与灰太狼》；

小宝和宝妈在做数字加减的游戏，唐堂吵着要看《喜羊羊与灰太狼》；

小宝在黑板上画太阳、画我的一家，唐堂吵着要看《喜羊羊与灰太狼》。

没有对比，就没有伤害。

眼看只剩半年就要上小学一年级了，而唐堂、小宝，将读同一所学校。逃避是不能解决任何问题的。

怎么办？

## 2

## 痛过，才知道错，才知道改！

童书妈妈三川玲讲过她女儿读书的故事：

我开始得比现在流行的晚。我原先不知道一岁以内的婴儿也可以看书，现在我知道了。差不多是丸子两三岁时我才开始给她读书，那时候我也刚知道绘本很好，就给她读绘本。

印象深刻的是《不一样的卡梅拉》这套书。当时我每天晚上会给她放《不一样的卡梅拉》的音频故事，她特别爱听，爱听到差不多能够背下来。当时我给她听的是台湾版的音频，结果她居然会用台湾腔来背里面的台词。我记得她 3 岁左右的一天，她望着窗外的大雪说了句，“辛辛苦苦把你养大，你就这样远走高飞了”，是“卡梅拉”里面的一句台词。

我突然意识到，她其实已经会背这套书了，那我不如把这套书买回来给她看，结果因为她会背那些文字，她就一个一个去对书上的字。小丸子就是这样学会认字的。我觉得她阅读的过程一点儿不费劲，稀里糊涂就会了。

最后三川玲总结说：“‘一定不让孩子在学前认字’的风气，有点儿太绝对了。我们一定不要强迫孩子在学前认字，但是他的识字敏感期来了，你也犯不着故意拦着是吧？”

英文翻来覆去就只有 26 个字母，看见“O”，自然很容易第一个就想到字母“O”，所以思维受到束缚的可能性很大。

汉字是方块字，是象形文字，是表意文字不是表音文字，里面包含了诸多可想象的元素。我们常用的汉字就有三四千个，而且“O”跟汉字并没有太大的关联。不信，你拿一个“O”随便去问一个中国的小孩儿，看看他们是不是会指认“O”是英文“O”或是拼音“O”。

中国农村的小孩儿看见“O”也许会将它想象成车轱辘、水井、山洞或是鸡蛋；城市的小孩儿会说它像飞盘、月亮或是 iPhone（苹果手机）的 home（主页）键；小歌手看见“O”会将它想象成歌碟光盘、黑胶唱片；寺庙里的小和尚看见“O”会将它想象成光头、圆满、轮回……从这个意义上讲，我们中国小孩的想象力应该更好。

想到这些，我愈发悔不当初。

那段时间，我经常听周围的朋友幸福地抱怨：“孩子跟自己都不亲了，只跟绘本亲。”

我社美术总监晓慧说：“孩子从两岁半开始中文绘本亲子阅读，从此爱上听我讲故事，三岁半开始英文绘本启蒙，现在五岁半，收获太多了，想象力丰富，喜欢画画，喜欢自己创作故事，随便拿个东西都能讲上半天，平时根本就不用管，我和他爸平时都是‘各人在外面晃，娃儿在屋头长’。”

我社财务部主任蔡薿说：“我家小朋友今年 6 岁，我记得，他一出生，我们就在固定的时间段给他读诗念故事，每天半个小时。到 3 岁，基本养成习惯。如果我们不陪他读书，他就会来推你拉你！到 5 岁时，基本能认识的字都认识了，接着就嫌弃我普通话不好，开始自己看书。有时我们嫌他太吵，如果想让他安静，直接扔本书就好了。在他的房间，除了书就是书，有漫画、有小说、有军事科普等，近段时间还研究起二战史来了。外出，比如在机场或是商场，所有有书店的地方，都是他的天堂，席地而坐，看得流连忘返。”

这哪里是抱怨，分明是赤裸裸的炫耀！

每每看到或听到这样的故事，我都有一种好想一头撞死的感觉。

怎么办，怎么修复唐堂阅读上的这个 bug ？

于是，家里三个大人行动起来。我、唐堂妈和唐堂奶奶紧急召开家庭会议，约法三章：

一、停缴有线电视费、报修电视，任何时候唐堂在家，打开电视都是“雪花点”。另外给奶奶购买一台收音机，在自己房间听（后来，收音机换成了电视）。

二、唐堂妈有晚自习时，我必须在家；我下班后有应酬接待的话，唐堂妈必须在家陪唐堂。

三、每天找到合适的契机，“展示”给唐堂看，阅读比电视有趣得多，“引诱”唐堂阅读。

在这一场跟电视的“争子大战”中，我们一共用了“断、讲（读）、演、做、聊”五大战术，才成功赢回唐堂的“抚养权”。

## 3

## 断电视，打赢一场夺子大战

据美国国家卫生研究院研究数据显示，重度使用智能型产品玩游戏的儿童，大脑皮层有过早变薄的迹象。研究报告还显示，每天盯着屏幕超过两小时的孩子，语言和推理考试表现较差。

2018 年 8 月，法国国民议会表决通过关于禁止学生在校园内使用手机的法案。所禁手机包括但不限于智能手机、平板电脑、智能手表等各种有上网功能的通信设备。法案适用于所有幼儿园、小学和初中，覆盖 3 岁至 15 岁的学生。

对大多数孩子来说，电视、游戏、短视频是最消磨时间与影响智商的杀手。

作家李敖说，电视就是批量生产傻瓜的机器。

这话一点不假。电视容易使孩子大脑释放多巴胺，让孩子觉得愉快，很快就会上瘾。孩子想要更愉快，则需要看更长的时间。这时再想把孩子从电视机面前拉走，比登天还难。麻烦的是，孩子看的，很多还是粗制滥造的节目。

自由教师咏鹏在《奥数是个替死鬼》中论述说：

有人说，只要有选择地挑适合自己的节目就没问题，看来还没有弄明白电视把人搞傻的原因……以《百家讲坛》为例。去除广告和反复播放的过门儿，这堂课的总长度也就半个小时。根据一般演讲者的语速，往多了说，这段时间里可以表达六七千字的内容。而一般人阅读的速度至少是演讲速度的四倍以上，如果是有阅读习惯的人，甚至可以达到二十倍以上。也就是说，一期 45 分钟的电视节目，其信息量如果用看书的方式获得，顶多需要 10 分钟。

要论在头脑中留下的印象，自己阅读 10 分钟远比坐在电视前面听讲 45 分钟来得深刻。原因就在于看电视是一种被动的灌输，一来它站在因材施教的对立面上，二来它会让你的大脑处于松弛的状态。电视里的人说的话，无论对你来说是否浅显、是否无聊，你都得耐心听着，等着他说完。而在你充满疑惑、需要思考的时候，他又不会给你留出时间。大脑松弛的结果就是，当场听着好像很有意思，转眼就忘。而阅读是主动的，你可以根据自己的需要做出取舍和速度调整……人们之所以喜欢看电视，就是因为这样轻松，可以一动不动地待着，这和喜欢睡觉、喜欢被按摩的意思差不太多。

电脑、手机也一样，它们让孩子没有深入的兴趣，只喜欢在娱乐和刺激的“垃圾”里消磨时间。于是，他们变得越来越浮躁，越来越贪图享乐。他们不去阅读，不去探索，不去思考，努力更是无从说起。

《青少年蓝皮书——中国未成年人互联网运用和阅读实践报告（2017—2018）》指出，10 岁以下接触网络的未成年人比例达到了 72%。与只能发短信的手机相比，智能手机运用功能的增加，对于儿童来说，可能造成智力损害，其健康风险远超黄赌毒（当然黄赌毒也是极其有害的）。

只要机器开着，耗电耗流量又耗智商。孩子一旦陷入这种反生命的嗜好之中，游戏里的兵荒马乱如同绑在脚脖子上的铁锚，拉着孩子坠入万丈深渊。

美国教授约翰·泰勒·盖托说：“要结束它也简单，拔掉插头就是了。”

给看电视、玩游戏成瘾的孩子展示：生活比电视、游戏这些替代品更有意思，过一段时间他自会戒掉电视瘾、游戏瘾。

值得注意的是，这里我们要用的是“展示”，而不是“告诉”。

2019 年考出 730 分高分的广西学霸杨晨煜的妈妈，谈及育儿经的时候就提到“不要把孩子丢在一边玩手机”。如果家长一边玩着手机、打着游戏、看着电视，然后命令小孩去看书、阅读。孩子一定会想：奇怪，看书那么好，爸爸妈妈为什么不去看？

所以，要赢得这场与电视的“夺子大战”，父母首先得三断——断电视、断 Wi-Fi、断有线！

榜样的力量是无穷的。如果作为父母的你做不到，那孩子不爱阅读的习惯，谁又救得了？

我相信，只要我们肯花时间和精力营造氛围，以身作则陪孩子一起游戏、一起阅读、一起成长，孩子一定不会再去电视机中寻找虚幻的幸福感和满足感。

» 4 »

## 讲（读）故事，阅读启蒙要走心

要想把孩子从电视、电脑、手机中解救出来，父母得拿出点“干货”来吸引孩子。在阅读启蒙初期，因为孩子识字量少，注意力相对集中的时间短，启蒙最好从给孩子讲（读）故事开始。

我原以为，讲（读）故事应该是这个年龄段孩子家长的共识，可惜在我社做的类似调研中，只有不到 20% 的家长有这一习惯。而且，在这 20% 之中，还有一多半都属于“没有灵魂地讲（读）故事”！他们讲（读）故事，功利性太强，只是单纯地希望孩子早点睡觉，希望孩子安静一下，希望孩子少烦人！

正如你是笑着打电话，还是板着脸打电话，远在千里之外的人都听得出你的心情、态度，更何况你面对面给孩子讲（读）故事。孩子是很敏感的，这样没有灵魂地讲（读）故事，大人敷衍了事，孩子当然也就入不了戏！最终，大人小孩都了无兴趣。

讲（读）故事，是快乐，是幸福，而非应付搪塞。

讲什么？读什么？讲有趣的故事，读孩子感兴趣的故事。家长们用声情并茂的讲（读）声，将孩子带入或惊险、或奇特、或感动的世界，让孩子在听读中享受快乐。

在给孩子讲（读）故事启蒙上，我的一位老领导聂荣老师一家，堪称典范。他们给女儿取名“希子”，一个有希望的孩子，名字便自带三分情怀。在夫妻俩的养育下，希子很是聪慧。小学还未毕业，就出版了一本名为《希子的脚印》的图书，在育儿圈引起不小的轰动。

希子妈宋树慧老师说他们的启蒙，是从讲故事开始的。

在希子不到半岁时，夫妻俩就开始给孩子讲故事，每天都讲。看着小虫，妈妈编故事；看着树叶，妈妈编故事；看着路上跑的汽车，妈妈编故事；看着星空，看着月亮，妈妈编故事……不管是动的、静的，不管是动物、植物，都能讲。只要孩子没有在睡觉的状态，妈妈就讲。而且总是用标准的普通话、规范的语句给孩子讲，即便是同样的东西，每天讲的都不一样。

宋老师还说：“不讲故事的时间，就给希子听儿歌，每天都听，还亲自给孩子唱儿童歌曲。因为我上过小学一到六年级的音乐课，很多歌都会唱。有时会随意改动歌词，让歌词生动有趣。逗得希子‘咯咯’地笑个不停。”

实际上，每个婴幼儿都喜欢听音乐、听故事。正是这些动人的音乐和故事，在孩子幼小的心里埋下了美好的种子。

有句话说，你如果是一位开朗乐观的“故事妈妈”，孩子必然是品性良好的“故事宝宝”。

于是，我也开始学着做一名“故事奶爸”。

考虑到男孩儿对冒险神话、妖魔鬼怪等故事感兴趣，我特意挑了一本纯文字注音版《西游记》。这个版本，有用红色波浪线勾画的一些好词佳句，每页只有那么一两句。

我每天找一个唐堂能静得下来听故事的时间，坚持给他讲一个精彩小故事，比如猴王借宝、大闹天宫、三打白骨精、观音收红孩儿……这段时间一般是唐堂闹着要看电视可电视一直没修好的时候，或是去学校接妈妈下班、外出就餐的等候时间，或是睡前的半小时。

这样坚持了两个月，在唐堂真正听故事上瘾的时候，我们慢慢地将讲故事，变成了读故事。

那时，唐堂已进入小学一年级，学习了拼音。

睡前半小时的固定讲故事时间，也从讲，变成了“指读”（指着书上的文字，一个字一个字读）。往往，读到某个地方，我会假装不认识其中一个比较简单的字，说：“哎呀，爸爸忘记这个字怎么读了，爸爸的拼音又差，怎么办？”这时，唐堂总会自告奋勇地来解决“麻烦”。一晚上，让他解决的麻烦不多，也就七八个，毕竟不能影响故事的完整性和精彩度。

每每在等待唐堂妈下班或外出就餐、饭菜上桌前的时间里，我拿出随身携带的《西游记》，指着书，给正无聊的唐堂读上几段。往往读到惊险处，我就停下来把书放进包里，开始开车，或开始吃饭。唐堂正听得入神，哪肯罢休，缠着爸爸或妈妈继续读，我们当然坚决不读。僵持了一会，他实在抵挡不住精彩故事的诱惑，自己从包里拿出书来看，一个字一个字地拼着读。

慢慢地，通过这样一个个小伎俩，唐堂识字的速度提升很快。于是，在某一个读书讲故事的晚上我跟唐堂提出了“更过分”的要求。

“儿子，你看，你上小学一年级，很能干，平时都能帮爸爸解决许多的生字，从今天起我们改变一下读故事的方式，好不好？”

唐堂很警惕：“怎么改？”

“很简单，每一页，你只读红色画线部分，其余的都由爸爸来读。”

红色画线部分每一页就那么一两句，唐堂似乎觉得自己赚翻了，爽快地接受了这个提议。

过段时间，我得寸进尺地说：“唐堂，每一页你读两段短段落，我读长段落。”

唐堂一看，还是他占便宜，于是友好接受。

过段时间，我死皮赖脸地说：“唐堂，我读上一段，你读下一段。”

一人一段，比较公平，谁也不吃亏。唐堂又接受了。

过段时间，我得陇望蜀地说：“唐堂，你享受了这么久，该爸爸享受了，你读长段，我读短段。”

唐堂看着翻白眼的我，再看看正精彩的《西游记》，无奈接受这一不平等条约。

过段时间，我伤心欲绝地说：“唐堂，近段时间，爸爸工作很忙，听不成你读故事了，怎么办？”

唐堂特大气地说：“那我先读起走了，不等你了。等你有空，我再读给你听。”

我有了一种“阴谋”得逞的喜悦。

在这个过程中，唐堂妈也加入进来，她做得更好，常常和唐堂一起进行角色扮演，把书中的故事声情并茂地演绎出来，效果出奇地好。为什么？因为这样更有趣。

慢慢地，唐堂独立看完了整本《西游记》。再后来，他开始自己独立阅读，一本又一本，《蚯蚓日记》《石头汤》《猜猜我有多爱你》《父与子》《吹牛大王》《小猪唏哩呼噜》《小飞侠》……

唐堂的识字和阅读启蒙算是个特例，迟到许多时间，走了不少弯路。庆幸的是，矫正还算得力，但也花了接近半年的时间。

### 小结

1. 甩几千元几万元出去，这是请人来“教”孩子，自外而内，有点灌输的味道，长得虽然快，但基础不一定扎实，甚至有拔苗助长的嫌疑；订十几元一期的杂志、买三四十元一本的书，这是孩子“学”的开端，自内而外，是自我生长，虽然慢一些，但好在可以让孩子有丰厚的底蕴，更有厚积薄发的潜力！

2. 电脑、手机都一样，它们让孩子没有深入的兴趣，只喜欢在娱乐和刺激的“垃圾”里消磨时间。于是，他们变得越来越浮躁，越来越贪图享乐。他们不去阅读，不去探索，不去思考，努力更是无从说起。

# 阅读启蒙——父母不是路人甲（下）

*当你拿着两本书思索你的孩子该先读哪一本的时候，别人家的孩子早已把那两本书都读完了。*

*——约翰生*

## 1

## 指读，阅读启蒙中的超级功效

教育，其实就是一场有预谋的邂逅，需要父母的良苦用心。在孩子正常的阅读启蒙时间，父母只要用对方法，拒绝做“站桩式”家长，阅读启蒙真的很简单。

接下来，讲几个在孩子正常启蒙时间里，轻而易举取得成功的案例。

比如，前面说到的希子妈——重庆观音桥小学教师宋树慧老师，就是这样一位用心良苦的家长。

宋老师说：

“希子两岁半时，学校开设了绘本阅读兴趣课。希子在课堂听得认真，读得认真。回家还要给爸爸妈妈读，每次她要读绘本了，我就认真地当学生。其实小希子一个字都还不认识。但是，翻着哪一篇，她都能用手指着逐一读出来，这是老师教的时候她一句一句地记下来的。她每次都读得很认真，一个字一个字指着。有一次，我把她的小手悄悄地往后移了一下位置，希子读到最后发现还差一个字，她急得哭了，说是有一个字不见了。我当时好自责，后来就再也不和女儿开这种玩笑了。”

再比如，我社前总编，四川省高考文科状元徐永恒先生，也是这样一位走心的家长。他是北大中文系才子，2010年他的女儿被北大录取，“状元教女上北大”一时传为美谈。

徐永恒先生说：

“小孩听故事有一个共同的特点，好听的故事，或昨天讲过的故事，今天要求再讲，他们特别喜欢听重复的故事，于是在再讲的时候我用了一个‘阴谋’，玩一个花招：我用手指着书上的文字，一字一句地把故事念出来。如是者三，孩子就明白了，原来那些故事不是从老爸的嘴里出来的，是从这书上的文字中间出来的……孩子很快乐，觉得这是一个游戏，有一点神奇，有一点破解某个奥秘的欣喜。

于是，以后再到讲故事的时候，她会自己拿一本书来，甚至会翻到某一页，然后说‘念’，用词很准确。而且当你念书的时候，她会试图用小手指点那些文字，来建立声音、故事情节与文字的一一对应关系。

通过这样讲故事，很快就会发现孩子喜欢上了书，而且自己能念出一些字句，逐渐整段整篇的故事都能念出来了。而且在另外的场合，比如另一本书上、路边的招牌上，她对自己认识的字也能‘搬家'了。我们教孩子喜欢上文字书、学会读文字书的教育试验，就这样一帆风顺地成功了，顺利到自己都有些吃惊。”

“指读”，把识字与阅读联系起来，让孩子的识字启蒙生动起来，变成充满趣味又有意义的听故事或读故事。这跟机械记忆有天壤之别，虽然两者都能达成识字的目标，但一个过程中充满愉悦，另一个则满是痛苦；一个在过程中会有许多收获与成长，另一个唯一的收获就是挫伤学习的动力。

卢梭说，人们在煞费苦心地寻找教读书写字的最好办法，有些人发明了单词拼读卡和字卡，有些人把一个孩子的房间变成了印刷厂。真是可怜。

我社有一位妈妈，培养女儿很用心。小女孩 5 岁时，家里四面墙壁满是识字卡，她被妈妈强逼着学习，妈妈天天要检查。小女孩苦不堪言，说她恨死了识字读书。

童书妈妈三川玲说：“我家不准用识字卡片，也不准教孩子认字，也不准考她。因为我觉得字是活的，它在一句话里，自然就有它的意思，孩子也记得住它，用这种自然而然的方式识字既快乐又轻松，还不容易忘。”

想想我们自己，能记得几千汉字、上千成语，并不是因为死记硬背，同样是在生活中靠阅读、靠工作、靠运用而驾轻就熟的。

后来，这位妈妈听了周围很多同事的育儿故事，似乎明白了阅读的重要性，立马把像小山一样的四大名著挪到孩子面前，逼着孩子阅读。可结果是什么呢？孩子马上变得愁眉苦脸，觉得阅读这件事儿简直就是孙悟空头上的紧箍咒。

这样的孩子如何培养阅读习惯呢？其实也简单，就像前面说的那样，需要父母的“陪伴”与“引诱”。

借用教育专家尹建莉的话说，把阅读做成一颗酒心巧克力，孩子如何不喜欢？而把阅读做成一颗牛黄解毒丸，孩子又如何能喜欢？

如果父母确实很忙，没时间亲自“陪伴”和“引诱”孩子爱上阅读，至少应该在孩子入睡前半小时，利用移动互联网和手机 APP，给他听各类晚安故事或睡前故事的音频，找到孩子喜欢的story（故事）和style（风格），来持续启蒙孩子的阅读或引导孩子的阅读偏好。

在唐堂的阅读启蒙中，我逐渐悟出——我们不是教孩子如何阅读，而是创设各种场景，让孩子“渴望”阅读。要让阅读成为一种悬念，让孩子念念不忘，必有回响。

## » 2 »

## 演故事，一辈子的美好记忆

小宝妈妈说：“在孩子阅读启蒙中，我们会一起表演《父与子》里的某个画面，也会分角色朗读《海底两万里》中的一些他喜欢的对白。广播里《小王子》优美的配音，给儿子留下了深刻的印象。因此，我们试着自己朗诵自己配音，我朗诵，儿子弹钢琴。我们还试过在不同节奏下进行配音朗诵，用手机录下来，一家人其乐融融，很好玩。这样既培养了阅读兴趣，又减少了钢琴练习重复弹奏的枯燥。真是一箭双雕。”

如果孩子特别喜欢一本书，不妨采用小宝妈妈的方法，做个更好玩的家长。请孩子给这本书录个音配个乐，然后刻录在 CD 上，再与孩子一起设计一个包装封面，写上孩子的名字，并和孩子一起设计一句广告语，一个有孩子名字的有声故事书就诞生了。如此，做成一个故事集，作为礼物，送给同学、老师和亲人，难道不是一个最好的新春礼物么？

我曾编过一本名为《家教》的杂志，杂志第一期有幸采访到一位著名学者，我们聊童年、聊父爱、聊诗歌……在采访中，她讲起父亲是如何对自己进行诗歌启蒙的故事，让人感慨万分。

她说，在她 3 岁那年，春暖花开时，她的父亲带着她到北海公园玩。他们边走边背诵诗歌，背到北宋诗人宋祁的《玉楼春·春景》“绿杨烟外晓寒轻，红杏枝头春意闹”之时，她的父亲指着枝头的杏花问她：“为什么说‘红杏枝头春意闹’？你看这花‘闹’吗？”她说：“不闹啊。”于是她的父亲把她扛起来骑在自己的脖子上，然后围着杏树转着圈地跑，边跑还边问：“你看花‘闹’了吗？‘闹’了吗？”恰巧一阵风吹来，加上她的尖叫声，她说：“闹，闹起来了！”等她的父亲放下她，解释说：“这句诗不写‘春意开’‘春意放’，而写‘春意闹’，因为人动起来，它才是‘闹’的。”

在孩子阅读启蒙过程中，因为年龄小、知识储备不足，他们会遇到很多超越他们理解能力的字词句段。如果这时，父母、孩子齐上阵将故事“演”一遍，不但能让孩子轻松理解书本上的内容，更会让孩子爱上阅读。

她还说，小学一年级时有一次放学回家她问她的父亲：“课文里有一个词‘麦浪’，是什么意思？”为了让她理解其意，她的父亲带着她坐上长途汽车，经几番倒车后，在郊区找到一片麦田。看着夏秋季节一望无际的麦子随风起伏，她的父亲对她说：“你看，这就叫‘麦浪’。”

用一整天时间跑郊区，从郊区再折腾回家，一片苦心就为让孩子能搞懂“麦浪”这个词。这就是对父爱最好的诠释。

在采访快要结束时，这位学者说：“在一个女孩子生命成长中第一个最重要的男人，不是她的男朋友，不是她的丈夫，而是她的父亲。女孩子是从父亲的身上开始学习如何对待家人、爱、人性、信念、社会种种的。”

所以咱们当爸爸的，除了向这位学者的爸爸致敬外，教育孩子更多的是要走心！

我社周 .com 曾给一些家长这样另类的关于“演”的建议：孩子的阅读是自发行为，是快乐不是应付。比如孩子喜欢恐龙，可以先和孩子交流恐龙方面的内容，找到侧重点，查一下书目，然后和孩子一起去寻找。无论是网络、书店还是图书馆都是很好的阅读渠道。孩子上路了，就放手让孩子自主阅读。还可以在孩子有一定的阅读量之后，在适合的场所，让孩子展示出自己与众不同的积累。比如，孩子和伙伴们一起去参观博物馆，可以让孩子自己来做恐龙馆的小导游。他的知识积累可以展露出来，这样会成为继续钻研的动力。

表演故事，能带给孩子一项重要能力——同理心，也就是俗话说的“设身处地”站在他人立场看待事物的能力。

人总是希望彼此了解，了解彼此的欲望、需求、相似和不同。每个人都有自己的故事，戏剧教育提供了一种安全而有益的方式，让学生得以参与别人的故事，透过别人的眼睛看世界。具备了同理心或同情心，一个人就能够理解他人的处境，能够理解与自己背景迥异，来自其他阶层、民族、信仰的人的处境。

» 3 »

## 做故事，劳动的人儿最快乐

阅读启蒙中，“做”也是很重要的一种方式。亲自去做，这一实践过程会让孩子们真正体验到阅读中的情境，在解决阅读中产生的问题时，还会延伸出许多美好的体验，从而教会他们某种道理，带给他们欢乐。

唐堂读过中国版《石头汤》，对小朋友来讲，这是一个深刻的哲理故事：阿福、阿禄、阿寿三个和尚来到一个饱经苦难的村庄，村民们长年在艰难岁月中煎熬，心肠变得坚硬，不愿接纳任何人。可是，和尚们用煮石头汤的方法，让村民们不知不觉地付出了很多，更明白了付出越多回报越多的道理。

在唐堂读完这本书后不久，正巧碰上他的生日，家里很热闹，小朋友也很多，于是我突发奇想，提议熬一锅石头汤。小朋友们一听，可来劲儿了。

我们一群大小朋友，先到嘉陵江边找鹅卵石，白的、黑的、灰的；有的像公鸡、有的像脚板、有的像人脸；有的一定要选大的，有的只选玉石质地的……结果，谁也不愿放弃自己精挑细选的石头。于是，我们从江边整整捡了两大口袋石头回来。

再到菜市场照着《石头汤》里的菜谱选蔬菜：蘑菇、白菜、土豆……另外加了几样时鲜，回到家，找一口最大的锅，孩儿们抢着烧水、抢着洗菜、抢着洗石头……一群孩子欢声笑语，一点也闲不下来，认真地煮好了一锅现代版的“石头好汤”。在餐桌上，大家都对这锅汤充满期待。有一个孩子平时很挑食，不吃一点蔬菜。可是这一天，他却很开心地吃了许多自己亲手选、亲手洗的蔬菜。

在劳动中体会到快乐，唐堂度过了一个神奇又难忘的生日聚会。

许多好的变化都在这样一个看似怪异的提议中产生。因为这个提议，孩子们体会到书中所说的“付出越多，回报越多”的道理；因为这个提议，孩子们体会到合作与分享；因为这个提议，孩子们体会到劳动最幸福。

» 4 »

## 聊故事，换个姿势长知识

这里的“聊”不是在阅读的过程中给孩子提问 “你看懂了吗”或者 “这段精彩的话你记住了吗”。这样直接的提问，一是会打断孩子的思绪，二是会让孩子心生恐惧以至厌恶阅读。我们和孩子聊的一定要是孩子感兴趣的，能从一个讨喜的、可爱的，甚至搞怪的角度吸引孩子进一步阅读话题。

比如，读了《三只小猪的故事》，我们可以跟孩子聊故事的前传和后传。三只小猪盖房子的本领是跟谁学的？这里面又有什么故事？之后三只小猪在他们的砖房里又会发生什么有趣的故事？屋外的大灰狼会善罢甘休吗？

比如，《小红帽》的故事有多个版本，有的是从小红帽的角度来讲的故事，有的是从外婆的角度来讲的故事，有的是从大灰狼的角度来讲的故事……不同的故事角度，不同的发展方向，甚至可以有不同的故事结局。

下面，我们拿《西游记》为例来讲讲正确聊天的姿势，以及怎么聊才会有“疗效”。

先示范一下错误的聊法——

家长：“《西游记》的作者是谁？作者生平事迹如何？”

孩子：“书上不都写了吗？”

家长：“你看这句话，是个比喻句，表现出孙悟空自信、善良、忠心耿耿的个性，你觉得是明喻还是暗喻？”

孩子边说边偷看你的脸色：“明喻吧……暗喻！”

家长：“这一段描写文字写出了小雷音寺的神秘感，你觉得哪几个词用得最传神？其实可以背下来。”

孩子：“……”

好好的一次阅读体验就这样被毁掉了，孩子的阅读兴趣就这样被破坏了！

在陪唐堂读注音版《西游记》那段时间，我和唐堂妈，就像十足的糊涂蛋，又像是“十万个为什么”，总是“装疯卖傻”，问些好玩又搞笑的问题。

我们读到第十七回《孙行者大闹黑风山 观世音收伏熊罴怪》里面悟空大骂熊罴怪，“这厮真个如烧窑的一般，筑煤的无二！想必是在此处刷炭为生，怎么这等一身乌黑？”“不要闲讲，快还你老外公的袈裟来！”熊罴怪回骂道，“你这个泼物！原来昨夜那火就是你放的！……”

我说：“你看，悟空、妖怪急了，跟重庆人一样，也会说脏话、骂人。其实包括佛祖生气时，也要骂人。”

唐堂之前没注意这事儿，赶紧把书往回翻。不看不知道，一看吓一跳。悟空竟然被天兵天将、各路神仙、菩提祖师、观音菩萨等骂过猢狲、妖猴、野猴、泼猴、泼妖、泼妖猴、猴头……甚至佛祖也骂孙悟空为尿精！

唐堂：“神仙骂人也太没创意了，还没有重庆人有趣，就拿骂人笨来说，重庆就有：猪头、二货、傻瓜、弱智、哈儿、宝气、方脑壳、呆头呆脑、脑壳有包、脑壳进水、脑壳遭门夹了、有脑壳没得脑花儿……”

我：“嗯……我们还是接着读书吧。”

一天，唐堂说其实《西游记》里很多妖怪一点也不可怕，很可爱、很呆萌。

我趁机问他：“哪个妖怪最可爱？”

唐堂：“金角大王和银角大王最可爱，因为他们和孙大圣交战的时候，一直喊着‘你敢答应吗’。”

我：“哪一个妖怪最可怕呢？”

唐堂：“白骨精最可怕，她太狡猾了，害得孙悟空被唐僧惩罚，被开除出取经队伍了。”

一天，我们读到第六十二回《涤垢洗心唯扫塔 缚魔归正乃修身》里面有两个小妖怪，一个叫作奔波儿灞的鲇鱼怪，另一个叫作灞波儿奔的黑鱼精。唐堂觉得小妖怪的名字很好玩。

我立马装糊涂：“哎呀，我有一个问题得请教你，金角大王银角大王手下，那两个小妖精叫什么呀？爸爸不小心给忘了。”

唐堂：“爸爸，你老了，这才读多久，你就忘记了？一个叫精细鬼，一个叫伶俐虫，它们用自己的紫金红葫芦、羊脂玉净瓶换了大圣的一个假葫芦。”

我：“对对对，这两个小妖怪太可爱了，忠心耿耿地要为自家大王换个好宝贝，却被孙猴子给忽悠了，反倒把自家的宝贝给了孙悟空。‘精细鬼’就是用来比喻‘精打细算、吝啬的人’。不过，我说的不是这两个小妖怪，是被孙悟空打死的另外两个。”

唐堂：“哦，那两个，一个是巴山虎，一个是倚海龙。名字听起来很威风，就是不堪一击，一棍就被大圣 K.O（打败）。”

我：“这些小妖的名字怎么都这么好玩，我记得红孩儿手下有六个知己的精灵：一个叫作云里雾，一个叫作雾里云，一个叫作急如火，一个叫作快如风，一个叫作兴烘掀，一个叫作掀烘兴。”

唐堂：“那后面还有没有这么有趣的小妖？”

我：“多了去了，比如黄狮精的手下刁钻古怪、古怪刁钻；赛太岁的心腹小校有来有去、有去有来；狮驼洞中的巡山小妖小钻风、大钻风……”

本来我想多给他举几个例子，话未说完，却发现他早已经抱着书，饶有兴致地去研究起这些小妖去了。

后来，我们还交流过《西游记》中谁的兵器最厉害，谁的武功最高。

在孩子阅读启蒙过程中，父母要学会“装疯卖傻”，利用孩子的“好奇心”“虚荣心”，虚心地向他请教某个问题，说完之后，很有诚意地说一声“谢谢”！不要小看这一声“谢谢”，会让孩子觉得在父母的眼里，他非常重要。我们很在乎他的意见，甚至非常正式地与孩子“谈判”，让孩子觉得自己的观点得到尊重。

在唐堂阅读过程中，这样的例子很多。

我和唐堂交流过《白雪公主和七个小矮人》中七个小矮人的名字：万事通、爱生气、开心果、迷糊鬼、瞌睡虫、害羞鬼、喷嚏精。

有的家长可能会认为，这样的一些问题都是没有用的，知道了七个小矮人的名字又能怎么样，难道孩子能立马提高阅读能力？

确实是可以的。且不说，这样一些有趣的内容会深深地打动孩子们的内心，强化他们对周围事物的探索欲望。就说七个小矮人的名字，就充满了意味。如果让白雪公主来点评一下每个小矮人，或从每一个小矮人的角度来说说白雪公主，肯定可以直接提高孩子的阅读能力。其实这就是一种精读。

而就在我写下上面关于阅读启蒙“聊”的文字时，唐堂走过来，偷偷地看了一遍，然后折返到他的寝室，将我早已预谋好、放在他书架上的《西游记》原著上册拿了下来，聚精会神地研读起来。

我原本以为，他这个年龄读原著会有些障碍，可能会不太喜欢。但从他第二天跟我交流“三头六臂美猴王大战六臂三头哪吒三太子”的那段文字“那一个蒙差来下界，这一个欺心闹斗牛。斩妖宝剑锋芒快，砍妖刀狠鬼神愁；缚妖索子如飞蟒，降妖大杵似狼头……”来看，是我多虑了。

唐堂问：“原来QQ里流行的‘呵呵’，美猴王也喜欢用。书里说，他在这儿呵呵笑，是在嘲笑讥讽三太子，还是就是单纯的笑，或是表达无语？”

“这么无厘头的问题，老爸没思考过啊。”

唐堂：“呵呵……”

每个人的成功肯定有不同的模式，但就“学习好”这一点而言，从小教会孩子喜爱书籍、阅读书籍是极为重要的。不爱读书、不会读书、不懂得从书本中发现信息，想必是很难取得好成绩的。

尽管阅读不一定能立竿见影取得好成绩，但大家应该明白，阅读带给一个人的，绝不仅仅是冰冷的分数，它带给我们更多的是一份思维的广度和心态的宽度，“腹有诗书气自华”这句话确实有理。

阅读启蒙是每一个父母都需要做到的，在孩子的成长过程中，父母不能做路人甲，要带领孩子进行阅读，为孩子的未来开辟一条阅读铺就的大道。

最后，用唐堂上一年级时，我仿希子爸爸聂荣先生写的一首打油诗送给各位年轻的父母。

不求小子有神功，琴棋书画样样通。

健康阳光爱运动，快乐尽在阅读中。

## 小结

1. 教育其实就是一场有预谋的邂逅，需要父母的良苦用心。在孩子正常的阅读启蒙时间，父母只要用对方法，拒绝做“站桩式”家长，阅读启蒙真的很简单。

2. 在孩子阅读启蒙过程中，因为年龄小、知识储备不足，他们会遇到很多超越他们理解能力的字词句段。如果这时，父母、孩子齐上阵将故事“演”一遍，不但让孩子轻松理解书本上的内容，而且会让孩子更加爱阅读。

# 阅读清单——
# “好阅读”与“坏阅读”（上）

*历史能使人变得聪明，诗歌能使人增加想象力，数学能使人精确，自然哲学能使人思想深刻，伦理学能使人态度庄重，逻辑学修辞学能使人擅长辞令。总之，读书能陶冶人们的个性。*

*——培根*

读书是“童子功”，孩子幼时自然纯真，极具慧根，正是养成阅读兴趣的敏感期。如果这时候不及时培养，孩子长大后被各种诱惑加持“金钟罩铁布衫”，刀枪不入，读书兴趣自然很难建立起来。

学龄前识字读书绝不是一件坏事。

孩子小时候的大脑就像一间空空的房间，你一股脑地把各种各样的破烂搬进去，那就是杂物间；你安装电视、电脑、游戏机，那就是娱乐室；你把书籍装进去，那就是书房……房屋空间有限，弄得不好，就会出现“劣币驱逐良币”——装进去无用的东西越多，那些对他有用的知识反而容易被挤出去。或者，许多东西掺杂着乱放，等你要用的时候，就会感到毫无头绪。

识字的最大意义是带领孩子迈向独立阅读。通过独立阅读，孩子会逐渐形成自己的价值观，显现出他的内在动机。这时，孩子就不用受我们“控制”了。

新东方创始人之一王强说：“北大在各行业为什么会产生这么多的优秀人才？因为他们一直在读一流的、值得读的书。”

那么，孩子在启蒙阶段、阅读兴趣培养阶段应该读什么书，以及怎么读呢？

（要注意的是，文中提及的读书类别，笔者建议“多读”而不是“只读”：读书没有特定范畴。）

» 1 »

## 多读兴趣之书

读书有两种，一种是读自己喜欢的书，一种是读有价值的书。

孩子开始阅读，就会形成自己的兴趣。你拿给他一本薄薄的《道德经》，孩子读起来可能很累，但你拿给他一本他感兴趣的“大部头”，他读起来却有可能很轻松。这之间的区别只在两个字——兴趣。兴趣是培养孩子长久阅读习惯的首要原则，如果以下原则跟这一原则冲突，请遵守首要原则。

一次大学同学聚会，大学室友安哥给我讲了一件事，他一个朋友的女儿很优秀，琴棋书画均有涉猎。小姑娘今年参加重庆某一流中学的小升初考试，有一个面试环节，考查孩子阅读的知识面，老师问的都是有关历史、哲学、科学等学科的“高精尖”学问。结果一向优秀的小姑娘最后没能进入学校的尖子班，只读了一个平行班。全家人为此伤心不已，她妈妈逢人就说：“要给孩子多看点‘面试书’，增加知识面。”

"亡羊补牢，未为晚也"，安哥回家赶紧给孩子买了诸如《中国上下五千年》《欧洲史》《科学的历程》等"面试应试"必备书籍，自从买了这些书籍后，他发现原本喜欢读故事、读文学的孩子，竟然渐渐不喜欢阅读了。安哥后悔不已。

这些经典图书，是不是好书？肯定是。但与经典的际会相逢也得讲究时间、契机，相遇太早是囫囵吞枣、一知半解；相遇太晚已经是静如止水、波澜不惊。

其实安哥选的书都是好书，问题在于他没有尊重孩子的兴趣。在给孩子选书时，要了解孩子的阅读喜好，不要完全用成人的眼光来挑选，不要以"有用""无用"画地为牢，来作为唯一的判断标准，而要考虑孩子的接受水平和兴趣所在。兴趣的标准更稳定，利益的标准不长久。做自己喜欢的事，读自己喜欢的书，才是人生一大享受。

北京大学中文系教授陈平原关于读书有这样一番说法：

同样是"读书"，有两种不同的姿态与目标：一是在大学里修习相关课程，准备拿学士、硕士、博士学位；二是课外学习，自学成才，或走出校门后自由阅读。最大差别在于，后者不必要"循序渐进"，也没有"进度"或"成效"方面的考核指标。

1922 年 8 月，梁启超应邀到南京东南大学的暑期学校讲学，有一讲题为"学问之趣味"。其中提及"必须常常生活在趣味之中，生活才有价值"；而最能引发趣味的，包括劳作、游戏、艺术、学问等。我相信，人生百态，"读书"是比较容易"以趣味始，以趣味终"的。

最近这些年，我发现一个有趣的现象，很多退休人士，因信仰、因投资、因旅游、因收藏等缘故，拼命读书，且很有心得。他们没有考试的压力，也不想成为专家，凭借一份热爱，甚至成痴成疵成癖。用晚明张岱的话来说，"有痴有疵有癖才可爱，因其'真性情'"。

读书也一样，不管你喜欢读哪方面的书，只要能读出乐趣来，就是好事。在我看来，读书讲趣味，比讲方法、讲宗旨，要重要得多。“有问题”，迫使你深入钻研；“讲趣味”，故“可持续发展”。这两者相辅相成，读书就变得好玩儿了。

显然，阅读启蒙不是攻读学位，没有“绩效考核”，孩子的阅读兴趣才能在轻松和自由的环境中滋养起来。对孩子来讲，阅读启蒙的趣味性应该放在首位。有趣，才能读得下去；有趣，兴趣才能持久。否则，启蒙初期，我们就将《钢铁是怎样炼成的》《悲惨世界》《哈姆雷特》《静静的顿河》《安娜·卡列尼娜》等世界名著一股脑地搬来放在孩子的面前，可能会直接将孩子吓跑。如果阅读像饮食一样吃撑了肚子，败坏了孩子的阅读口味，形成厌食，就可能导致孩子终身对阅读提不起兴趣。

在孩子的阅读启蒙阶段，首先要做到对孩子兴趣的保护。在阅读上给予孩子自由和促进，尽量不要给压力。让阅读成为孩子的自发行为，成为快乐而不是应付。

## 2

## 多读无用之书

上文说过，家长为孩子购书时比较“功利”，热衷于购买对孩子升学考试有益、能快速增加孩子知识广度和提升作文水平的快餐书、时髦书、技巧书。家长唯一的目的，就是让孩子多掌握书里的知识点，这却是破坏阅读兴趣的最佳手法。

唐堂四年级刚放假时，有一天唐堂妈兴高采烈地在书店给唐堂精挑细选了一本《小学生语文阅读能力阶梯测试 80 篇》，并要求唐堂在暑期完成。晚上看着唐堂愁眉苦脸的表情，我开玩笑地对唐堂妈说：“古有陶渊明好读书而不求甚解，今有小唐堂爱读书而阶梯测试。”本来读书是一件很快乐的事儿，结果我们却要这么小的孩子通过“多种题型训练、多个角度训练”来突破阅读难点。

孩子阅读，只要他感兴趣，觉得故事有趣，能留下印象就足够了。现在我们一上来就让孩子‘咬文嚼字’，读一篇文章得分析字词、分析立意、分析文本，这明明是专家研究的事儿，多累人啊。

语文新课标要求：“要重视培养学生广泛的阅读兴趣，扩大阅读面，增加阅读量，提高阅读品位，提倡少做题，多读书，好读书，读好书，读整本的书。”这样的要求，是有现实针对性的，我们做家长的应当听取。

不只是成人，孩子们现在也开始变得功利。很多孩子不喜欢课外阅读，又想找到一个写作文的捷径，以为读作文书就能提高作文水平。

在小学与初中阶段确实有这样一种现象，一些孩子从不读课外书，考试成绩还是很好，而一些阅读量大的孩子在考试中并未体现出优势。这是因为小学和初中各科的考试都是围绕教材展开的，考试前老师的精心备考和反复记忆训练，确实会让孩子的成绩看上去很美，但这也许只是一种假象。

一旦进入高中，各学科考查的知识与教材的联系相对较弱，成绩跟阅读量的相关性开始显现出来。如果不关注阅读，死抱着教材，那么孩子进入高中后就会越来越力不从心。在最关键的高考考场上，恐怕也难以获得好成绩。

陈平原说：“今天国人谈阅读，过于讲求立竿见影了。在校期间，按照课程规定阅读；出了校门，根据工作需要看书。与考试或就业无关的书籍，一概斥为‘无用’，最典型的莫过于搁置文学、艺术、宗教、哲学、历史等。而在我看来，所谓‘精英式的阅读’，正是指读这些一时没有实际用途，但对养成人生经验、文化品位和精神境界有意义的作品。”

这个世界流行“跨界”，其实阅读也一样，跨界多读一些“无用”的“闲书”，可能非常有价值。因为你完全不知在人生的什么时候，无用“跨界”变得极为有用——触类旁通、左右逢源、曲径通幽。原亚投行行长金立群在乡下当知青的时候，总是“不务正业”背单词、读莎士比亚戏剧原版这样的闲书。那时的他并不知道有什么用处，更想不到有一天，自己会在亚投行的谈判中用莎翁典故来打动英国人，为谈判突破找到润滑的通道。

这就是一流学校招生面试多会问一些“无用”的“闲书”上的内容，来考查孩子阅读量和知识面的缘由。

当代中国，还有一个很棘手的问题：读好书，不见得就会有好出路。面对此新时代的“读书无用论”，当老师、当家长的你能想清楚其中的道理吗？

江西财经大学人文学院教授吴辉是这样回答的：“知识使人生拥有更多可能。‘读书无用论’是存在的，没有读书发横财的人也是有的。但个案不能说明问题，普遍现象才有说服力。稍懂常识的人就知道，即使用金钱衡量，知识作用也不可忽视。不然，著名跨国公司对智力因素的高度重视也就无法解释。”

即使是从最功利的角度来看，阅读也是有“价值”的。只要做一个简单的统计，就能发现知识与收入的正相关关系。读书到底有没有用，不能只用“金钱”这一个标准衡量。知识使人生拥有更多可能；知识决定一个人的气质、品位、眼界、欣赏水平、价值观……这些都是影响生活质量的关键因素。

所以，让孩子读“无用”的“闲书”，要提到培养良性生活方式的高度来看，要提到实现终身学习的高度来看！毕竟不论一个人成年后干什么工作，成就高低，贫穷富贵，如果没有读书的习惯，甚至不怎么读书，很难说他的精神生活不是空心化的，是可持续发展的。

» 3 »

## 多读整本书

要培养学生的阅读能力、欣赏能力、思辨能力，就应该让他们读“真正的书”——完整的、长篇的书。

有些父母将孩子的读书看作是一次投资，希望效益最快化和收益最大化。但从实际情况来看，孩子年龄小、功课紧，课后还得练习各种才艺，阅读会耗费很长一段时间。所以，为了实现“高效率”的阅读，不少家长为孩子精挑细选各类儿童版、删减版中外名著和所谓散文化、哲理化的短小故事。

儿童版、删减版、浓缩版，是编者根据自己对原著的理解进行删减拼接而成的，并不一定恰当。读一本书好比游览名山大川，原著上那些被删减的“多余”的语句，就似沿途峰峦叠嶂的各种风景与跌宕起伏的人文传说，使人在游览过程中心灵更加充实，登顶之后，才有“会当凌绝顶，一览众山小”的感慨；而删减版、浓缩版，犹如伐木毁林，唯余一条光秃秃的上山路，登顶虽快，却完全失去了游览的乐趣。

当然，对于启蒙阶段的孩子来说，可以适当读一些优质的短篇故事，但这不应成为阅读的主力和唯一。

短故事，再是精品，最多也只有 1 万多字，其文学性、故事性必然有所局限。只读单篇短章，老是局促在小规模的氛围之中，对于培养持久的阅读习惯缺少足够的力度，读整本书时便会无从下手，难以把握。孩子没有阅读整本书的实践，就难以养成良好的阅读习惯，很难学会自主阅读。读整本书可以使孩子对各种文体都了解一二，遇见更多体裁时，也就不会踌躇不前了。

1941 年，著名教育家叶圣陶在《论中学国文课程标准的修订》中明确提出“把整本书作主体，把单篇短章作辅佐”的主张。试问，要养成读书习惯，不教孩子读完整的书，那习惯怎么养得成？

“整本书”也就是学者常说的原著，它与选文、节录的章节相比，避免了支离破碎和断章取义，更能完整地体现作者的初衷。一个人只有爱上读原著，才能跨越文字的沟壑，通过文字与作者实现超时空对话。

整本书阅读能够让孩子接触到足够丰富、足够系统的语言，有利于孩子根据自己的喜好进行吸收；整本书阅读让孩子有机会了解更多的语言形式，孩子会不自觉地模仿自己喜欢的表达方式。有一个有趣的现象，孩子在某一个阶段读某位作家的作品，他们的作文中就会有模仿的痕迹，而这种模仿不是有意识的，是潜移默化受到的感染。

唐堂就是如此，在读金庸“射雕三部曲”的那段时间，作文的语体风格，不自觉地往金庸先生的语言风格上靠。比如在他的作文《蜘蛛搏斗记》中，有如下的文字——

当我走进客厅，伸手就要抓浴巾时，眼睛的余光扫到挂油画的那面墙上，似乎有一个黑色的东西。我转头定睛一看，顿时，一股寒气从我的脚底直冲天灵盖，大脑瞬间被麻痹，感觉周围的气温又下降了十几度，腿不由自主地抖了起来。

……

待我反应过来，立刻拿起浴巾，冲到爸爸面前说：“爸爸，爸爸，你快点上，外面有只大蜘蛛！”接着，我就一头“栽”进浴室。

等我觉得待的时间够长时，这才以光速冲出浴室，“飞”进卧室，三秒钟换上睡衣。

这时，我听见爸爸叫道：“唐堂，快点出来，这里还有一只更大的！”我竟莫名其妙地跑了出去。现在想起，当时应该暗暗叫苦才对呀！当真古怪得紧。

阅读是获取知识的过程，但是阅读获取知识只是“搂草打兔子”的副业。在阅读中思考，在思考中获得自己的思想才是阅读的“核心价值”。

阅读是发展孩子思维的重要方式。孩子通过整本书阅读，获得大量信息，并且与自身对照，通过反思，使自己的思想不断成熟。整本书阅读提供了思维得以深入的可能性，单是孩子对感兴趣的情节的猜测、对人物命运的关注等，就足以锻炼孩子的思维，让孩子的思维更加广阔和深入。读整本书还可以磨磨孩子的性子，养成良好的静得下来、坐得住的扎实学风。

» 4 »

## 多读纯文字书

在阅读启蒙阶段，许多家长开始教孩子背诵唐诗宋词，我认为是可取的，因为这可以培养孩子的语感——熟悉文字的节奏感与语言的韵律感。我们并不指望孩子当下就能懂这些古诗词的含义。但从长远来看，必将潜移默化地对孩子产生深刻影响。

节奏感与韵律感有如此重要吗？

对比一下南北朝时期的《木兰诗》开篇“唧唧复唧唧，木兰当户织。不闻机杼声，唯闻女叹息”，与唐朝杜甫的《石壕吏》“暮投石壕村，有吏夜捉人。老翁逾墙走，老妇出门看”，便能感受到韵律、音律在诗歌上的一脉相承与重要性。

还有一些家长喜欢为孩子购置花花绿绿的图书，一类是绘本，既有图画，又有文字，或许还有拼音。这类图书在低幼认字阶段比较合适。另一类是漫画，据说可以让孩子从绘本阅读过渡到纯文字图书阅读。

因为工作的关系，我接触过不少孩子及其家长。“孩子不爱读书，伤脑筋啊！”家长这类感叹我听了很多。其实，说这些孩子不爱读书，也不全对，翻开他们的书包，漫画书刊往往不少。他们只是不爱读纯文字书，对这些孩子来说，没有图画，简直看不下去。

我曾询问作文大师周.com，为何他点评孩子的作文，总是妙趣横生、金句频出，往往三两句话，就能一针见血，让人茅塞顿开；他给孩子们修改润色的文章，为何稍加修饰，便能文采飞扬，给人一种惊艳感？

周.com回复，这可能得益于他编了多年的漫画刊物，在短句的运用上比较得心应手，短句一出，力量感倍增、幽默感横生。

所以，好的漫画书刊也是有优点的——画面干净，语言凝练诙谐，对提升孩子短句的运用颇有功效。可惜这样优秀的漫画书极少。多数漫画书，是典型的碎片化、快餐化、浅表化阅读，偶尔读一读还比较有趣。

但毕竟漫画书文字量少，故事情节弱。看再多，对孩子成长所起的正面作用也很小。而纯文字书，对孩子在词汇积累、理解感悟和作文表达上的帮助是漫画书所无法企及的。

一本20万字的纯文字书，有上亿信息点，故事背景、人物名称、经典桥段、热血金句等等。在阅读时，大脑都会轻松地记住这些东西，孩子自然见多识广，博闻强记。

纯文字书，就是“深阅读”的载体，它能够令孩子更深入地投入到阅读当中，并且提升孩子专注力。

纯文字书，通过情节的铺陈描写、文字的细腻刻画，有利于孩子深刻地体悟人性、通晓世情，也能让孩子更加深入地理解人类思维发展的成果——哲学的、艺术的、科学的……为孩子在复杂的信息世界种下厚积薄发的深根。

我社前总编徐永恒先生，对孩子阅读启蒙阶段读纯文字书就有很深的体会。

他说，在教育孩子的过程中，逐渐明白了教会孩子阅读纯文字书的重要性。所谓文本，狭义的概念就是用文字、用书面语言写作而成的书本甚至手稿；广义的概念还包括绘画、雕塑、音乐、戏剧、电影、传说、故事以及城市建筑、历史遗迹、文物等作品。

由于语言文字的功能作用，广义文本的意义往往需要基于狭义文本才能呈现并被人们深度理解。这就是阅读纯文字书最重要的原因。生活中这样的现象比比皆是，许多孩子喜欢漫画这种浅层次的绘画作品，却看不懂古典或现代绘画，其原因就是他们不爱看“纯文字的书”。

热爱阅读纯文字书的孩子可能成为天才，不爱阅读纯文字书的孩子很难成为人才。

## 小结

1. 读书是“童子功”，孩子幼时自然纯真，极具慧根，正是养成阅读兴趣的敏感期。如果这时候不及时培养，孩子长大后被各种诱惑加持“金钟罩铁布衫”，刀枪不入，读书兴趣自然很难建立起来。

2. 孩子小时候的大脑就像一间空空的房间，你一股脑地把各种各样的破烂搬进去，那就是杂物间；你安装电视、电脑、游戏机，那就是娱乐室；你把书籍装进去，那就是书房……房屋空间有限，弄得不好，就会出现“劣币驱逐良币”——装进去无用的东西越多，那些对他有用的知识反而容易被挤出去。或者，许多东西掺杂着乱放，等你要用的时候，就会感到毫无头绪。

3. 要培养学生的阅读能力、欣赏能力、思辨能力，就应该让他们读“真正的书”——完整的、长篇的书。

4. 热爱阅读纯文字书的孩子可能成为天才，不爱阅读纯文字书的孩子很难成为人才。

# 阅读清单——“好阅读”与“坏阅读”（下）

*（读书）必须如蜜蜂一样，采过许多花，这才能酿出蜜来，倘若叮在一处，所得就非常有限，枯燥了。*

*——鲁迅*

» 1 »

## 书，读杂一点好

孩子的阅读分两阶段——被动阅读与主动阅读。

第一个阶段是孩子阅读启蒙期，他基本上没有选择的能力和欲望，是被动读书的状态，这个阶段基本上是由家长来选书，家长觉得什么书好就给孩子读什么书。

在这一阶段，童书妈妈三川玲提醒家长，要特别留意以下两类特别不好的书：

我有天在淘宝上看到9块9可以买我称为四大外国名著的《安徒生童话》《伊索寓言》《格林童话》和《一千零一夜》，我就很好奇地把这些书都买了回来。它一套书在一个淘宝店里一个月能卖两三万册，那它一年的销量应该在百万级以上，那真的是超级畅销书，说明很多家庭买了这种书。但买回来看就会发现，这些书基本都是阉割版的。

还有一种教孩子怎么养成好习惯、帮助孩子性格养成的书，书名就叫“好孩子应该乖乖听话”“我要跟小朋友分享玩具”之类的，但仔细看这些书，里面的教学方法完全是违背儿童教学规律的。这个其实就跟小时候那些没有文化的妇女吓唬小孩说“你如果不怎么样警察就会来把你抓走”的内在逻辑是一样的。这种书的破坏程度非常大，对小朋友肯定起不到教育的作用的，而且还可能起到相反的作用，这是其一。其二是这会让小孩觉得读书是件很痛苦的事情，这个很可怕。

第二个阶段是孩子独立阅读期，孩子读的书多了，自然会形成自己的阅读偏好。这个时候，他要什么书就买什么书，做家长的不要横加干涉。家长选书，往往陷于功利性，“有用”“无用”是第一评判标准。让孩子学会自主选书是孩子爱上阅读的关键一步，道理很简单，跟大家吃自助餐一样，自己选择的就是自己最喜爱、也最容易接受的。

每个孩子阅读的出发点、习惯和积累不一样，他们的阅读喜好肯定不同。人在阅读时属于“杂食性动物”，正如鲁迅先生所说：“（读书）必须如蜜蜂一样，采过许多花，这才能酿出蜜来，倘若叮在一处，所得就非常有限，枯燥了。”

所以，孩子初始的阅读范围一定要广。

在这个阶段，不干涉孩子的阅读偏好，不代表完全不管，还是要去引导的。

读书就如交友，要仔细甄别，非善勿近。现在，市面上可供孩子选择的书籍多之又多：古代的、现代的，中国的、外国的，故事类的、科学性的……在国内出版管理制度的监督下，大多数正规出版社的图书，内容质量都还过得去，我们特别介意的暴力、色情等内容真没有。

但也有一些书制作粗劣，思想贫乏，内容平庸。特别要警惕现在的注水网络文学，虽说网文阅读也是阅读，但很难提升阅读能力。面对成堆的网络垃圾文章，更要注意引导孩子分辨选择，老是读那些消遣、刺激，甚至低趣味的东西，上了瘾就很难办。

为避免孩子像挑食、偏食一样地“挑书”“择书”，比如看书老是看漫画、魔幻小说、武侠小说，家长需要注重对孩子进行正确引导。特别在孩子的阅读启蒙阶段，应尽量协助孩子挑选一些精品图书进行阅读，当孩子的阅读品味和分析能力慢慢建立起来之后，他们能够学会自我调整，也就逐渐远离那些低劣的书了。

如果孩子已经养成胃口单一的坏习惯，我们就更要花心思准备一些有意思的图书，不动声色、巧妙地吸引孩子自己去阅读、去鉴别，最终达到阅读的“营养均衡”。

## 2

## 读书，不要急于有效果

我们都知道“心急吃不了热豆腐”，孩子的阅读也一样。

不着急，是我们让孩子爱上阅读的必备心态之一；不着急，也是我们看待阅读功效的心态之一。

阅读不是一门外化的才艺形式，它是一个潜移默化的过程，孩子长大后，阅读的效果才能显现出来。弹钢琴，可以有六级八级十级的证书；

学奥数，可以拿比赛的金银铜奖。可世界上既没有阅读的四六级证书，也没有阅读的奥林匹克竞赛。离开阅读的涵养，即使你是一位优秀的钢琴演奏者，也会因缺少文化底蕴，很难从表演者升华为音乐家。

阅读是学习的核心素养，它虽然不会立马让一个人成为阅读家或者作家，如果想要成为那样的人，仍然要经过漫长的学习和磨炼。有了阅读这个内功打底子，孩子去学其他某种技能的时候，就能更迅速地掌握需要学习的知识；当他从事某种职业的时候，广阔的知识面和深刻的理解力也会让他比同伴做得更出色。

所以，网上有家长说，“阅读对于人，就像水对于树一样”。你每天都去浇水，并不能发现树长高了，也许你施点肥，看到的效果更好，但是，水是树存在的基础，离开了水，树就不会有很深的根基，风一吹就倒了。

如果你真的希望孩子茁壮成长，那就不要让他放弃阅读的好习惯，因为，这个习惯一定可以让他受益终身。

## 3

## 读书，启蒙多泛读

阅读兴趣建立阶段，精读是扼杀孩子读书兴趣的金牌杀手。

现在有些中小学语文教师，几乎篇篇课文都精读精讲，写作背景、段落大意、主题思想、生词修辞……文章抠得很细，如同手术解剖。长此以往，孩子想起读书都痛苦。尽管老师增加了许多课堂讨论，表面很热闹，但孩子读书的兴趣还是很难提起来。

语文新课标提出“不刻意追求语文知识的完整”“不必进行系统的

语法修辞知识教学”，就是怕把研究界探讨的语言规律，特别是语法等硬搬到语文课中去，形成以语法为中心的教学，从而败坏孩子的“悦读”胃口。

课文精读，老师帮孩子细细咀嚼，读书的滋味都被老师吮吸过滤了，孩子吃到嘴里的只剩细碎残羹，哪里还有自己阅读延伸的空间？精读的目的更多是迎合应试，即便孩子们本来有些兴趣，也可能会被扼杀。

泛读很重要，要让孩子学会浏览和快读，因为这是日后生活中有用的技能。在信息爆炸的今天，且不说每年有近 70 万种图书出版，1 万种期刊连续出版。单说网络，每天产生的信息量就有近 1000EB，从人类文明出现到 2003 年，所有存储下来的信息总和仅仅相当于如今一天创造的数据量。全球最大的图书馆——美国国会图书馆的所有馆藏不足现在一天数据量的万分之一。

面对众多良莠不齐的书刊产品和互联网信息，泛读就很重要了。

一本 20 万字的书，在 3 个小时之内读完，如果觉得乏善可陈，就可以换下一本。泛读对扩大孩子的阅读面，有重要的价值；同时泛读也是提高阅读效率的重要方法。遇到有趣或有意义的书，可以再选择精读。

唐堂从上四年级开始，《哈利·波特》《射雕英雄传》《基督山伯爵》《盗墓笔记》《西游日记》《可怕的科学》等书基本上就是按这个速度浏览泛读。一本书快速读完，感兴趣的隔三岔五地再回过头去“细嚼慢咽”。

比如《哈利·波特》《射雕英雄传》和《西游日记》，唐堂读过三遍；《盗墓笔记》读过两遍。也许有的书，他还会读更多遍。

» 4 »

## 读书，“连滚带爬”“连猜带蒙”地读

温儒敏老师认为：

不要每一本书都那么抠字眼，不一定全都要精读，要容许有相当部分的书是“连滚带爬”“连猜带蒙”地读的，否则就很难有阅读面，也很难培养起阅读兴趣来。周国平先生讲到阅读就是最初的恋爱，恋爱都搞得那么严肃，甚至面目可憎，那怎么可以？

我说的“连滚带爬”“连猜带蒙”地读，包括浏览、快读、猜读、跳读，孩子可以无师自通，但有家长若能指导一下，就事半功倍了。这可能是激发阅读兴趣的好办法。

回忆我们小时候读书，很多情况下就是“连滚带爬”“连猜带蒙”。

那时候，家里还没有电视，兄弟姐妹多，父母也不怎么管，唯一的消遣就是找爸妈要上几分钱或一毛钱，在书摊边坐一下午，看上几本《杨家将》《隋唐演义》《封神演义》之类的章回小说。很多字不认识，就猜着读，依然读得兴致盎然，大致能懂就一气呵成读下去。遇到写风景的、讲诗词的也不去管，跳着读，遇到战争打仗、妖魔鬼怪就多看两眼，很快读完一本，慢慢读书的兴趣也就有了。

若是按照现在有些老师、家长的要求，不认识的字就要查字典，每隔几行就查字典，趣味就丧失了，大概谁也读不下去吧！

温儒敏老师还讲：

我们有些关于读书的传统的观点是不一定对的，比如“不动笔墨不看书”。在一定的情况下，比如强调读写结合，可以这样要求。但这不应当作读所有书都必须遵循的戒律，凡是读书全都要求“动

笔墨”，那就不切实际了。

还有，现在的阅读教学往往都要指向写作，作家的意图呀、手法呀、篇章呀，处处都是导向练习写作，这也未免太累了。能不能不那么“实际”，多让孩子欣赏和感悟一下？有些司空见惯的观念，也未见得就正确，要想一想，是否符合实际，是否过犹不及。

总之，一切影响孩子阅读兴趣的“好方法”，在启蒙之初，都可以摒弃。

不要为难孩子，要给他们自由阅读的空间，让孩子在付出最少的情况下，慢慢爱上阅读，这样才能培养阅读的兴趣。

## 附：

## 书目推荐

最后给大家推荐一份书目，是我社小学段编辑部根据儿童心理发育的特点整理的。

**一二年级：“幻想童话”时期**

6~8 岁是人一生中想象力最为丰富的时期，7 岁达到最高峰。这一时期孩子们对神话、童话故事充满无穷无尽的兴趣和好奇心，他们此时的感受力往往远超大人的想象。童话、寓言故事等很适宜这一时期的孩子阅读，读物以趣味性为主，同时注意想象力和创造力的发展。

刚刚进入识字阶段的孩子，对书中内容已经有一定的理解和分析能力，但是耐心还不够，不能坚持很长时间的默读。他们好奇心很强，但还不是很善于归纳和总结阅读过的内容，这一阶段的孩子需要的是能引发他们兴趣的读物，情节和语句不能很复杂，要便于把握和复述，同时，又有一定的内涵可供他们思考和想象。有声读物和图画书也是帮助这一阶段的孩子逐渐过渡到自主阅读的好帮手。

例如：《猜猜我有多爱你》《稻草人》《晴天有时下猪》《长

袜子皮皮》《小猪唏哩呼噜》《格林童话》《蚯蚓日记》《小布头奇遇记》《吹牛大王历险记》《假话国历险记》《丁丁历险记》《我不知道我是谁》《三只小猪的真实故事》《三个强盗》《三毛流浪记》《没头脑和不高兴》《我和小姐姐克拉拉》《图书馆的老鼠》《妈妈的红沙发》《霍莉和艾薇的故事》《詹姆斯与大仙桃》《让孩子着迷的 77×2 个经典科学游戏》《最后的晚餐》《小朋友最爱问的经典科学谜题》等。

**三四年级：“历史故事”时期**

9 岁以后，单纯的幻想无法满足孩子的需求。对这个时期的孩子来说，他们更喜欢阅读英雄故事、人物传记，以及有关友情等生动形象、故事性较强的作品。

3~4 年级的孩子仍然热爱探索新事物，但更有兴趣去深入了解一个人、一件事、一种知识；他们在语言表达上非常喜欢模仿大人，对儿童化的语言反而不屑一顾，但思维和情感模式方面仍然具有儿童的天性，对大人的复杂世界有时无法完全理解，但这并不妨碍他们对此流露出极大兴趣；这一阶段的孩子需要的是能带领他们开阔视野的读物，同时，又能给他们一种角度，让他们深入到自己喜欢的人物或者事物中去探寻。

例如：《窗边的小豆豆》《佐贺的超级阿嬷》《皮皮鲁传》《狗来了》《爱心树》《壁橱里的冒险》《阁楼上的光》《失落的一角》《谁也不知道的小小国》《淘气包埃米尔》《时代广场的蟋蟀》《鼹鼠的月亮河》《纳尼亚王国传奇》《世界未解之谜》《希腊神话彩绘典藏》《天方夜谭（插图本）》《豆蔻镇的居民和强盗》《柳林风声》《夏洛的网》《流浪狗之歌》《白比姆黑耳朵》《做好学生有点累》《苹果树上的外婆》《外公是棵樱桃树》《月亮说的话》《糖果屋》《海蒂》《一个孩子的诗歌花园》《父与子全集》《查理和巧克力工厂》《活了一百万次的猫》《雷梦拉和爸爸》《格列佛游记》《爱丽丝漫游奇境》《木偶奇遇记》《蒲公英轻轻飞》

《两个小洛特》《飞翔的教室》《秘密花园》《海底的秘密》《魔法师的帽子》《魔法学校》《五个孩子和一个怪物》《凤凰与魔毯》《忘忧公主》《奥菲利娅的影子剧院》《从罐头盒里出来的孩子》《图说中国国家地理》等。

**五六年级："知识伦理"时期**

高年级段的孩子开始对周围世界的一切感到好奇，对科学、社会、文学、艺术等叙事性作品产生了兴趣。

5~6 年级的孩子在阅读倾向上已经有了非常明显的男女之分，男孩更喜欢贴近生活的、冒险的、充满机智的作品，女孩更喜欢幻想的、唯美的、情感丰富的作品，部分孩子已经懂得欣赏富于文学性的长篇作品，这一阶段的孩子最需要的是能带给他们强烈真实感的作品（即使是幻想作品也要能让他们感觉身临其境），他们给予社会和身边不同人群更强烈的关注，也使得更多有历史文化积淀和现实主义的作品进入他们的兴趣范畴，以此完成从儿童读物向青少年阅读的过渡。

例如：E·B·怀特系列，安房直子系列，阿万纪美子系列，《一百条裙子》《城南旧事》《狼王梦》《海底两万里》《假如给我三天光明》《伊索寓言全集》《呼兰河传》《小时候就在想的事》《青鸟》《小王子》《幸福来临时》《昆虫记》《蓝色的海豚岛》《大自然的日历》《草房子》《希腊三部曲》《风中的柳树》《童年回忆录》《苏菲的世界》《永远讲不完的故事》《蓝熊船长的 13 条半命》《绿山墙的安妮》《动物大逃亡》《海精灵》《汤姆的午夜花园》《安妮日记》《草原上的小木屋》《长满书的大树》《马克·吐温回忆录》《居里夫人自传》《火车头大旅行》《车的颜色是天空的颜色》《爱德华的奇妙之旅》《两个意达 》《人间有晴天》《桥下一家人》等。

## 小结

1. 让孩子学会自主选书是孩子爱上阅读的关键一步，道理很简单，跟大家吃自助餐一样，自己选择的就是自己最喜爱、也最容易接受的。

2. 如果孩子已经养成胃口单一的坏习惯，我们就更要花心思准备一些有意思的图书，不动声色、巧妙地吸引孩子自己去阅读、去鉴别，最终达到阅读的“营养均衡”。

3. 不要每一本书都那么抠字眼，不一定全都要精读，要容许有相当部分的书是“连滚带爬”“连猜带蒙”地读的，否则就很难有阅读面，也很难培养起阅读兴趣来。

4. 不要为难孩子，要给他们自由阅读的空间，让孩子在付出最少的情况下，慢慢爱上阅读，这样才能培养阅读的兴趣。

第四章

# 写作，为孩子一生打底子

儿子要参加作文比赛，问计于爸爸。

爸爸告诉儿子，有一篇万能作文，无论碰上什么样的题目，都能应对自如——

《我的愿望》——我的愿望就是养一条狗，这个愿望已经实现了，我家的狗叫胖胖……

# 写作，让孩子成为“很厉害”的人

*要重视表达，你有没有自己的声音？能否以写作或发言的方式清楚、有力地表达出你的观点？如果没有这样的声音，争取同盟、获得认可的力量就会微乎其微。*

*——约翰·泰勒·盖托*

四年级上学期的某一天，唐堂放学回家，神秘地拿出一张奖状，欢天喜地告诉我和唐堂妈，今天他得了一个特别牛的奖——最受同学欢迎奖。

这对于几乎天天得奖的小学生来说，算不得新鲜事儿。但唐堂异常高兴，比期末考了“双百分”还手舞足蹈，比获得“三好学生”称号还兴高采烈，这很不寻常！

原来这奖不是老师评的，而是心理课上老师搞的一次活动——请小朋友们把自己手中的奖票贴在最喜欢的同学的后背，结果唐堂的衣服成为“招贴墙”，获得过半同学的奖票，“力压”班长、学习委员等班干部当选。

我打趣地问唐堂："为什么你能成为万人迷啊？"唐堂告诉我，这个问题老师问过投票的同学。一半的同学说，唐秉钧作文写得好；还有一半的同学说，唐秉钧说话很好玩！

为何会作文、会说话有这样的功效？

用周 .com 的话来回答：

作文是什么？我问过很多家长、孩子，得到很多不同的结论。我能确定的是，作文不是学科，也不是分数，不是背诵，也不考级，但是人生最重要的能力之一，它是一种表达，是一种终身能力。作文蕴藏在每一次与人交流中。快乐的表达会让一个人拥有超乎寻常的自信，这比分数宝贵得多。任何时候，你不必借助任何工具，就能吸引你对面的人，比如陌生人、面试官。古人说出口成章，也是这个道理。我们为什么强调要对孩子进行作文启蒙？为什么要学好写作？答案显而易见。作家阿来说："能读、能说、能写，才能展现一个光彩而全面的人。"

我一直觉得，作文，是孩子第二次学走路。

在这个看脸的社会，作文能力是对颜值的一次充值、一次变脸，让人自带强大气场。苏轼在《和董传留别》中说："粗缯大布裹生涯，腹有诗书气自华。"一个学识广博的人，即使你平时身着粗衣劣布，由内而外产生的气质自会让你变得光彩夺目。

2017 年，柯洁向阿尔法狗认输，引起轰动。越来越多的人开始讨论，应该培养孩子怎样的能力，才能让孩子在未来独当一面？

业界明确得出的结论是：凡是人工智能能够代替的能力，就是不值得花时间去训练的能力；凡是不能迁移到其他领域的能力，就是不重要的能力。

童书妈妈三川玲说："写作，恰恰是一种各领域都需要的能力，能将各领域能力统筹综合起来的能力，更是在其之上的统摄力。"

爱写作，能让一家人欢乐和谐，孩子能获得更多幸福感。

爱写作，能使孩子更具竞争力，是自媒体时代最重要的生存技能！

爱写作，能让孩子朋友遍天下，“莫愁前路无知己，天下谁人不识君”。

爱写作，能让孩子多一份机智，多一份帅气，多一份雅趣，多一份领导力。

» 1 »

## 写作，让语文（高考）更优秀

有新高考政策解读者说：“得新高考者得人生，得语文者得新高考，得作文者得语文！”

事实就是如此。每一个爱好写作的孩子，语文成绩都不会差！

从狭义上看，作文分值在语文总分中的占比大。作文好，语文总分就不会低。

从广义上看，阅读、写作不分家。语文考试的所有板块，不过是把作文拆分成了字、词、句、段、篇来分别考查而已。

作家韩寒说：“除了作文好，还有什么能代表语文好？”

韩寒之父韩仁均说：“没有比文章更好的形式能包容语文的十八般武艺了。语文知识，只有当你在作文时能十分自然而且恰到好处地运用时，那才是你自己的‘知识’。不会运用知识，你学得再多，最终也不是活的知识，而且考试后你就会忘得一干二净。”

毕竟一个人理解一个知识，跟自己写出来、讲出来，让别人理解这个知识是完全不同的境界。从心理学上说，一个仅是对内的吸收知识，即理解了的知识；一个是对外的传播知识，即能够运用的知识。既有输入，又有输出，知识才真正归属于你。

国际著名华人数学家丘成桐在一次讲座中曾说，以前美国几所知名大学非常看重两门学科，一门是语言，另一门是数学。语言和数学不能够得到高分的话，他们基本上不会考虑接受你成为它的学生，最近它们还增加了一个写作的能力。语言、数学和写作，这是美国名校在录取学生时最为看重的三点。

那么《一篇作文进名校》的报道的出现，也不足为奇了。

2017 年，17 岁的美国华裔女孩萧靖彤 (Cassandra Hsiao) 仅凭一篇申请大学的作文，就收到了包括所有常春藤学校（常春藤盟校是由美国的 8 所顶尖名校组成的一个高校联盟，分别为：哈佛大学、耶鲁大学、哥伦比亚大学、普林斯顿大学、布朗大学、康奈尔大学、宾夕法尼亚大学、达特茅斯学院）和斯坦福大学、约翰霍普金斯大学、西北大学等名校的录取通知书。

在申请大学的作文中，萧靖彤讲述了自己的家庭—— 一个第一代华人移民家庭，在学习英语的过程中遇到的各种酸甜苦辣。

萧靖彤在她的作文里写道：

面对困难和屈辱的态度，就是优秀的姿势。

我们深深明白，靠别人的怜悯和照顾，是不可能彻底摆脱困境的。

文章描绘了新移民的特性，细节真实，情节感人，打动了她所申请的 14 所名校的录取官。无一例外，她所申请的所有学校的写作与新闻学系都向她敞开了大门。

为什么世界级名校都如此重视写作与表达？

哈佛大学对“何谓一个受过良好教育的人”有着明晰的界定，第一条就是，要能清晰而有效地思考和写作。

» 2 »

## 写作，让孩子更显专业

《语文课程标准》提出：写作是认识世界、认识自我的重要方式，写作能力直接影响到孩子未来的社会竞争力！

首先要明确一点，学语文不是为了写文章、做演讲时能有一点儿浅显的文采，而是学会理解问题和表达思想。许多人发言无的放矢，讲不清楚，因为他们的语文太差了，不能把自己的想法用合适的语言对受众合适地表达出来。

良好的语文能力是成为一个职业人必须具备的素质，把一个东西写清楚、讲明白，清晰地告诉别人，这是最基本的职业素养。不管孩子以后从事什么行业，如果没有良好的表达能力，都会给人一种业余的印象。

最近，德国图宾根大学教育心理学教授 Marion Spengler 和美国伊利诺伊大学心理学教授 Brent Roberts 等人联合研究的调查数据显示，拥有良好写作与阅读技能与未来有更强的社会竞争力、获得更高的收入息息相关。

北大陈平原教授说，“对于今天的学生来说，单讲认真读书不够，还得学会独立思考与精准表达。”这里的表达，包括书面表达和口头表达。有时，数十分钟的发言或面试，可能就决定了今后人生道路的走向。因此，学生不能轻视写作。

其实较好的写作能力，并不只是作家、记者、秘书等少数人所需掌握的“专利”，每一个领域、每一个人都需要——工作中各种述职汇报、工作总结、企划方案、项目申报、商业协议等都离不开写作。写作已然是一个人文化素养和职场才华的具体表现。有了这个本事，你无论从事哪个领域，都比别人格局更大、起点更高、影响更广。

畅销书《重来》的作者说得更直白：“如果你面试了几个候选人，

他们都非常不错，但最终你只能留一个入职，选哪个？” 答案是“雇那个写作最厉害的人”。为什么呢？因为无论你要招的是营销人员、推销员、设计师还是程序员，他们的写作技巧都会对工作有所助益。

## 3

## 写作，让孩子更具领导力

现在，越来越多的家长意识到表达能力的重要性，为了培养孩子的表达力，热衷送孩子去培训学校学演讲、学主持。其实提升表达力，首先应该培养的是书面表达。如果没有内在思维的沉淀，学到的只是皮毛而已。孩子离开提示手卡，就不知如何表达；离开背诵的文稿，就不知如何演讲。那么，他充其量就是一名合格的播音员，而非主播和主持人。

作家曹文轩老师讲得更深刻：文章既是一个人的面子，也是一个人的里子。凡伟大的政治家都同时是伟大的思想家，马克思、恩格斯、列宁，还有毛泽东，都是著书立说的人。而那些不会写文章的科学家，大概也是很难成为划时代的、具有里程碑意义的人。

表达力甚至在小学生竞选班干部中也很重要，谁的演讲更给力、更有趣，谁胜出的机会就更大。

唐堂三年级时，班上竞选黑板管理员，班上多位同学用作文记录了当时的“战况”。

赵雪岑记录了卓帅同学的表现：

卓帅的声音很洪亮，他讲自己在班上海拔是第一高，不用跳就能够到黑板顶端的优势和自己“多年”以来的擦黑板经验，还时不时地用眼神和同学们交流。当卓帅说“那绝对是黑板擦不给力或者我忘了……”这句话的时候，脸上露出了大写的尴尬和满眼的无奈，逗得大家哈哈大笑。卓帅说“老司机”这个词时，同学们笑得肚子疼。总而言之，言而总之，卓帅的这篇演讲稿留给同学们的唯一印象，就是：笑到疯。

卓帅演讲结束，离开讲台的时候还不忘再“扔”给我们观众一个微笑。看卓帅那嘚瑟的样子，就知道，他已经对应聘黑板管理员这件事十拿九稳了！

唐堂记录了苟金航同学的表现：

苟金航的表现真是精彩，不但脱稿演讲，而且讲得形象生动、亮点多多。他首先介绍了自己要应聘黑板管理员，然后他讲，他知道黑板的哪个部位是常用的、次常用的、没用的；黑板的不同区域，如何采用不同的擦法，才能洁净如新。同学们真是闻所未闻，听得直呼过瘾。

苟金航一讲完，台下响起了一百架飞机起飞时引擎轰鸣般的掌声。最终，他以惊人的黑板不同区域使用频率分析和擦黑板经验与卓帅打成平手。

你看，本来只是选一位黑板管理员，因为两位同学的精彩表现，大家纠结不定。最终班主任和同学们一致决定，下个“双黄蛋”。精彩的演讲让不可能变成了可能——两位竞聘者携手成为黑板管理员。

## » 4 »

## 写作，让孩子成为“很厉害”的人

我认识一些“很厉害”的人，虽说他们的大脑是另外一种脑回路，但我们在总结这些很厉害的人的特质时，仍然会发现他们有一个共性：牛 × 专业技能 + 持续曝光。普通人想要获得持续曝光，不外乎要么能写，要么能说，要么既能写又能说。

比如——

牛 × 的程序员 + 会写作 / 会演讲

牛 × 的产品经理 + 会写作 / 会演讲

牛 × 的创业者 + 会写作 / 会演讲

牛 × 的学者 + 会写作 / 会演讲

牛 × 的投资经理 + 会写作 / 会演讲

牛 × 的设计师 + 会写作 / 会演讲

……

每一种专业技能 + 写作或演讲，都很有想象空间！

我们为什么知道“很厉害”的人的“厉害”呢？不外乎我们看过他写的文章或书，怎么可以“那么”震撼；我们听过他的演讲，超级精彩；我们看过他的传奇故事，让人心向往之……

所以，真相只有一个：能写会说的人，他们善于表达。因为各种形式的表达，让他们的能力为人所知，受人崇拜，被人谈论，既重复销售了自己的时间，最终又形成了个人品牌。

要想获得高超的口头表达能力，除了所谓的“急智”外，一般说来，先得有过硬的书面表达能力。精彩的语言表达不外是大脑中早已积累的语言的重新排列组合。

积累语言最佳的方式就是写作这样的输出，而不是阅读这样的输入。因为我们大多数的阅读是消遣性阅读，大脑当中并不会有多少积累，一旦不能马上输出使用，一段时间过后就会遗忘。而通过写作，能将自己有所感悟的信息整理输出，创造出专属于自己的语言。

一次认真写作，需要推敲琢磨反复修改，这会倒逼你去细致观察写作对象的特征，注意前后段落之间的逻辑承接，注意各个思考维度的搭配组合，注意案例与观点的契合匹配……这会使得你对写作内容印象深刻，同时训练了观察分析能力和逻辑思维。

观察、内容、逻辑如果都到位了，“说”的就不可能差！

一个人写作越多，创造出的高质量语言就越多，积累的语言素材就越多，于是越能侃侃而谈，脱口就是让人印象深刻的箴言妙语，随意一次谈话都能不经意地引经据典。流畅表达的背后有严密的逻辑性与证据链，一环扣一环，一段引人入胜的演讲引领下一段更加精彩的自然过渡，实现无缝对接。

对于孩子来说，受年龄和眼界的限制，阅历有限，积累的语言素材远远不够。作文可以将更多素材从生活中留在“脑海”里。

读过福尔摩斯的人，应该印象深刻：福尔摩斯经常强调“观察”和“看见”的区别。有一次，华生问福尔摩斯，“咱俩形影不离，可为什么每次都是你先弄明白案件真相？”福尔摩斯说：“因为我总在观察。”

“看见”只是信息、知识不经大脑地从眼前飘过，而“观察”则是大脑对观察对象的一次完整梳理与深度思考。

华生说：“我也在观察啊。”

福尔摩斯说：“那好，门口那楼梯你也天天走吧？一共多少级？”

华生摇了摇头。

福尔摩斯说：“是 17 级。你只是看见，我这才叫观察。”

其实读书和学习的区别也类似。读书，只是接收信息；而学习，是要把新接收的信息和原有的知识结构进行一次对接。

最好的对接方法，就是像福尔摩斯那样，进行一次输出。看见楼梯，然后输出一次对于这个楼梯的描述，比如一共有多少级。读书也一样，读完后哪怕只是写下寥寥数字的读书笔记，也是更高效率的学习。

同时，写作是大于记录的，当一条信息被不同的形式（文字、声音、视频）记录下来，当我们再次回顾并反思文字的可能性，显然比声音和视频更大，因此获得成长的可能性也更大。

写作是一个对我们自身的思维能力、表达能力、观察能力最好的训练，是倒逼一个人成长的绝佳方法。

写作让人生有另一种可能。写作过程中，字句间会不断碰撞出思想的火花，会促使自己与世界达成和解，写作是苦难人生中的一抹阳光。

比如，你要写一篇关于人性的文章，你首先发问，何谓善良？

然后你一经思考会发现，我们平时形容善良的词语，只是善良的表象或善良的结果，不是善良本身。于是，你开始懂得了深度思考。

学会思考，是孩子成为一个“很厉害”的人的第一步。

**附：**

## 我社编辑王湘月的《我害怕写得一手好文章的人》

### 我害怕写得一手好文章的人

一直以来，我都害怕写得一手好文章的人。就像刚看完一部恐怖小说，天黑后独自在家，哪怕把所有灯开着，仍对床下门后怀有深深的恐惧。

我害怕写得一手好文章的人。当他们写作（讲话）时，思想闪现在笔端。那些我想不明白的道理，说不清楚的话，他们不紧不慢地写出来，每一句都直指人心。纵然他们平日里毫不起眼，此刻也自带主角光环。

我害怕写得一手好文章的人。春游回来，我交了一篇和去年大同小异的作文，理由是每年都去同样的地方，可他们能从劳顿和无聊中，发现不一样的点，让我怀疑他们参加的是另一场有趣的春游。而我参加的只是一场假春游。

我害怕写得一手好文章的人。明明是最通俗的认知，他们偏能让人有初见的惊喜，而我自以为是的“金句”，只是他们微信聊天的水平而已。

我害怕写得一手好文章的人。他们总是能一眼看穿你的所思所想，他们是另一种生物。虽然你讲的不合时宜，但他们总能帮你修正与升华，让你佩服得五体投地。甚至能让你“发现”自己与他们都好厉害。

我害怕写得一手好文章的人。一件小事儿，他们总能抽丝剥茧、看出各种各样的门道，用简单的文字排列就是醒世箴言。

他们的每一个字都能轻易击中别人的心扉，在夏日午后的阳光里，像星巴克的冷咖啡。透过他们的文字，能如此轻易地看到他们的灵魂：善良美好，如夏夜清风。

那一段段的描述，让人觉得世间所有事，都难不倒他们那智慧的大脑。

他们仅用平淡无奇的标题、波澜不兴的内容、质朴无华的文字就能收服人心，和他们相比，我像支付宝的交友功能一样不合时宜。

**小结**

1. 写作，恰恰是一种各领域都需要的能力，能将各领域能力统筹综合起来的能力，更是在其之上的统摄力。

2. 如果你面试了几个候选人，他们都非常不错，但最终你只能留一个入职，选哪个？答案是：雇那个写作最厉害的人。

3. 哈佛大学对“何谓一个受过良好教养的人”有着明晰的界定，第一条就是，要能清晰而有效地思考和写作。

4. 写作是一个对我们自身的思维能力、表达能力、观察能力最好的训练，是倒逼一个人成长的绝佳方法。

# 交流，让孩子的作文从生涩到流畅

*问出细节，才知道哪里有“缓堵”，才能定制解决方案。*
*创新作文是一种成长方式，而不是自动答录机。*
*——周.com*

有人说，作文、语文课本上的“背诵全文”以及数学习题上的“答案略”，并称为小学生的三大“人生难题”。

虽说是调侃，但作文成了多数孩子最花时间、最费精力、成效最低也最头痛的学习任务，却是不争的事实。小学生对作文，普遍存在恐惧心理。

当前小学作文教学现状中较为常见的现象是：一二年级的主要任务是认字识词，写话起步较晚；三四年级开始作文片段描写，由于写作难度骤升，要求过高，好比高速前进的汽车，猛地来了个急转弯，于是孩子的作文启蒙翻起车来，特别惨烈。作文问题不断爆发，最要命的往往不是写什么、怎么写的问题，而是孩子不愿写、害怕写，他们没有了写作欲望，把作文看成是外加的负担。

认字识词的基础性铺垫与建筑作文大楼中间，似乎存在断层。那么，家长如何才能在三年级作文问题高发期之前做好作文启蒙，帮助孩子找到从“字词输入”到“字词输出”的高效衔接方法？

答案很简单——跟孩子多交流，多写“口头作文”，就能让孩子的作文从生涩变得流畅。

» 1 »

## 写作窍门，做个“话包子”小孩

唐堂一年级下学期，开始学造句。起初，同学们的句子总是惊人地相似，主语不是被“小牛”“小羊”把持，就是被“小明”“小红”霸占。一次班上小测验，全班 45 个同学，有 25 个孩子造的句是：小牛在山坡上吃草；另有 13 个孩子造的句是：小羊在山坡上吃草。我和唐堂开玩笑说：“青青草原上的青草都被你们班同学的牛羊给吃光了，喜羊羊、懒羊羊和美羊羊都饿晕了。”

孩子们不约而同写出一样的句子，难道真的是一个巧合吗？或者说，孩子们的想象力真的如此局限吗？

其实不然。主因在于小朋友的认字量不够，有限的文字能力会局限孩子的表达能力。这种情况下要求孩子手写作文，孩子往往会去找熟词、大词、简单词替代表达、扭曲表达。久而久之，孩子会被这只“看不见的手”操控和阻碍。

于是，许多名家都倡导“早阅读、迟动笔”，我同意这种观点。但迟动笔，并不是指在这之前完全不练笔。倘若一二年级不做任何写作的铺垫与准备，三年级刚开始写作文，你就要求孩子出口成章，下笔成文，显然是不科学的。

那么，一年级的孩子到底能不能写作文？如果写又要怎么写？

作文名师非常在《作文多大点事儿》中说：“小孩儿不会学会每一个汉字的发音才开始说话，小学生也没必要学会写每一个汉字才开始写作。”

人天生就有表达的欲望，语言也是有创造性的，孩子的语言尤其富于创造性。即便是一年级的孩子，也是能写出作文的，不过需要“口头作文”作为过渡。

因为很多时候，孩子心里如何想，笔下如何写，一时还找不到思想与文字之间的联系。用口说，便能搭起一座联系的桥梁——动笔之前先在脑子里想一想、肚子里念一念、嘴里说一说。作文跟庄稼一样，成熟需要一些自我进化和完善的时间。

所以，写好作文，要先“说”好作文。口头作文的重要性显而易见——

一是因为相对于下笔写，“口头说”没有语法上的严格要求、逻辑上的起承转合、故事上的谋篇布局，能减少孩子的思想压力，让孩子的状态更自由、更轻松，也更容易发挥。口头作文前后逻辑的衔接和故事内容的补充，也可以在交流中由爸爸妈妈不着痕迹地添加完成。

二是因为口头作文不像写作业，更像是一家人的开心游戏；不是任务，更像是一家人的本真故事。开心快乐是它的主题，调侃搞笑是它的基调。一家人玩游戏、讲故事，玩着玩着，便从“口头作文”进化到“笔头作文”。在游戏中孩子会明白，原来作文如此简单，只要将自己心中所想按一定的规则和顺序说出来就可以了。

在心情放松、愉悦的情况下，每个人都有表达的欲望。迈出第一步，便能树立孩子表达的信心，产生表达欲望，形成积极表达的思维模式。这就为以后由“口头”作文转为“书面”作文打下了良好的基础。

## 2

## 降低难度从口头作文开始

孩子们是语言的“大魔术师”，拥有极强的语言天赋。每个孩子在牙牙学语时，都曾经说过让我们感动与兴奋的语句。孩子的“口水话”里满是“金句”，父母用心去听、去记录，就可以在孩子的“口水话”中淘到不少写作素材。相信每一个喋喋不休的“话包子”小孩，都可以“说”出精彩的作文。

比如，唐堂掉牙的那段日子，我们连续“说”了五篇《缺牙的烦恼》，下面是其中一篇。

### 缺牙的烦恼（一）

晚上，爸爸帮我听写时批评我：“听写不认真，废话连篇！”

我说：“你才绘画连篇！”

“说话不关风。”爸爸学我说话。

我反击爸爸说：“认真念生字，废话连天！”

我和爸爸同时哈哈大笑起来。

比如，有段日子唐堂对歇后语特别感兴趣，我们一起在网上搜索“搞笑歇后语大全”，第二天，我们的对话变成了《搞笑歇后语》——

晚饭后，该做作业了。

爸爸叫了我几声，我都假装没听见。

爸爸说：“你是不是半空中挂口袋——装疯（风）？”

遇到一道数学难题，爸爸解不出来。我给爸爸讲解。

爸爸说：“嗨，你讲得真是斑马的脑袋——头头是道！”

我说：“这么简单的计算都不会？爸爸你真是吃饱了的牛肚子——草包一个！”

爸爸回我一句：“唉，小孩儿，怎么说话像吃鱼不吐骨头——

话中带刺！”

我们家有一个好习惯，就是利用一切机会来“玩”作文，同时把自己与孩子的对话记录下来。比如，在教师节的前一天，我们一家人在饭桌上就“写”了一篇关于老师的口头作文。

**教师节的比喻**

晚饭的时候，爸爸说：“明天就是教师节啦，妈妈是英语老师，爸爸以前是物理老师，大家觉得老师最像什么？”

唐堂说：“老师像火箭，在浩渺的知识天空中把我们送得更高更远。”

妈妈说：“老师像厨师，每一堂课都是她们精心准备的一道味道美营养足的大餐。”

爸爸说：“老师像火锅，每个小朋友都可以在里面‘烫’出只属于自己的味道。”

祝所有的老师节日快乐！

两年后，这篇口头作文，被唐堂稍作修改，放在《老师像根“线”》一文中作为开场语，参加了教育部组织开展的“老师，您好”征文比赛。此文后来获得校、区、市和全国一等奖，并发表在《趣味作文》上。

教师节第二天，我及时和唐堂交流教师节当天学校课间的情形，于是又有了第二篇口头作文。

**不一样的课间**

今天是第 30 个教师节。

以前课间，我们像出巢的蜜蜂——满天乱飞。但今天课间“小蜜蜂”们一窝蜂地飞向老师，有的送上娇嫩芳香的鲜花，有的送上亲手制作的爱心贺卡，我也送上了精心准备的巧克力和贺卡。

赵老师开心地对我说：“谢谢你的糖果，今天真是甜蜜的一天！”

口头作文通过思维的快速转换，能提高局部写作能力和“细腻表达”

能力。比如，唐堂有段时间，每天都要给奶奶“画个像”。

**给奶奶画个像**

每当我不听话的时候，奶奶都会说：“不听老人言，吃亏在眼前。”

春天，奶奶总是让我多加一件衣服，并说：“春天的风很‘馋’，喜欢吃‘人肉’，稍不注意它就会让你感冒。”

早晨上学前，奶奶催我起床，总会说：“时间不等人，小家伙，快点儿！”

对作文而言，关注细节很重要，语言表达也同样重要。我们不仅要指导孩子去看，还要引导孩子去说，让孩子及时地用自己的语言把看到的东西描述出来。有了口头作文，再落笔就相对容易了。

比如写《春天》的作文，我们在饭桌上的对话是这样的——

爸爸问：“春天是什么味道？”

唐堂说：“春天是香的，花园里到处都是。”

妈妈说：“春天是甜的，在蜜蜂采蜜后的蜂巢里。”

奶奶说：“春天是清脆的，在饭桌上的野菜里。”

口头作文不仅可以培养孩子的观察能力和口语表达能力，更重要的，是孩子从口头表达逐渐过渡到书面表达的阶段时，其语言逻辑思维也得到了锤炼。

比如，唐堂读完绘本《穿靴子的猫》后，我们一家人讨论了猫先生为何要穿靴子——

**猫先生为何要穿靴子？**

我说：“猫穿靴子，就能穿过灌木丛，捉小动物献给国王。”

爸爸说：“猫穿靴子更绅士，能更好地跟国王打交道。”

妈妈说：“猫穿靴子，既能保暖又让猫看上去更帅气。”

啊，不同的人的观点完全不一样呢！

作为家长，我们要想尽一切办法，在启蒙阶段为孩子降低作文难度。

父母化身为“速记员”，帮孩子记录下那些精彩的表达，成为孩子的口语与作文的“转接头”。当然，这个阶段对孩子的启蒙不限于“口头作文”，如果孩子爱画画，不妨做个图文并茂的“绘画作文”；如果孩子爱唱歌，也可以做个“音乐作文”。

总之，我们要培养孩子对作文的“亲近感”，引导孩子开拓思维。与孩子一起多“聊”作文，这样，孩子语言表达的丰富程度将大大提高。

» 3 »

## 把时间的“边角余料”，做成“肉夹馍”

当您和孩子一起外出，在等待或乘坐交通工具期间觉得特别无聊时，您会做些什么来打发时间呢？您是自己玩手机，还是会和孩子一起来个即兴亲子互动？

在我社《创新作文》杂志《亲子作文》栏目上，我看到山东的千寻妈利用这些时间，和孩子一起玩“剪刀石头布”，输了就要说出对方的一个特点。 结果千寻小朋友和千寻妈玩着玩着，竟然玩出了多篇好作文——《我有一个胖妈妈》《瘦铅笔和胖橡皮》。

一天，我开车去接学钢琴的唐堂回家，拉开车门，看到后排座位就像作案现场一般，唐堂的文具在座位上“尸横遍野”。看着横七竖八的文具，我灵机一动，心里有了一个计划，开着这辆文具垃圾车就去接人。

接到唐堂和唐堂妈，唐堂妈打开车门，便忍不住批评唐堂是个“小邋遢”，弄得文具满车飞。

唐堂反唇相讥，说妈妈是个错误纠察员，天天抓爸爸和自己的毛病。

我赶紧叫停：“你们两个的比喻，我看都不恰当，唐堂你看，你的文具盒里面有这么多文具，如果把妈妈比喻成一样文具，你觉得妈妈像什么？”

难得有这样一个机会可以正大光明地调侃妈妈，愤愤不平的唐堂边收拾文具边思考，最后他捡起那块白白胖胖的橡皮说：“妈妈长得白白净净，是微胖界的大美女，爸爸又经常叫妈妈‘小胖’，所以妈妈像块胖橡皮！”

这么快就实现了第一个小目标，真是让我惊讶。

我不紧不慢地笑着附和：“确实像，确实像。如果说妈妈是‘胖橡皮’，那你像什么？”

被“胖”刺激到的唐堂妈没有丝毫的犹豫，反击道：“唐堂就是支‘瘦铅笔’！”

我立马“顺杆爬”：“对对对，唐堂除了长得像，干的事儿更像。像上周‘瘦铅笔’摔伤了，是‘胖橡皮’把‘瘦铅笔’带到医院看病抓药，细心照料，最终像橡皮一样把‘瘦铅笔’额头上的伤疤擦去的。”

唐堂妈被我的话勾起了兴趣，重新加入进来说：“还有‘瘦铅笔’经常写错字，也是我这块‘胖橡皮’指出错误，帮‘瘦铅笔’擦干净重写的。”

“那我像什么？”我急切地想了解我在唐堂和唐堂妈心目中的样子。

唐堂妈回：“我觉得爸爸就是‘长直尺’。”

唐堂说：“爸爸像‘削笔刀’！”

有时候，教育就是这样一场有预谋的邂逅。回到家，趁着唐堂意犹未尽，我们一起整理出了一篇作文《“瘦铅笔”“胖橡皮”与“铁圆规”》。后来，此文发表在《世界儿童（拼音版）》杂志上。

口头作文，看似是一个家庭成员间的游戏，却潜移默化地影响着孩子的写作兴趣。一天 24 小时，有很多的“边角余料”时间被我们忽视。于是，它们悄悄溜走，看不见也摸不着。有心人会把这一点那一点的时间利用起来，把快乐塞进时间的缝隙，就像把馒头变成肉夹馍。

» 4 »

## 问出作文细节，才知道哪里有“缓堵”

周.com说：“我们总是放弃开头和过程，而只去追求一种结果。显然我们不可能得到我们想要的结果，道理很简单， 但我们总是不愿去改进，因为这需要巨大的改变与耐心。平时应该有交流，不能只是在写作文时才‘你口述，他记录’，这样无法提高孩子的写作能力，因为孩子写的是你的观察、你的感受与观点。”

我们都应该做个有心的父母，每天和孩子交流的事情可以不是固定的，但一定是孩子感兴趣的、愿意谈的话题。比如，今天哪个老师和同学穿得很有特点，哪个同学说的话很搞笑，有没有什么突发状况……知道如何提问，才能更好地参与孩子的成长。

问出细节，才知道哪里有“缓堵”，才能定制解决方案。创新作文是一种成长方式，而不是自动答录机。

一位家长给编辑部发来一篇孩子的作文——《葡萄酒怎么来的》，里面详细记录了葡萄被酿造成葡萄酒的过程。家长非常用心，带着孩子去葡萄酒厂，亲眼观看了全过程，奈何小朋友写出来的作文虽然描写详细，却不生动。孩子确实真正看过、体验过，但如何才能让这段“回忆”生动起来呢？周.com建议作文改名叫“葡萄运动会”——

一颗葡萄上了赛场跑道（即传送带），努力跨过一个又一个障碍，葡萄为了班级荣誉即使跌倒也坚强地爬起，不言放弃……每个葡萄努力向前，最后会怎么样？汗流如注，不是满身臭汗，而是香汗淋漓，于是有了葡萄酒……

运动会，每个孩子都很喜欢，也很有亲近感，瞬间就可以激发孩子的想象，将运动项目与葡萄酒制造过程一一对应起来。

这个建议，让家长和孩子都很兴奋，一瞬间，所有的干涩变得鲜活起来，所有的记忆变得生动起来，打开思路的孩子最后创作出一篇《奔跑吧，葡萄！》的好文章。

唐堂三年级时参加学校冬季趣味运动会。每天放学回家，在饭桌上，我总是会问他运动会的战况：哪个班得了哪个项目的第一，谁又摔倒了……结果，他什么都回答不上来。我预想赵老师肯定不会放过这个布置作文的好机会，但唐堂一问三不知，我有点生气。唐堂解释说，因为他是班上跑得最快的同学，所以完全看不到后面的情形。

不出所料，运动会一结束，赵老师就要求写一篇有关运动会的作文。问题来了，唐堂全程没有看比赛，这篇作文该怎么写？对唐堂的运动会早已了如指掌的我，灵机一动，建议唐堂实话实说，写一篇“听见运动会”。

下面是他在《“听见”运动会》中的一个片段：

话说趣味运动会的第二天，我们参加“头顶沙包接力”，我是外甥打灯笼——照旧（照舅）站在最后一个，前面是什么状况都看不见，于是只好“听”运动会了。

比赛开始，发令枪一响，周围的人像刚烧开的开水——有的闹、有的跳，还有的在大声地给同学加油……

唐堂写完作文后，我们为标题取“‘声音’运动会”“赛场‘好声音’”还是“‘听见’运动会”而争论不休，这算不算是一种快乐呢？

唐堂年复一年地参加运动会，他作文本上的运动会也丰富起来：《鞋子运动会》《桌椅快跑》《“加油稿”有话说》……

海明威说：“鸡蛋从外面打破是食物，从里面打破是生命。”所以，在孩子成长的路上，终归要往前，何不让他走慢些，在口头作文的陪伴下，捕捉生活的乐趣，走得更有意思一些呢？

**附：**

## 唐堂习作《“瘦铅笔”“胖橡皮”与“铁圆规”》

### “瘦铅笔”“胖橡皮”与“铁圆规”

爸爸说我和妈妈就是文具盒里的“黄金搭档”——“瘦铅笔”和“胖橡皮”。我们除了外形像，更重要的是，每次“瘦铅笔”写字不规范，“哧溜”一下写到格子外边或写错了，都是“胖橡皮”来帮忙改正错误。好动顽皮的“瘦铅笔”一不留神“扑通”一声摔伤了，每次都是“胖橡皮”细心照料，最终把各种伤痕轻轻地拭去，不留下一丁点伤疤。

我说爸爸像“削笔刀”，每当我犯错了，都会被他“削”。“瘦铅笔”摔断了笔芯，是“削笔刀”三下五除二强力修正错误，恢复常态。“瘦铅笔”写秃了，没动力了，“削笔刀”三言两语就提升了其信心与动力。

妈妈说爸爸像“长直尺”，规定了许多条条框框，就怕“瘦铅笔”行差踏错和“跑偏”。一旦“瘦铅笔”犯错，还得挨“长直尺”打手心。呜呜，可怜的我……

爸爸却不喜欢我和妈妈的比喻，他觉得他像老式的“铁圆规”。

确实，当铁圆规叉开脚站立的时候，跟爸爸还真像。

爸爸说，“铁圆规”为了我们，他的一只脚可以站在纸上、木头上，甚至悬崖峭壁上；另一只脚背负起“瘦铅笔”，去满世界“转悠”。他越努力，能力越大，画圈的半径就越大，“瘦铅笔”就能领略到世界上更多更美的风光。呜呜，感动得我……

“没有规矩，不成方圆”，所以，爸爸牌“铁圆规”还和我一起制定了一些规矩，不让我逾越半步。

## 小结

1.人天生就有表达的欲望，语言也是有创造性的，孩子的语言尤其富于创造性。即便是一年级的孩子，也是能写出作文的，不过需要“口头作文”作为过渡。

2.很多时候，孩子心里如何想，笔下如何写，一时还找不到思想与文字之间的联系。用口说，便能搭起一座联系的桥梁——动笔之前先在脑子里想一想、肚子里念一念、嘴里说一说。作文跟庄稼一样，成熟需要一些自我进化和完善的时间。

3.作为家长，我们要想尽一切办法，在启蒙阶段为孩子降低作文难度。父母化身为“速记员”，帮孩子记录下那些精彩的表达，成为孩子的口语与作文的“转接头”。

4.一天24小时，有很多的“边角余料”时间被我们忽视。于是，它们悄悄溜走，看不见也摸不着。有心人会把这一点那一点的时间利用起来，把快乐塞进时间的缝隙，就像把馒头变成肉夹馍。

5.问出细节，才知道哪里有“缓堵”，才能定制解决方案。创新作文是一种成长方式，而不是自动答录机。

6.鸡蛋从外面打破是食物，从里面打破是生命。

# 看图写话，
# 看看孩子脑洞有多大

*作家应该十分注意地观察自然景色和各种事件。清晨阵阵微风拂起的涟漪会发出什么样的闪光？天空像什么样子？有什么变化？只有仔细地观察过这些景色的人，才能成功地描绘出无数这样的景色。光凭想象是不行的。*

*——普列姆昌德*

小学低年级作文启蒙，往往从看图写话训练开始。这既是作文最初步的训练，也是低年级作文启蒙最有效率的一种练笔。无论是口头表述，还是书面描写，都会让孩子的表达能力得到很好的锻炼与发展。

看图写话，顾名思义先要用眼睛看，看是写的基础。通过看图让孩子学会观察，观察是人们增长知识、认识世界的重要手段。先观察画面，再把看到的东西描述出来，这就是“初写作”。

看图写话，一样的蓝本，单幅或多幅图画，静态单调，假若千篇一律单调地只描述画面，无疑是一叶障目，不见泰山。要想作文不随大流、不落俗套，就得靠与众不同的想象力，通过眼睛观察获取信息，并与思维融合“发酵”，产生化学反应。

随着读图时代的演进，看图写作文已不再是小学生的专利。每年都有不少关于看图写作的题目在中考、高考语文考试，甚至英语考试中出现。比如2016年高考全国Ⅰ卷的语文作文题目，通过四格漫画《进步与退步》，展示了孩子考试后因分数不同而得到的不同待遇。这一话题感十足的作文题引起整个社会的大讨论，其四格漫画成为当月最火的表情包。

夏明的《进步与退步》

2019年高考全国Ⅲ卷的语文作文题目，通过漫画展示了充满温情的毕业前最后一课。老师说：“你们再看看书，我再看看你们。”试题一经传播，该漫画的作者小林老师成为热点人物，“一夜爆红”。

所以，在孩子的作文启蒙阶段，家长不可轻视看图写话的作用。

## » 1 »

## 看图写话不是写说明文

有的老师底气十足地强调——

看图写话，只要用一两句话写清“时间、地点、人物、事件”就行了。

我不认可！

一二年级看图写话，绝对不该用“上帝视角”来写说明文——干巴巴地罗列看到的所谓“时间、地点、人物、事件”。在这种模式下，孩子就真成了旁观者，看图写话变得乏味、无趣，纯粹变成一项体力劳动和作业，与想象力丝毫不沾边。少了参与的趣味性与写作的创造性，绝对是对孩子写作兴趣和创造力的极大损伤。

还有老师自信满满地说，看图写话，应该这样来——

看图写话训练的一个重点就是按顺序观察，只有按顺序观察了才能使你的表达有序。按顺序观察常常出现在场面描写中，例如一幅图是小朋友们三五成群地在雪地里玩耍，有的打雪仗，有的堆雪人，有的滚雪球。小朋友在观察的时候可以按照从前到后、从后到前、从左到右或者从右到左的顺序，并按照这样的顺序进行描写，这样的表达就显得条理清晰。

详略得当的描写可以使你的作文更显张力，这就要求我们在观察的时候还要有所侧重。你可以重点观察小朋友是如何堆雪人的，雪人的眼睛、鼻子、嘴巴、手都是什么做成的。也可以重点观察小朋友是如何打雪仗的，他们的动作和表情怎样。重点观察后再写出来，那你写出的话就更出彩了。

“按顺序观察，表达清晰有条理”“重点观察，详略得当地描写”这些指导不过是老生常谈，给孩子老套路，却希望他们写出新花样，无疑是缘木求鱼。孩子规行矩步，照方抓药，只会让作文千人一面，毫无特色可言！

一幅图画，看似是人、物、景某一瞬间的定格，实则包含一个故事。而看图写话，就是要把“场景还原”——从不同的视角，还原故事发生的时间、地点、人物、事件，并用独创的“语录”展示出来。如果看图写话只是对画面的静态解说，从画面中事物间的横向联系来讲，关联性相当弱，而且说明性文字堆砌只会让句子变得枯燥，降低小朋友的写作兴趣，更不可能让文字生动起来。

好的图画作品或摄影作品，就是用镜头来讲故事。电影也无非是一个镜头接着一个镜头的拼接，以各种剪辑方式吸引观众的眼球，延展观众的想象。单幅图画记录某一瞬间的定格，四格图画讲述一个故事梗概，让孩子用奇思妙想将故事串联起来，好似放映电影，一秒 24 帧，就能让画面动起来、人物活起来、故事讲起来。

看图写话，应该将画面定格的瞬间进行纵向推进，向前向后把故事“生长”出来，用故事把画面中的人、物、景三者串联起来。对孩子而言，想象力才有附着之处，这才是看图写话正确的打开方式。

所以，看图写话，就是用镜头讲故事。

那么，问题来了，怎么用镜头才能把故事讲好、讲活呢？

第一，看图写话，把自己置身其中，变身故事的主角，尽量用第一人称来写。再试着用“移动互联网的人生三大哲学命题——我是谁，我在哪儿，我要干什么”将故事串起来，这样作文便有了强烈的代入感，文字自身将推动故事往下走。同时，尽量减少空洞的描述，引导孩子着重讲述故事本身的发展。

比如唐堂在读二年级上学期时，老师布置了作业“根据教材封面写故事”，下面是唐堂的作文。

**我的冰雪世界**

好大的一场雪，一下子就让北碚白雪皑皑。

一大早，我穿上橙黄色的羽绒服和草绿色的棉裤，再戴上最心爱的火焰色围巾，扛上刚买的“宝莲灯”，约上我的同桌——穿得喜气洋洋、一身红装的“红孩儿”顾恩瑞，来到这冰雪世界玩耍。

我们在雪地里打雪仗，我们在一株沁人心脾的紫心蜡梅花下捉迷藏，我们甚至还堆了一个鼻子冻得通红的雪人。

突然，“砰”的一声，五光十色的烟花在天空中璀璨绽放。我一下就被惊醒了，原来这是一场梦啊！

“真想北碚下一场这样的大雪！”我期盼着。

第二，看图写话，须如魔术师一般，用文字将黑白（作业、试卷上的图片，往往是单色印刷）、静态、无声的画面，涂上色彩，加上活动，配上声音，弥补画面的缺陷，把故事演绎出来。有色彩，故事才饱满；有活动，故事才生动；有声音，故事才热闹。

小朋友写话时，最容易忽略的，是色彩。配色不仅能创造视觉冲击，还能渲染场景，增强故事性。在作文中加入色彩，渲染画面，即便不能达到刻骨铭心的效果，往往也会令它所附着的事物显得更可爱，让黑白图画变得多姿多彩起来。

豆瓣人气写作教练舒明月说，以文字再造一个世界，无论写景状物、记事言情，都应像设计师或电影导演那样孜孜于色彩的运用。哪怕对颜色不那么敏感，酌量在文章中加入一些，也总能收获积极的效果。

有一段时间，我和唐堂按照舒明月的建议：心中想到某种色彩，笔下却只有干巴巴的灰绿红蓝，完全不知如何描摹时，可以发动联想，找日常所见事物中相似的颜色。我从公司美编同事处，拿了一大本色卡纸回家，跟唐堂做“说颜色吃薯片”的游戏，随手翻到一种颜色，两个人便开始比赛。

比如关于“绿色”的训练，我指着绿色卡纸问——

“这种颜色可以命名为什么绿？”

“苹果绿、青豆绿、豌豆绿。”

“唉唉唉，你犯规，不能一口气说完。哎……哎，不能抢薯片！”

“芦荟绿。”我也赶紧挑一个简单的说，并拿了一大块薯片。

“嗯……抹茶绿。”

“哇，牛，还有么？”

……

为了薯片，我们连“胆汁绿”都想出来了！

第三，看图写话，分析全幅画，但只聚焦画面的局部着重描写，化繁为简，不要大而全；以点代面，只需小而美。

在所有的写作类型中，写景状物对小学生来说是最困难的。因为它不像故事，有发展的逻辑惯性，有叙述的故事线索。同时，一个画面中的信息量太大，会模糊写话焦点，加之一二年级的小朋友笔力不到位，刻画不了那么多的事物与场景。与其空泛地东南西北、前后左右描述整个画面，不如聚焦特写，生动地写个小故事。

这好似郭帆在拍摄《流浪地球》时，面临的困惑。

刘慈欣的这部同名小说讲述的故事是：为避免被膨胀成巨大红巨星的太阳吞没，人类决定把地球改装成巨大的飞行器，逃出太阳系，寻找新家园。人类的逃亡分五步——刹车时代、逃逸时代、流浪时代 1（加速）、流浪时代 2（减速）、新太阳时代。整个过程长达 2500 年，如果将 2500 年浓缩成一部两小时不到的电影，那所有的情节都将蜻蜓点水，浮光掠影。于是，导演郭帆举要删芜，只选取“地球经过木星，地球将被木星引力捕获，于 37 小时 4 分 12 秒后撞击木星”的故事。这一段故事，在原作中仅 1000 字左右。“弱水三千，只取一瓢饮”，郭帆导演这脑洞，这眼光，真是绝了！

辅导孩子看图写话，也应学习郭帆导演，要删繁就简、“以偏概全”，“繁华三千，只述一处悲欢”。重点突破，才能以点带面，讲出一个好故事。

唐堂二年级下学期写作的《清晨的江边》，是这样的——

清晨的江边，阳光让一切都更加鲜艳透亮。

绿得发亮的青蛙眨巴着眼睛，冲起了个大早、飞行了十几公里来采蜜的蜜蜂喊：“看看，这才几点？就‘嗡嗡嗡’叫个不停，还叫不叫人休息！”

阳光下浑身金黄的蜜蜂说：“太阳都晒屁股了，还睡？”

青蛙回道：“你晓得个屁，昨天遭蚊子骚扰了一晚上，刚睡不到一小时。”

看着沉默无语的蜜蜂，青蛙接着说：“买一套江景房吧，就不用这么辛苦了。”

蜜蜂说：“太贵，正在努力加班攒钱！”

读完后，是不是感觉到了孩子特有的无厘头混搭感和懵懂混沌感？这是有缘由的，先容我卖个关子，后文会给大家释疑。

唐堂在《我的冰雪世界》和《清晨的江边》两篇看图写话中，如导演一般，先找画面的“主角”，比如写人物的图画，画面中肯定是以“爸爸”“妈妈”“爷爷”“弟弟”或“我”为主角。如果是写动物或是风景，则尽量把画面中的事物、动物拟人化，跟生活链接起来，发现事物间可能存在的联系，以此为关键词，找出相应的写话重点，并让它们开口说话。

落笔时，用文字先给全景，交代背景。然后根据图画的主题，聚焦关键词，运用特写镜头描写细节。先整体，后局部，通过故事的发展，再把其他素材根据需要进行自由组合，便大功告成。

» 2 »

## 看图写话前先看图说话

一二年级孩子的表达欲很强，但他们的表达往往缺少条理—— 一会儿天上，一会儿地下。写话时东拉西扯，前后内容不连贯，一句话与一句话之间缺乏逻辑联系。这是低年级小学生在写话过程中普遍存在的问题，也是写话的难点所在。

唐堂也存在这样的问题，难免会被我要求反复修改，甚至重写，导致他在看图写话的过程中多次受挫。在不断被批评、重写后，唐堂看图写话的积极性遭受严重打击。甚至一有看图写话，他就睁着一双大眼睛，惨兮兮地盯着我，似乎在说："爸爸，可怜可怜你可爱的儿子，给没主意的小不点儿一点主意吧！"再后来，我成了看图写话的主力，他睁着一双鼓励的大眼睛看着我，似乎在说："爸爸，不要耽搁时间，努力点儿哟，我还在等你口述，我记录哟！"

那些日子，可消耗了我不少脑细胞。通过一段时间的探索，我终于发现了问题的解决之道：看图写话前，先看图说话。

在唐堂再看图写话前，我们准备好一支录音笔（也可以用手机的录音功能），看着图画，先不管作业，两个人先在一起天马行空地接龙讲故事。结束后根据录音整理成一个完整的故事，再从精彩的故事里挑两三句话写下来，就 OK 啦。

比如一幅《小熊请客》，画面展示了秋收后小熊邀请许多小伙伴到它家庆祝聚餐，其中包括长颈鹿，可小熊家的门太矮了，长颈鹿进不了屋。看图写话的意图很明显，希望小朋友们帮小熊和长颈鹿想想办法。

唐堂挑简单的先说，画面上有哪些小动物，它们采集了哪些果实，呱呱呱地说了一大堆，但没抓住重点。我很替唐堂"庆幸"，他没直接写在本子上，不然又得重写！

我开始引导：“看来这个秋天，收成不错，它们是要开 Party（聚会）吗？”

唐堂马上兴奋地接了话茬：“对对对，猴子爱吃香蕉、小兔爱吃胡萝卜、长颈鹿爱吃甜树叶……”

听到这里，我见缝插针，马上跟进：“唉，发现一个问题，长颈鹿怎么‘一个鹿’孤零零地站在屋外？”

唐堂看一眼画面，不假思索地说：“小熊家门太矮，长颈鹿太高，进不了门。”

我顺势说：“把好朋友挡在门外，可不好！有什么办法让长颈鹿和大家在一起吗？”我先提出一个解决办法——把房顶的天窗打开，长颈鹿就可以从房顶把头伸进去，和朋友们在一起了。

唐堂想了想说：“不好不好，这样长颈鹿太委屈了。不如给它搬一架梯子来，让长颈鹿从房顶爬进去。”他又说：“不好不好，长颈鹿太高，这样太危险！”还没等我的回应，唐堂自己就给否定了。

后来，我想一个办法，唐堂再想一个办法。一篇看图写话便轻松出炉——

秋天，森林里大丰收。

小熊邀请所有好朋友到家做客。它准备了小猴爱吃的黄香蕉、小兔爱吃的胡萝卜、长颈鹿爱吃的甜树叶……

朋友们准时到达，这会儿却出现了一个大难题——小熊家门太矮，长颈鹿太高，进不了门。

小松鼠说：“把房顶的天窗打开，长颈鹿就可以和我们在一起了。”

“不好不好，这只是长颈鹿的头和我们在一起。不如给它搬一架梯子来，让长颈鹿从房顶爬进来。”小兔子想了想接着说，“不好不好，长颈鹿太高，这样太危险！”

最后，还是聪明的小猴说：“为什么一定要在家里开 Party？不如在室外野餐吧！”

大家齐声说：“好主意！”

这恐怕是唐堂运用逆向思维解决问题的初次尝试，更是唐堂版的“山不来就我，我便去就山”的看图写话。

口头表达是语言实践的重要方式，是书面表达的有力基础。对小学低年级的孩子来说，看图说话显然比看图写话更轻松。特别是两个人（父子、母子）的对话，既增加了写话的趣味性、融洽了亲子关系，又能激发孩子的写话灵感。一举数得，何乐而不为？

再回到《清晨的江边》。唐堂的语文老师曾问我，唐堂为何会有这样“与众不同”的想法。据老师说，大多数同学，基本上都是以陈述清晨江边的景色为主，只有唐堂一人突发奇想，写的是个“励志搞怪”的故事。

其实，这篇看图写话，写的就是那段时间发生在我们身上的事儿。

那是重庆的五月天，我家住底楼，经常会遭受蚊虫的骚扰与袭击，唐堂在写话时“颠倒黑白”说青蛙被蚊子骚扰了一晚上，虽不合理却合情，充满童真童趣。

那段时间，二楼的住户将房子租出去，租户脑洞清奇，竟然开了个麻将馆，加上小区有一个学架子鼓的学生，两波人都异常勤奋，一到周末早上，人还没起床，四面八方鼓乐齐鸣，人声鼎沸，好不热闹，好想捶人！

那段时间，每天早上我得驱车奔驰 35 公里上班，唐堂妈妈每天要坐校车 7 公里才能到学校，于是我们想把房子换得更靠近一方，好有时间照顾家庭。一到周末，一家三口，四处看房，讨论的都是房子区域、价格……所以作文中也有了这样的讨论。

将口头语言转化为书面语言，需要一个过程。一开始，孩子的各种能力还处在发现、摸索和试错的阶段。因此，在看图写话前，将看图说话当作“由说到写”的一种衔接性过渡，是跨越作文启蒙难关的一种重要方式。

» 3 »

## 看图写话，请尊重孩子的逻辑

我们在指导孩子作文、写话时，容易走极端。要么不闻不问，放任自流，好坏全靠撞大运；要么用力过猛，强势介入，最后孩子变成了秘书，忠实地记录爸爸妈妈的原创作文。

这两种方式，皆不可取。但从危害性上来说，后者更烈。当然这是一个见仁见智的问题。

不闻不问，任其荒芜废弃，杂草蔓延，导致栽种的植物缺阳光、少营养，虽发育迟缓，但孩子的梦想一朝苏醒，铲除野草，梦想还有开花结果的机会。

可如果用力过猛，总觉得地里的植物长得太慢，随时随地不停地往地里加各种各样的肥料，不停地使用各类杀虫剂、营养剂、催红素。看似成效显著，短时间便结出又大又红的果实，可惜空有一身好皮囊，味道不但不甜，还有不低的毒素残留。更甚者，会时常苛责辱骂孩子，用错配料，往地里加水泥、加石子，使承载无数奇花异果梦想的土壤板结凝固，硬化成块。于是写作的种子再无出头之日，甚至将终生失去写作的能力！

所以，在进行作文与表达启蒙时，家长和老师更需合理引导，切忌发力过猛。

譬如，前面这张图片中到底发生了什么故事呢？

在网上，有老师指点迷津——

鸡妈妈哭了，为什么呢？因为鸡宝宝少了一只。去哪儿了呢？原来啊，在鸡妈妈身旁的那只篮子里。

这种解释简直不合逻辑，典型的“用力过猛”。

这种引导是故事若干可能性中最差的一种。试想一下，作为母亲，孩子如果少了一个，还能静下心来从容地织毛衣吗？这完全是反“鸡类”逻辑。

这幅画，可能是这样的：一只小鸡看见鸡妈妈给鸡爸爸织围巾，太累了，打哈欠流眼泪，于是来帮鸡妈妈转动毛线团。

也可能是这样的：夜深了，小鸡问妈妈：“爸爸出差这么久，什么时候才能回来？我们想他了。”妈妈想着想着流泪了，告诉小鸡：“把这条围巾织好，爸爸就回来了。”于是一只小鸡赶紧跑过去看看线团剩余的长度。

你看，同样一幅画，可以有多种解释。我们不是孩子，不知孩子会如何解读；但孩子自有他的逻辑，千万不要以大人的视角来替孩子思考！

**附：**

## 唐堂习作《逃离洋葱火山》

### 逃离洋葱火山

从前，在智慧森林里，生活着一群小动物，它们分别是：小火鸡丹丹，建筑师小熊欢欢，吃货小猴嘻嘻，运动达人小猫喵喵。

一天，它们在一起玩耍，忽然发现天上飘来了一颗种子。小猴嘻嘻敏捷地爬上了树，一把抓住了种子。小动物们都很好奇，这是什么的种子呢？于是大家便叫嘻嘻把这颗种子种在智慧森林最肥沃的土壤里。

嘻嘻刚把种子种下去，种子就以每秒长一米、胖一米的速度生长。才过一分钟，种子就长成了高大威猛的洋葱山！看着它胖胖乎乎的玫瑰红外皮，红里透着紫，紫中带着白，像呆呆萌萌的、刚出生的婴儿的脸蛋；闻闻它的气味，一股浓郁的香气扑面而来，让人垂涎欲滴。

小动物们不认识洋葱，就按它的样子称它为“红脑袋”。正当它们商量这个“红脑袋”好不好吃、怎么吃时，突然，“红脑袋”“轰隆隆”地爆发了！红色的浓烟到处飘荡，滚烫的岩浆从“红脑袋”上喷了出来！辛辣的气味像一枚枚“催泪弹”，让小动物们纷纷哭成了一个个“泪人”。小猫喵喵甚至在一旁不停地“呕吐”，小熊欢欢捂着脑袋直叫“头痛死了”……

大伙儿都被吓坏了，小猫喵喵说：“我们快逃吧！”

“怎么逃？”大伙儿你看着我、我看着你，不知所措。

“让我来背着你们逃走吧！”小猴嘻嘻自告奋勇地说，“我跑得快，一定能在岩浆流下来之前把你们全部安全送走的。”

小火鸡丹丹说：“不行不行，你虽然速度快，但不可能背得起欢欢！”

“有办法了，欢欢你去家里取四个安全帽和一个打气筒；丹丹去找一包火柴；喵喵去拿我俩常对打的那副乒乓球拍。”嘻嘻说完急若流星、快若闪电地跑回家，带回了一个又大又红的苹果、一个又小又白的梨子、一个中等大小的水蜜桃和一个不大不小的金橘。

嘻嘻请运动达人小猫喵喵，用它拿手的“降龙十八拍”给水果们做一次“马杀鸡”。喵喵二话不说，抄起两个乒乓球拍，双手上下翻飞，使着巧劲往梨身四周逐一拍打，就像在给梨子做爽身按摩。眨眼间，喵喵已沿顺时针方向拍打完一圈。只见嘻嘻右手倒拿着梨子，伸出左手，使劲一拉梨把儿，右手再轻轻一捏，只听“扑哧”一声，里面的果肉竟然像中了“化骨绵掌”一般变成汁液激射出来，装了满满一安全帽的梨汁。嘻嘻再用针在堵塞了的梨把儿处扎一下，拿起打气筒就往梨把儿眼里打气，梨皮膨胀起来。然后，嘻嘻指挥建筑师小熊欢欢拿来一个竹筐和四根绳子，把安全帽和梨皮连接起来。最后，嘻嘻请小火鸡丹丹划燃一根火柴，丢进装满了梨汁的安全帽，“轰”的一声，安全帽里的梨汁燃烧起来，一瞬间，空气中飘浮着满满的都是香甜的梨子香味，绿色环保的“梨子号”热气球在生物燃料的驱动下缓缓升起。

接下来是做“苹果号”“橘子号”和“桃子号”。

所有的热气球都做好了，欢欢登上了“苹果号”，嘻嘻登上了“桃子号”，喵喵登上了“橘子号”，丹丹登上“梨子号”。水果牌热气球越飞越高，越飞越远，大家安全了。

获救之后，大家都夸嘻嘻聪明，问它怎么想到这个办法的。嘻嘻不好意思地说：“其实我只是一个喜欢研究新奇吃法的小吃货。”

唐堂的这篇作文，是我在黑龙江出差时，他受《植物学家的锅略大于银河系》一书启发而创作的。

那天我办完公事，晚上回到酒店，还没坐定，唐堂妈通过微信给我发来一幅唐堂的画作，对特别不喜欢画画的唐堂来说，这很少见。我高兴地回复：“画得不错，有名称不？”“逃离洋葱火山”，唐堂妈边回复，边发过来一篇唐堂的作文。

我打起十二分精神，欣喜地辨认着拍照技术不佳的唐堂妈发来的图片版作文。三年级的唐堂，之前只会写话或写一些短段落。没想到这次能一口气写这么多文字，关键在这些充满想象力的文字中，还有这么多有名有姓的动物出场，写的还是一个英雄拯救世界的故事，真是让我有些惊讶。

我兴奋地通过微信语音，跟唐堂妈聊起我的好奇：唐堂为什么会写这样一篇童话？为什么会有洋葱火山这样天马行空的想法？为什么……

原来，这是语文老师赵老师布置的周末作业：写一篇童话。

唐堂回家后，问计于妈妈，妈妈也没啥好建议，正当两人束手无策之际，唐堂无意间看到贴在他房间门上的《植物学家的锅略大于银河系》赠送的 6 张明信片——银河系西瓜星球、大蒜活火山、甘蔗流水线、白菜雕塑喷泉、水稻湿地、莲藕管道。

唐堂的小脑瓜一转，赶紧找出《植物学家的锅略大于银河系》翻阅，看起一幅幅插图来：鲜笋盘山路、蘑菇雨伞、甜橙热气球……

最后他把大蒜活火山和甜橙热气球，“咔嚓”一下组合在一起，就成了他的作文故事，还把大蒜误会成洋葱，于是一篇《逃离洋葱火山》新鲜出炉。

事后，关于这篇作文，还有两个小插曲。一是赵老师看到这篇作文，似乎有些不太相信这是自己三年级的学生独立创作的，于是，布置大家重写一篇童话。

二是《创新作文》的李彦雅主编看到这篇作文，点评说这篇作文除了故事结构的完整性、趣味性与合理性都不错外，最好的一点在于：唐堂对一些细节描写非常到位，比如给梨子打气那一段：嘻嘻再用针在堵塞了的梨把儿处扎一下，拿起打气筒就往梨把儿眼里打气，梨皮膨胀起来。

## 小结

1. 一二年级看图写话，绝对不该用“上帝视角”来写说明文——干巴巴地罗列看到的所谓“时间、地点、人物、事件”。

2. 看图写话，应该将画面定格的瞬间进行纵向推进，向前向后把故事“生长”出来，用故事把画面中的人、物、景三者串联起来。对孩子而言，想象力才有附着之处，这才是看图写话正确的打开方式。

3. 看图写话，就是用镜头讲故事。

第一，把自己置身其中，变身故事的主角，尽量用第一人称来写。

第二，须如魔术师一般，用文字将黑白、静态、无声的画面，涂上色彩，加上活动，配上声音，弥补画面的缺陷，把故事演绎出来。有色彩，故事才饱满；有活动，故事才生动；有声音，故事才热闹。

第三，分析全幅画，但只聚焦画面的局部着重描写，化繁为简，不要大而全；以点代面，只需小而美。

# 诗歌，让孩子插上想象的翅膀

*人类之所以能在地球上建立文明，超越其他物种，可能最根本、最深刻的原因就是，我们能够用想象力构筑出现实中不存在的东西。这个能力是别的动物、别的物种没有的。将来也很可能是我们唯一超越人工智能的能力。*

*——刘慈欣*

家长在启蒙孩子写作时，需要找到孩子喜欢的文学体裁与方法才行。写诗歌无疑就是一种好玩、有趣又简单的作文启蒙方式——诗和图画构成好看的诗，诗和数字构成好玩的诗，诗和拟人构成有趣的诗，诗和联想构成创造性的诗，诗和节奏构成音乐性的诗，诗和灵感构成巧妙的诗。

诗歌极短、极简，文字精练而富有韵律，迷人又瑰丽。与其他文学体裁相比，诗歌最大限度摒弃“道德”“意义”“情节”等表述。仅靠文字的组合排列、词语的衔接错位，就能延伸出无限的想象空间，把文字变成惊喜。

这也是孩子与文学的第一次“亲密接触”。正因这些独特的感受，让作文启蒙成了一件简单而愉快的事儿。

» 1 »

## 诗歌是孩子的最佳拍档 / 孩子是天生的诗人

诗歌和孩子可以说是天生的最佳拍档。孩子是天生的诗人，他们拥有诗歌所需的种种特质——纯净的想象力与柔软的笔触，能够用文字交织出色彩鲜明的空间。

孩子在诗歌方面的天赋，体现为他们言语的直白与别具一格的洞察力——童真童趣是诗的眼睛，纯粹清新是诗的视角。童言是最美的诗句，越小越有灵气，越大越中规中矩。所有的诗人，终其一生仅为勉力保持一颗童心，而孩子不用。这也印证了一句话，“最美的诗来自最纯的心灵”。

极简的东西总是让人心生向往。儿童诗写起来简单快乐，读起来朗朗上口，像是在唱一曲悠扬的童谣，伴随浓郁的感染力，让人惊喜不断，快乐连连。

2017 年 10 月，一本《孩子们的诗》在互联网上瞬间刷屏——

**灯**

姜二嫚（七岁）

晚上
我打着手电筒散步
累了就拿它当拐杖
我拄着一束光

**灯**

姜二嫚（七岁）

灯把黑夜
烫了个洞

### 眼睛

陈科全（八岁）

我的眼睛很大很大
装得下高山
装得下大海
装得下蓝天
装得下整个世界

我的眼睛很小很小
有时遇到心事
就连两行泪
也装不下

读完这些七八岁孩子创作的诗歌，我彻底被这些孩子征服了。他们呈现出来的文字世界既简单留白，又天真成熟，他们对世界的理解，远比我们想象的深刻。

作文启蒙为什么要从诗歌开始？

因为诗歌的文字与公文的文字，最大的区别在于“能指”与“所指”，诗歌会意，激荡想象，推陈出新；公文具体，枚举罗列，界线清晰。

所以诗歌可与思维中的僵化、定型、标准化、工具理性等相抗衡。

诗歌，是作文启蒙的灵丹妙药。传统的作文启蒙，重技法轻心智，重架构轻体验。传统作文所缺少的那份“灵气”，可以在诗歌中得到很好的补偿。

幼儿启蒙的关键在于“启智”和“萌芽”，诗歌恰好可以满足这样的需求。

考场作文规定了字数下限，儿童诗则不必大而全，言简意赅即简单美好。比如 2015 年，一名小学生写的小诗《我想变》引爆网络——

**我想变**

我想变成一棵树。
我开心时，
开花；
我不开心时，
落叶。

这首小诗语言明白晓畅，既贴合树的特征，又有那么一点点让人意料不到的妙趣在其中。

有人评价这首小诗颇有作家三毛《如果有来生》的味道——如果有来生，要做一棵树，站成永恒。没有悲欢的姿势，一半在尘土里安详，一半在风里飞扬；一半洒落阴凉，一半沐浴阳光。

这首小诗经网络曝光后勾起无数网友的童心童趣，迅速被脑洞大开的网友给“玩坏”。大家纷纷模仿这一语体作诗。有的人异想天开地插科打诨，有的人一本正经地胡说八道——

我想变成一片云彩。开心时，遮阳；不开心时，下雨。

我想变成 ATM 机。开心时，吐钱；不开心时，吞卡。

我想变成购物车里的宝贝。开心时，包邮；不开心时，下架。

我想变成移动 Wi-Fi。开心时，满格；不开心时，掉线。

我想变成参考答案。开心时，简洁明了；不开心时，略。

我想变成一条狗。开心时，啃骨头；不开心时，吃屎。

虽有人评论说孩子在写诗，而大人们在讲段子。但不可否认的是，这种悠然的快乐，是成年人丢失已久的单纯美好，如今却在诗歌中得到回归。

为什么说诗歌适合孩子的作文启蒙或表达启蒙？

诗歌寥寥数语便包含一个故事，有主角，有情节，还有品不尽的幽默和天马行空的比喻。最关键的是，诗歌短小又押韵，孩子不觉得难。

周 .com 曾在一次直播课中，向大家推荐了下面的小诗——

**板擦**

板擦很爱玩，
在黑板上跑来跑去，
全身都是灰。
老师来了
很生气，
叫值日生
抓出去打屁股。

周.com点评说，板擦是孩子常见的物品，当我们赋予它情感的时候，它就具有了无尽的诗意。你看，它顽皮地在黑板上跑来跑去，搞得全身都是灰，最后被值日生抓出去打屁股。原本是一件值日生擦黑板然后把粉笔灰拍落的简单小事，小作者用了拟人的方法后，就变得如此妙趣横生。

**交通**

世界上力气最大的人，
就是交通警察。
因为他有“气功”，
只要轻轻一推，
几十辆车子就一动也不动了。

周.com点评说，你看，一件严肃的事情，这个小家伙分分钟就给我们上了一堂“中华硬气功课”。世界上力气最大的人为什么是交通警察呢？原来他只要单手“轻轻一推，几十辆车子就一动也不动了”。这里夸张的是警察的力气，却同样突出了法律的威严。

还记得有个小朋友在一篇作文里写道：十字路口，红绿灯坏掉了，四面八方大堵车，一只调皮的猴子爬上去，亮出招牌式的红屁股就把所有车都吓停了。我一直觉得这是个很不错的“马路童话”，这是思维固化的大人们想不出来的。

不要小看诗歌这个小玩意儿，只需一个契机，便可让孩子迸发灵感。如你偶然划亮的一根火柴，它便是偷来的天火，让梦想熊熊燃烧、发光发热。对孩子的“脑洞”而言，诗歌相当于砸中牛顿的那颗苹果，抑或是伽利略制作的那台望远镜。

没有诗，世界该是多么的无趣。

没有孩子的诗，诗的世界该是多么的孤寂。

孩子们的诗，让世界变得五彩缤纷，也让人们于疲惫平淡的生活中，看到了一丝希望。但是孩子的诗性不会突然展现，还需要家长去适当引导。

## 2

## 和孩子一起作诗

唐堂二年级时，有一天早上我刚好和他同时出门。结果刚出小区，迎面走来一小女孩，边喊“唐诗人”，边给唐堂当胸一个温柔的小拳头。晚上我跟他聊起这件事儿，得知小女孩叫张弘弛。

我问：“张弘弛为啥要用拳头招呼你呀，你平常欺负她了？”

唐堂解释：“张弘弛是个女汉子，班上没有谁敢欺负她。全班她谁都不怕，只害怕班主任赵老师一个人。”

我又问：“她为啥叫你唐诗人？”

唐堂得意地说：“因为我的作文写得好呀！”

我灵机一动：“别人都叫你诗人了，还不写首诗送给她，以正其名！”

唐堂不假思索便答应下来。

现在的小学生“爱情”来得特别早，小男生也爱显摆，于是写诗、赠诗成了一件乐事。我随口开了个头——“小小张弘弛”，唐堂不假思索地脱口而出“大大女汉子”。我引导说：“张弘弛还有哪些特点？你加在后面就成。”于是一首打油诗就在你一言我一语的对话中诞生了。

### 送张弘弛

唐堂

小小张弘弛，
大大女汉子。
男生都不怕，
只怕赵老师。

“今天的付出决定明天的收获”这话一点不假。后来，唐堂在写一篇《外号传奇》的作文时，就把张弘弛叫他“唐诗人”的缘由和这首打油诗写进了作文，获得老师和同学们的一致好评。

还有一件事儿让我印象深刻。那是唐堂三年级时，一天放学回家，他兴奋地告诉我：“今天在科学课上，老师请大家用自己的名字作诗，可以用谐音，但至少得包括一种物理变化或者化学变化在其中，你猜谁写得最好？是我！”据唐堂回忆，一节课结束，只有他写出了完整的姓名小诗，得了 $A^{+}$。

唐堂写的诗是这样的——

### 烙饼

一个
加了糖（唐）的
烙饼（秉），
在烤炉的
火热下，
镀上
一层黄金甲。

一个军（钧）人，
买下了
它。
尝了一口，

军人说：

“再来一个！”

为了鼓励他的表现，我和唐堂妈也按老师的要求尝试“作诗”。严格意义上讲，我们只是分别写了一些长短不一的句子而已。

我偷了个懒，按唐堂的思路给改了一个《烙饼》——

**烙饼**

糖（唐）
是饼（秉）的焰火。
在舌尖的
味蕾上，
一个个甜蜜的
精（钧）灵
次第绽放。

唐堂妈则另起炉灶，写了《一杯水》——

**一杯水**

一杯清水，
底下静静地
躺着
一层糖（唐）。
搅拌三两下，
放入冰箱
冷藏。

在火热的夏天，
将这杯可口的
冰（秉）水，
平均（钧）
分给

我和小伙伴。

我们写得并不好，甚至都不能算作诗。但唐堂为“爸爸妈妈可以陪我玩”这件事感到心花怒放。在作文的起步阶段，陪伴和鼓励是孩子的天然动力。这比什么表扬都管用，比什么物质奖励都好。

最好的作文启蒙，就是把启蒙做成一个游戏。

每个孩子都喜欢游戏。孩子在很小的时候就喜欢看、喜欢摸、喜欢问、喜欢玩，这是他们探索世界的游戏。如果孩子拒绝作文、反感阅读、害怕学习，是因为这些东西在孩子心里变成了“任务”“作业”“功课”。聪明的父母，会想尽一切办法，让孩子体验到作文其实是一种文字游戏，写的时候很畅快，写完后别人读起来也有意思。

《华商报》签约专栏作家左右说：“孩子的淘气、顽皮、任性等习性，往往是诗歌创作中所需要的东西。”如果家长们愿意相信写诗能够改变孩子的习惯，或许时间就可以打磨出他们良好的性格。

诗歌启蒙的重点在于寓教于乐，一家人随时随地可以玩“文字游戏”。这样既对孩子进行了作文启蒙，又完善了孩子的心性，还融洽了家庭成员关系。一举几得的事儿，当然要这样做！

## 3 几种好玩的诗歌

我社马倩茹女士，曾在《课堂内外》公益大讲堂中，以“童诗·童趣”为题，给全国数以千计的一二年级小朋友，分享过几条诗歌启蒙的超实用小绝招，我也借此给各位家长分享一下。

## 颠倒诗

刷牙不用水，
洗脸不用手，
吃饭不用嘴，
走路不用腿。

颠倒诗，其实就是**“说反话”**，这是孩子最爱玩的游戏。

马老师每次外出给孩子们做讲座时，都会读这样一些有趣的颠倒诗，通常还没读完，孩子们就已经哈哈大笑。童诗真是个魔法师，它呀，可以让整个世界颠倒过来！即便是一年级的小朋友，面对“不用”形式的颠倒诗，也可以玩得忘乎所以。

进家门，问声好。
看见弟弟在做饭，
婆婆睡在摇篮里。
妈妈家里学游泳，
爷爷在看动画片。

许多儿歌也是用颠倒诗的形式来启蒙孩子。“颠倒诗”这一体裁，和孩子们好动搞怪、爱热闹的个性无缝对接。最关键的是，“颠倒诗”可以让父母在对孩子进行诗歌启蒙时将其当作游戏，而不是一项任务。

## 长短诗

为什么，驴的耳朵长，马的耳朵短？
为什么，大象的鼻子长，狗的鼻子短？
为什么，小蜗牛回家的路那么长，脚却那么短？

长短诗，其实就是抓住“长”和“短”这组反义词，将同类事物作对比，就能写出一首长短相间的童诗。抓住“长”和“短”这两个特征，只需稍加启发，孩子们很快就可以总结出“生活中的长和短”。

星期一很长，星期天很短。
家里吃饭时间很长，外面吃肯德基时间很短。
生病的一天很长，过生日那天最短。

真奇怪，难道同样时间，却有长有短？

马老师在最后加上一句——“真奇怪，难道同样时间，却有长有短？”一首调皮好玩的童诗就新鲜出炉了。

按照以下的模式，大家都可以做出长短诗。

__________（填一件事情）那么长，

__________（填另一件事情）那么短，

真奇怪，难道 __________ 有长有短？

除了长和短这一对反义词外，还有大和小、高和矮、黑和白、快和慢、快乐和悲伤……于是一首首充满童趣的诗歌，就这样从孩子口中吟诵出来。

为什么，青瓜那么长，扁豆那么短？

为什么，筷子那么长，牙签那么短？

为什么，爸爸的鞋子那么长，我的鞋子那么短？

周末和爸爸妈妈去爬山，

为什么上山的时间那么长，而下山的时间那么短？

真奇怪！难道道路也会变长变短？

## 汉字诗

### 出

你看！

你看！

山的背上也有座山，

是不是山妈妈背着她的儿子，

想摘天上的星星呀？

古老的汉字是象形文字。象形文字由图画演变而来，古人用图画描摹事物来表达想说的话。几乎每个汉字背后都有一个故事，只要我们稍加留意，就会产生许多巧妙的意境联想。现在的简化汉字虽然与古人所使用的字有了形体上的变化，但每个字依然能够进行趣味解读。

比如“出”这个字，一座山上还有一座山，山上背着山，就像是妈妈背着孩子。写汉字诗其实很简单，只需要把一个字当作谜底，然后把它的笔画、部件拆分开来做成谜语，一首诗便完成了。

进入一年级后，小朋友开始系统地学习汉字。一些善于观察的同学会发现：“咦，这个字怎么像两个字叠在一起呢？”“那个字的两部分好像手牵着手！”

渐渐地，他们会发现，原来还可以将汉字写成诗呢！

林

两棵小树
手拉着手
肩并着肩
……

汉字诗实在是太有趣了，深得孩子的欢心。其实关于汉字解读的图书有很多，只要家长有心，多看多学，便能发现其中奥妙，和孩子一起玩汉字诗歌游戏。

小学课程除了语文，还有一门课程很重要，就是数学。利用数字与数学公式，我们也可以写出许多好玩的诗歌。

**数字诗**

在馋嘴弟弟的眼里
0 是一个橘子
在爱奔跑的汽车眼里
0 是一个轮胎
在可爱的小草眼里
0 是一颗雨点
在清亮亮的小河眼里
0 是一个游泳圈
在深蓝的天空眼里
0 是中秋节的月亮

孩子们除了与生活中的小事儿相熟，与数字也是一对“老朋友”。于是，在诗歌启蒙阶段，数字诗也是一种好的教学方法。

数字诗要怎么写？只要我们发挥自己的想象力，写诗可以so easy（如此简单）！比如弟弟很馋嘴，所以0就是“橘子”；因为小草喜欢雨水，所以在小草眼里，0又成了“雨点”。因为每个事物需求不同、爱好不同，所以数字在他们眼里是不同的。

写数字诗的秘诀在于找出数字外形“像什么”，然后“打比方”。马老师顺势引导，让孩子来想想“1”像什么。孩子们的脑洞大开，很快黑板就被写满了。

**1是什么**

在老师的眼里，1是粉笔；
在妈妈的眼里，1是口红；
在爸爸的眼里，1是香烟；
在孩子的眼里，1是铅笔；
……

## 公式诗

成功=1%灵感+99%汗水

这个公式，想必大家都不陌生。数学课上我们学过很多符号，如“+”“−”“×”“÷”“=”等。这些符号是一座座连接数学奥妙的桥梁。如果把这些符号和汉字结合，运用在童诗里，又会创造出一幅怎样的奇妙图景呢？

我+想念=不快乐
我的快乐×全班=许许多多份快乐
老师+微笑=美丽
我+理想=勤奋
爸爸+妈妈+娃娃=家

通过公式诗，可以从小培养孩子的逻辑思维。我们的生活中，每件事的做法，都有它的逻辑。仔细观察，你会发现我们其实一直在做加加减减的游戏。你看，只要家长或老师稍加示范，小朋友稍加思考，各式各样的公式诗便呼之欲出，让你眼花缭乱、目不暇接！

现在的我 − 粗心 − 懒惰 − 贪玩 −……= 以后的我

妈妈的表扬 + 爸爸的批评 = 我前进的动力

同学们的力量 + 老师的加油声 = 拔河比赛胜利了

只要发挥想象力，冷冰冰的公式也能变成热乎乎的公式诗。公式诗没有固定答案，从生活经验出发展开联想即可，答案可以天马行空，只要你说得通。这样的公式诗，每句都是一个奇妙的联想，把句子像数学公式一样排列起来，简直太好玩了。

好玩往往是触发孩子想象力的启动点。让孩子“脑洞大开”，拥有较为缜密的逻辑思维，启蒙的目的也就达到了。

» 4 »

## 诗心：真心话 + 想象力

唐堂四年级时，班主任赵老师去贵州支教，代课老师布置了一篇题为《赵老师不在的日子》的作文。这篇作文与班上孩子们的学习生活息息相关，有赵老师的时候，同学们是如何表现；赵老师出差时，又是怎样一番光景。孩子们有许多心里话可以写。

跟唐堂交流，他说他怕这个类型的作文，写全面，会太长；写一点，难选择。总之，很难出彩。毕竟赵老师不在的日子，太长太久。我建议唐堂写诗，短小又特别。但他有畏难情绪，经过半小时的思想工作，在我答应和他写同题作文后，唐堂才愿意尝试着用真话、心里话来写。但他有要求，让我先写。

于是，我先写了一篇《赵老师不在的日子》——

赵老师不在的日子，
我们是，
孙猴子。
我们七十二变，
我们大闹天宫。

赵老师不在的日子，
我们是，
红孩儿。
我们口吐三昧真火，
我们搞恶作剧。

赵老师不在的日子，
我们是，
小哪吒。
我们翻江倒海，
我们大闹水晶宫。

赵老师，
难道是观音姐姐？
她不在，
我们变成窜天猴，
我们要上天！

唐堂睁大眼睛看着我写的小诗，发现原来小诗就是把自己的心里话记录下来而已，so easy！（太容易了！）

于是他跃跃欲试——

赵老师不在的日子，

带走了馋虫，
留下了“话包子”。
我们在食堂里话说得多、饭吃得少。

赵老师不在的日子，
带走了瞌睡虫，
留下了“蚕宝宝”。
我们在午休室的床上，
扭来扭去、窃窃私语、挤眉弄眼，
就是睡不着。

赵老师不在的日子，
带走了，
温柔的眼神、清甜的微笑，
和语文课上的大声朗读、精彩讲解。
留下了，
代课老师，
魁梧的身材、粗犷的笑声，
和语文课上的默读背诵、情景表演。

赵老师不在的日子，
带走了，
懒虫、糊涂虫。
我们开始学着，
自己安排自己的作业。
留下了，
一堆书虫、可怜虫。
课间三三两两，

在课桌后、走廊上，
静静地看书。
唯恐闯祸、被人欺负，
因为班妈妈不在。

你看，写出一篇好作文，有时就是这样简单。

真心话 + 想象力，就是诗歌最大的技巧，当你领会到这个技巧，自然会妙语连珠，写出令人眼前一亮的文章！

前文我分享了很多诗歌启蒙的小技巧，但真正要写出一首好诗，或者把孩子培养成一个诗人，确实不容易，需要家长们做许多准备与铺垫。

尽管你不知道什么时候、什么事件、什么感触，才能让孩子找到属于他的诗歌，但只要孩子能通过写诗，形成“善于思考，敢于想象，快乐学习”的品质，不就大功告成了吗？

## 小结

1. 诗歌和孩子可以说是天生的最佳拍档。孩子是天生的诗人，他们拥有诗歌所需的种种特质——纯净的想象力与柔软的笔触，能够用文字交织出色彩鲜明的空间。

2. 最好的作文启蒙，就是把启蒙做成一个游戏。

3. 尽管你不知道什么时候、什么事件、什么感触，才能让孩子找到属于他的诗歌，但只要孩子能通过写诗，形成“善于思考，敢于想象，快乐学习”的品质，不就大功告成了吗？

# “字词句”，
# 让孩子的作文启蒙从蹒跚到飞奔

*世界上再宏大的工程，也都可以分解成细小的具体事情，要想做成大事，就必须把分解后的每一件小事情做好，所以任何事情都要从一开始，只有从一做起，才能做到二，做到三，最终才能成功。*

*——阿尔伯特·哈伯德*

作文是由“字词句”组成的，那字怎么变词、词怎么成句、句怎么成段、段怎么成文？认识从用字到作文的变化原理，“写作无思路”“作文无话可说”的困境将成为过去。

## » 1 »
## 用字

作文里，字是传情达意的最小单位，要想思想表达清楚，感情传递到位，必须明了字的意义。作文启蒙当然得从“字”开始。

有时，一个字会升格一个句子，比如——

课桌和椅子之间，窄得已挤不下我的身躯。

课桌和椅子之间，瘦得已挤不下我的身躯。

有时，一个字会改变一个产品的气质，比如——

喝董酒才懂酒！

喝董酒更懂酒！

台湾散文大家王鼎钧先生在《作文十九问》中讲过一个故事——

杜甫有一句诗：林花着雨胭脂，最后一个字被虫子吃掉了，不知道究竟是个什么字，有人猜是“点”，有人猜是“染”，还有人猜是“落”，后来找到更早的版本，发现杜甫原来写的是林花着雨胭脂“湿”。

王鼎钧先生点评说，胭脂“湿”好在什么地方？似乎并不比胭脂“落”好，但是，胭脂落，花瓣落到地上来了；胭脂湿，花并没有落，这是两种不同的意象。

胭脂“点”和胭脂“染”呢？这恐怕是两种不同的花，花瓣的大小不同，颜色的深浅也不同，当然，都是红花。还有一个可能，胭脂“点”是诗人近距离看花，树上的花一朵一朵是分开的，好像用画笔点出来的一样；胭脂“染”是诗人远距离看花，一树红花或是满林红花像一片水彩。

一个字有这么大的影响！所以，古人说“无一字无来历”，每个汉字背后都蕴藏着丰富的“诞生”故事和文化。

通过文字，逆向带出故事、带出文化，在故事和文化当中去给“字”做加法，既可以增加孩子学习的兴趣，帮助他们高效地学习、理解和掌握汉字，又能启发孩子的联想能力、表达能力，也就是作文的能力。

一次聚餐上，我社“大内总管”兼男神王昧红讲起他一年级孩子的周末作业——写几句话，展示一下春天的美。为了给孩子寻找写作素材，他带着孩子出去找春天，玩得很嗨，结果一高兴，就忘记了作业。晚上回家赶作业，孩子匆匆写下了以下文字——

春天来了，处处美，花美树美人也美，眼睛都不够用了，看得小朋友都忘记写作文了！

写得很好。可周 .com 在一旁接茬：“其实也不用那么费力，可以偷个懒，用一个字描述春天足矣。”

他提议用“薰”来描述春天。

“薰”有和暖、温和之义，又兼指花草的香气，用来形容重庆的春天特别贴切。

你看，一个汉字，就是一篇美文。

在唐堂最喜欢的一套科普图书《可怕的科学》中有一册《化学也疯狂》，书中关于化学的介绍，也只用了一个字——“啊”。书中是这样来解释的：

在所有的科学门类中，与化学元素和试管打交道的化学真是：啊！没错，用“啊”来表示它最恰当不过了！因为化学是这套书中最恐怖的一部分。

你看，一个汉字，就是一个学科。

唐堂一年级暑假时，随外公外婆到湖北苏马荡避暑。避暑房周边有个工地，四处堆满河沙，于是沙场成了孩子们的游乐场——女孩儿喜欢堆城堡，讲故事；男孩儿喜欢挖坑，搞恶作剧。唐堂每天下午都去沙场，和小伙伴一起挖坑做陷阱，离开时，大家会自觉把陷阱给毁掉。但因为挖的坑实在太多，总会有遗漏，不断有小朋友中招崴脚。

在一次崴脚后，唐堂对我说：“爸爸，我们以后不如改‘坑人’为‘救人’吧！”

我一听，觉得挺好，于是开始商量如何“救人”。

唐堂：“别人挖一个坑，我们填一个坑。”

我：“那会不会引起打架事件，因为你把别人的‘杰作’给毁了。”

唐堂：“能不能类似排雷一样，清理出一条安全道路？”

我：“万一哪个捣蛋鬼趁我们不在，把陷阱挖在安全道路上怎么办？岂不是救人变害人了？”

思前想后，最后我们决定做一块警示牌。接下来，大家为在警示牌上写什么内容，发生了分歧。唐堂妈认为警示牌要把事情写清楚，过路的人才知道要防范什么、避让什么。唐堂觉得太烦琐，而且要写那么多字，许多字他都不会写，用拼音替代？那不是给路人“挖坑”吗？

看着争论不休的母子，我建议写一个单字的警示牌。

“一个字就能把事情说清楚？”唐堂不信，“哪个字？”

我慢条斯理地在本子上画了一个坑，边画边讲：“古人为了生活，外出打猎。在追逐猎物的过程中，没能及时发现一个陷阱深坑，‘扑通’一脚踏空，掉进陷阱，丢掉自己的小命。为了避免类似悲剧发生，提醒自己的亲朋，古人便在陷阱深坑边，立块木板，先画一个‘凵’表示陷阱，在陷阱里画上一个相互交叉的符号‘×’，提醒其他人这里异常危险。所以，这一个字的警示牌，就是‘凶’。”

唐堂和唐堂妈听完，立刻双手高举，一致同意制作“凶”字警示牌。

你看，一个汉字，背后可能就是一个故事。

下面，再给各位推荐一本上海企业家余惕君先生的《字里人生》，余先生是这样来解读汉字的：

“师”——比帅还多一横。多的不是权势、权力，而是知识，就像学士、硕士、博士头上的那顶帽子。为人师表，学高为师，身正为范。

“朋”——月和月。同形又同向，月月来相伴。周华健《朋友》的歌词中写，“朋友一生一起走”，“朋友不曾孤单过”，就是这个字透出的人生哲理。

“劣”——少出力。学习不努力，整天都偷懒，学习成绩当然会差；产品偷工又减料，加工少出力，生产的只可能是伪劣产品。

“夯”——大与力。房子要牢固，打地基就得出大力。学习要扎实，夯实根基很重要。

“吹”——口与欠。口欠的人，没有修养，不分时间、地点、人物，开口就吹。

“信”——人字旁，一个言，人之言。“一诺千金”“君子一言，快马一鞭”就是“信”。

“臭”——自大多了一点。太自大，比自大还多一点，就会臭名远扬。

这本小书，既有创意，又见趣味，更显智慧。

受余惕君先生的启发，我和唐堂一起动手，开发了认字游戏——拣选制作 18 个常用偏旁和 36 个独体字卡片，通过“组合汉字，收走牌”的游戏，既让唐堂熟悉汉字的偏旁部首，还锻炼了他的反应能力。最关键的是，从此，唐堂的识字变得简单、有趣又高效。

后来，我们还开发出了“汉字对对碰”“汉字贪吃蛇”“汉字连连看”和“汉字跑得快”等游戏，让孩子在短时间内就可以认识数百个常用汉字。

“拔出萝卜带出泥”，每个汉字讲出来都是文化，背后都是故事。通过汉字这个“萝卜”，带出了汉字故事与汉字哲理，这些都将是未来孩子作文中的写作素材与文化底蕴。

## » 2 »

## 遣词

有了对字的认识，下面我们来讲讲，作文中最重要的词。

作文用词，关键在于准确，而准确的前提是词汇量的丰富。你想描写的事物、传达的情感，只有找到最贴切的用词，才能让人读完后，惊呼着从椅子上跳起来说“就是这样，就是这样”！而词汇量不丰富的作者，他们很难将一句话说到别人的心坎里去。

知乎绾绾认为——

哲学界有一句话叫作“语言创造了世界”。我理解到的一个层面是：一个人精神世界的丰富程度，由他所认识和掌握的语言词汇量决定……词汇的匮乏，是一种精神匮乏，也是文笔不出彩的根源。当一束光、一丝情愫、一幅画面投射到心上，等待聚焦成像开花结果时，大脑在词库里搜索不到最准确的表述，只能就近替补，找大词、偏词——出来的东西就干瘪、不生动，读者也得不到惊喜、共鸣。

想一想，如果你不曾认真研究过鸟儿的叫声：啾啾、咕咕、嘎嘎、咯咯、呱呱、科科、咕噜、啁啾、啊噢、布谷、唧唧啾啾、吱扭吱扭……不管什么样的鸟儿在你的作文里就都只会有一种“叽叽喳喳”的鸟叫声，你的作文只会显得琐碎闹腾。

如果你不曾细辨过沙皮、藏獒、斑点犬、斗牛犬、牧羊犬、杜宾犬、萨摩耶犬、中华田园犬……描述它们时，你只能说出“大狗”“小狗”“土狗”或是“咬人的狗”。

我和唐堂就曾研究过各种鸟儿的叫声，于是在唐堂作文《重庆，春天黎明合唱团》中，他将各种鸟儿的鸣叫声汇成了一曲交响乐，获得一片称赞。

那么，家长要如何帮助孩子扩大词汇量？靠默写背诵？它枯燥乏味、效率低下，显然不可取。

小学二年级开始，老师便要求孩子除了要抄写生字，每个生字还要组两个词。许多孩子很为难，常常查字典。唐堂却表现得不错，这应该得益于他小时候经常玩的“词语接龙”。

词语接龙能发展孩子语言的敏捷性和流畅性，对于进入小学学习组词、造句很有好处。

这个游戏是这样玩儿的——

比如，可以和孩子进行同义词或反义词接龙。我说“黑”，唐堂接“白”；我说“宽”，唐堂说“窄”。甚至，我们还把词拓展为句子——“墨水是黑的”“雪糕是白的”“楼房很宽”“胡同很窄”……

后来，我们每次规定一个主题，开发出了更多类型的接龙。

按顺序接龙，可以训练孩子未来在写作文、讲故事时的逻辑能力和思维的条理性。

比如，说带“子”的词。我说“桌子”，唐堂接“瓜子”“棒子”“本子”……

刚开始，唐堂接得飞快，可很快就词穷了，接得磕磕绊绊。为了提高接龙的流畅性，快速找到对应的词，我提醒唐堂可以顺着我的思路说。比如我说“桌子”，他就可以想想与桌子相关的其他东西，这样接龙就容易多了。我们从桌子开始，到盘子、杯子、筷子……椅子、凳子、篮子……果子、李子、橙子、橘子……

后来，我们逐渐提升难度。接龙时，要说明与所接词之间的关系。还是从桌子说起，接的人则应说桌子上边有盘子，桌子上面有杯子……

接下来又有了升级版。不但要说明与所接词之间的关系，还得按顺序来接。还是从桌子说起，接的人可以讲桌子上有盘子，盘子旁边有杯子，杯子脚下有筷子……桌子旁边有篮子，篮子里面有橙子，橙子旁边是刀子，刀子用来削果子……

最后，是终极版。不但要说明与所接词之间的关系，还得按顺序来接，而且还要有想象力。还是从桌子说起，接的人可以讲，桌子上“睡着”盘子、盘子旁边“站着”杯子、杯子脚下“躺着”筷子……

单独谈字词，有些华而不实，只有放在具体的语境中，字词才能获得生命力。于是，我们需要从字词接龙逐渐过渡到句子接龙，再到故事接龙。

唐堂每次都玩得不亦乐乎。

我想，通过这样的游戏成长起来的孩子，造句对他来讲应该不会太难。

唐堂大一些后，我们玩的是更“高级”的主题接龙。

我们玩以“树”为关键词的词语接龙——桃树、杏树、李树、梨树、柿子树、石榴树、核桃树……洋槐、桂花树、香樟、法桐、橡树、白杨、红柳、冷杉……游戏结束，我和唐堂一起上网查接龙中提到的树都是什么模样。我还专门带他去公园玩“树”的接龙，面对面地看看、闻闻、摸摸、抱抱各种树，再搜集一些树叶标本……这样，孩子以后的作文里、世界里，就会有各种各样真实的树，而不会只剩下书本上的“树”。

我们玩以“难过”为关键词的词语接龙——悲伤、哭泣、茫然、失落、伤感、挫败、忧郁、苦涩、痛楚、绝望……这样，孩子在作文里描写难受时，就会有更加细腻、更有层次的感受。否则，通篇只有“难过”二字，老师批改作文只会更“难过”。

看到这儿，许多家长感同身受。知乎上有人建议，你现在就该跟孩子一起查一查“七情六欲”，是哪七情？有哪六欲？然后给“喜、怒、忧、思、悲、恐、惊”每一种情绪，找出三至五个能够恰当描述的词，写上半页纸。那么，人类所有的情感表达肯定逃不出这半页纸的界定。

积累好词，除了接龙游戏，更多需要孩子做个有心人，随时带上一支笔、一个笔记本，眼观六路，耳听八方——名家经典、日常闲话，三姑六婆、三教九流等，随时随地，收集“好词”“妙词”。

同时还需脑洞大开，举一反三。最后分门别类，定期整理，不断丰富自己的语言体系。

知乎上，一位叫吕不同的有才青年，分享了他收集好词佳句的故事：

村里有一哥们，这天，媳妇跟他老娘打架，谁也拉不开，这哥们帮谁都不是，于是就跑去找他爸，当时他爸在打牌，哥们推开门看了看周围的人，然后说：“爸，你老婆跟我老婆打起来了。”

吕不同说：“我当时听到这句话都要给跪了。这句话看似简单，但在有外人在的环境下，这种幽默中夹着讽刺，调侃中带着无奈，以及敌我之间的区分，是我这辈子都不可能想到的‘绝句’……”

唐堂也善于在生活中收集“好词佳句”。

唐堂的奶奶每到冬天早晨，都会提醒唐堂多加一件衣服，因为冬天的风很“馋”，你稍不留意，它就会让你感冒、发烧、流鼻涕。于是，唐堂在写话集《给奶奶画个像》中写道：

每当我不听话的时候，奶奶都会说：“不听老人言，吃亏在眼前。”

冬天的早晨，奶奶总是让我加一件衣服，并说：“冬天的风很‘馋’，一不注意就会感冒。”

早晨上学前，奶奶催我起床，总会说：“时间不等人，快点！”

积累好词，还需脑洞大开，举一反三。

如果有人描写一个人长了一张“椭圆形脸”，我们就可以建一个“几何脸谱”：圆形脸、方形脸、梯形脸、长方形脸、菱形脸、倒三角形脸……

有人写“国字脸”，我们就可以建一个“汉字脸谱”：申字脸、由字脸、甲字脸、田字脸……

有人写“鞋拔子脸”，我们就可以建一个“流行脸谱”：猪腰子脸、锥子脸、瓜子脸、蛇精脸……

小朋友的作文中常说某人长了一张“鸭蛋脸”，于是我和唐堂建过一个“蛋系脸谱”，再写人时，唐堂在《拖拉帅同桌》中这样描述：

如果说左洪屹是双黄蛋脸，卓帅是鹅蛋脸，我是鸭蛋脸，那我的同桌就长了一张标准的鸡蛋脸。

唐堂在《怪家伙、坏家伙与“好”家伙》中描述深海鮟鱇鱼是这样写的：

鮟鱇鱼的长相特别奇怪。它长着一张拖把脸，噢不，是一张刚拖了地的拖把脸。

» 3 »

## 造句

解决了词语的问题，接着就要解决如何连词成句、出口成章。

作家阿尔伯特·哈伯德在《致加西亚的信》中写道：“世界上再宏

大的工程，也都可以分解成细小的具体事情，要想做成大事，就必须把分解后的每一件小事情做好，所以任何事情都要从一开始，只有从一做起，才能做到二，做到三，最终才能成功……”

写作也不例外，想要写出好作品，得从写好一句话开始。

如果孩子没弄明白一句话应该包括哪些要素，以及该如何写好一句话，也就很难写出好作文了。

一句话中应具备叙述、描写和判断这三个元素。

作文中，当我们面对一个事物或经历一个事件后，如实写出它们本身的样子或过程，叫作陈述，也叫叙述。

用色彩鲜明、立体感强、生动形象的文字把人物、动物、景物、场景等的具体状态还原出来，叫作描写，描写所涉及的对象的色彩、形态和动态，是由描写者观察或感受到的，因而具有主观性。

陈述让读者知道事物或事件发展变化的概貌，是在时间线上纵向的延伸。描写则是用特写的方式把相貌、神采、动作和事件勾画出来，是在细节线上横向的填充，可强化句子的张力与密度。

判断是对观察的客观对象有所肯定或否定。一个句子从功能上讲，其一是客观陈述，使人知道；其二是主观判断，使人感知内心主张。

比如：

今天学校开家长会，唐堂的爸爸没来。（客观陈述）

今天学校开家长会，唐堂的爸爸竟然没来。（主观判断）

再如：

今天学校开家长会，我班有9位小朋友的家长没来。（客观陈述）

今天学校开家长会，我班有9位之多的小朋友的家长没来。（主观判断）

具体来说，在写客观对象时，可首先陈述客观对象，次之描写其具体状态，然后阐述自己的感受或判断。

比如，我现在看见的是唐堂桌子上的一盏台灯，用文字准确表达眼睛观察到的事物——

一盏台灯放在桌上。（陈述客观事实）

不考虑其他因素的前提下，这八个字就可以称之标准陈述，因为观察主体的状态已经被这八个字完整表达出，而且没有价值判断。但如果我看见台灯后，心中有所思所感，那就需要往横向的细节扩充——

一盏台灯放在桌上，（陈述客观事实）伸着长长的脖子，屁股上拖着根长长的、缠绕在一起的线，（描写客观事实的具体状态与细节）显得很可笑。（阐述自己的感受与判断）

如果我们要写一盏爱学习的台灯，只需稍稍替换一下用词——

一盏台灯放在桌上，腰杆挺得笔直，头上放射出智慧的光芒，看着头下的书，一副智珠在握的样子！

小学生的作文有记叙文、说明文、抒情文、议论文等类型，不论哪种文体，都是以对某个客观对象的陈述作为写作起点的。我们在辅导孩子作文时，不妨采用台灯例句中的表达顺序，作为孩子写作的基本步骤：

第一步，纵向陈述客观事实；

第二步，基于自己的主观感受，横向描写、刻画、填充客观事实的细节；

第三步，阐述自己的价值判断与内心主张。

写句子，有时就像是在脑袋里面搭积木。把所有细节按一定的方式搭建起来，就不会因逻辑混乱，造成不必要的思维损失。

脑袋里面的积木，有时需要码放整齐，有时也可以打乱顺序，重新按照自己的想法再玩一次。所以，在不同类型的文章中，这三个步骤不是等量齐观，而是各有侧重的。

如果一个孩子在小到一个句子、大到一篇文章的创作中，都能够清晰地展示出哪些是他在陈述客观事实，哪些是他在描写主观感受，哪些是他在阐述自己的价值判断，这样的文章不仅能让读者轻易领会孩子的写作诉求，也显示出孩子清晰、理性的思维能力和思维习惯。

同时，需要告诉孩子，客观陈述和价值判断都是让人“知”，而描写则让人“感”。好的描写，使人、物、景、事等更具体，更精细——可见、可闻、可触、可感，才能让读者产生置身其间的感觉。没有描写，句子就失去感人的力量（具体案例可参见P234《作文的“加法原则”与“减法原则”》）。从这个意义上讲，描写在句子中的功能作用应排第一！

还拿唐堂桌上的台灯举例子。在句子的描写中加入一点想象力，比如“一盏台灯放在桌上”，用拟人化可以写成“一盏台灯站在桌上”或“一盏台灯呆头呆脑地蹲在桌上”。

写一盏爱岗敬业又搞笑的台灯——

一盏台灯呆头呆脑地站在桌上，它顶着一个搞笑的锅盖头，屁股上拖着根缠绕在一起如鸟窝般的线团。它急切地盼望夜晚的到来，为它的小主人，点亮阅读的灯光。

写一盏悲伤的台灯——

一盏台灯倚靠着书包，低头不语，有些悲伤，“一目了然”地数着试卷上那一把把红叉叉。

写一盏文艺的台灯——

一盏台灯卓立不语，看着一个本子贴着桌面沉默地滑了过来。

写一盏惊悚的台灯——

一阵风，从破旧的窗户吹了进来。一盏台灯匍匐在暗青色的桌面上，扭动着身躯，无力地挣扎着。借着忽明忽暗的灯光，顺着桌子的纹路，似乎看见有一股暗红的血液在流动。

在一个句子里，我和唐堂不停地玩字词替换的游戏，拿掉一个、放进去一个，拿掉一个、放进去两个……如此重复练习，要不了多久就可以超越“孔乙己”，大声喊出：这个句子，我有十二种写法，或许还有十八种呢！

## 附：

## 唐堂习作《重庆，春天黎明合唱团》

### 重庆，春天黎明合唱团

周五，赵老师布置我们周末写一篇关于春天的日记。

周六，我原本打算去观察小区植物在春天的变化，比如树叶抽出嫩芽后，老叶、中叶、新叶肯定会呈现出不同层次的绿：鹅黄绿、嫩绿、浅绿、墨绿……以及各种绿得春意盎然、生机勃勃的植物，开得争先恐后、五彩缤纷的花朵……然后，写一篇精彩绝伦的春天日记。

可重庆的春天专门和我们小学生作对似的——今年重庆是一个暖冬，加上今年的春节来得特别早，自然开学也跟着早，于是春天的作文比往年来得更早。这就越发显得这个春天比往年来得更晚一些，根本看不出植物叶子的变化，全都绿得整齐划一！

我垂头丧气地回家告诉爸爸。爸爸眼珠一转，“A 计划不行，就启用 B 计划——春天看不到，就听嘛，听听春姑娘的歌声。”爸爸接着解释，“动物的感官往往比人类的要敏锐，明天早晨，我们来听听小区里黎明时鸟儿的歌唱！”

第二天，我和爸爸在约定的时间，准时醒来，躺在床上，可左等右等，鸟儿就是不叫。爸爸安慰我说：“或许鸟儿在双休日，也过上了安逸的休闲生活，我们耐心一点。”

6：40，一声清脆的鸟鸣为一场黎明迎春音乐会拉开了序幕。紧接着第二声、第三声跟着唱了出来。很快，有十几只鸟儿都加入到了合唱团中。

“喳喳——喳喳！”

“叽——叽！”

“咕—咕—咕！”

“咕噜咕噜咕噜！”

“啁啾——”

还有一个很搞笑的叫声，好像是四声杜鹃发出来的，叫声有点像“光——棍——好——苦！”

一时之间，我和爸爸真是有点“春眠不觉晓，处处闻啼鸟”的感觉。

突然，“喵——”的一声，所有的鸟都被这声猫叫吓呆了，一瞬间，一片寂静。

过了三四秒钟，远远的才有一只鸟用颤音重起了个头，带起节奏，大家又欢快地唱了起来。

四声杜鹃唱得字正腔圆，音色华丽；麻雀唱得叽叽喳喳，模模糊糊。有一些鸟儿根本听不出来它在唱啥，可能是鸟界的嘻哈歌手、灵魂歌者吧。

还有一个唱高音的灰树雀，声音高亢嘹亮，但这种唱法可能太消耗体力。它华丽丽地鸣叫几下，就得休息调整很久，才又断断续续地再猛喊几嗓子。

等这场清晨音乐会结束，我一看时间，竟然不知不觉过了一个小时。我赶紧起床写下这篇春天的日记——重庆，春天黎明合唱团。

辅导孩子写出一篇好作文，大多数时候是不容易的。但有时候用对方法，也很简单。

比如这篇《重庆，春天黎明合唱团》，在A计划失败，确定执行B计划的当天晚上，我和唐堂做了许多功课——我和他假设，春天早上鸟儿的合唱，或许像交响乐，于是我们上网查阅关于交响乐的知识，甚至在草稿纸上记录了关于第一乐章、第二乐章、第三乐章的设想。还在一本《常见鸟类野外识别手册》中，收集整理了各种鸟儿鸣叫的拟声词。

恰巧第二天，我们要将唐堂房间的床替换成高低床，当天晚上，我们早早地将原来的床拆散，搬走。唐堂将闹钟调整为5:40，兴奋地睡在“地铺”上，准备第二天一早执行“B 计划”。

第二天，闹钟一响，我赶紧一骨碌翻身起床，来到唐堂房间，跟他一起躺在“地铺”上，“竖起”两只耳朵，静静地听着窗外的响动。谁承想，这一等就是几十分钟。在不耐烦中，我们讨论“为何周末鸟儿跟人一样醒得晚”。工作日，大家起得早，边赶路，边吃面包，边掉落许多面包屑，于是早起的鸟儿有食吃。周末，大家起得晚，早起的鸟儿反而没食吃，于是也只好跟着人双休了！

后来，第一声鸟鸣，我还是在蒙蒙眬眬中被唐堂推醒后听见的。我们边听边兴奋地猜测，这只是什么鸟儿？它的叫声像什么？那只鸟儿的嗓子仿佛感冒了，有点哑……

转瞬之间，一个小时过去。唐堂从“地铺”上跳起，灵感来了，早饭都不吃，花了差不多一个小时，写下了这篇《重庆，春天黎明合唱团》。

事后，我将这篇《重庆，春天黎明合唱团》发到朋友圈，引文说“重庆的春天，你敢不敢来得再晚一些，何苦为难小学生和他爹”，结果收到无数好友的评论——

希子妈妈：好小子，不错不错，没有迟来的春天，哪有这篇美丽的合唱团呢？

报社记者：“春天的作文比往年来得更早”，把文中的这句话作为标题，是不是更好玩一些？能把文章写得平实有趣，我看好多大人都做不到。

小宝妈妈：听，春比往年来得更早一些。

晓慧（公司美术总监）：这个爸爸不但有 A 计划，还有 B 计划，以及鸟儿的双休……

我回复：其实 A 计划就是没有计划。

晓慧：B 计划，就是再试一下 A 计划。

……

后来，这篇作文被《创新作文》杂志刊载于 2018 年第 5 期杂志的《经典作文收藏夹》。

编辑评论说：

——关于春天的好词佳句，你一定看过不少吧？但别人看到的春天，却不一定是你身边真正的春天。不同的地方，春天到来的时间不同，春天的“形象”也不同。我们也应该像小作者这样，去看看真正的春天是什么样的，而不是照搬那些模式化的好词佳句。

——人的声音各不相同，鸟儿的叫声当然也有着明显的分别。如果你也像小作者这样，用心去聆听，就一定能发现叫声中的差异，并用这些丰富的细节让作文更加真实、生动。

## 小结

1. 通过文字，逆向带出故事、带出文化，在故事和文化当中去给“字”做加法，既可以增加孩子学习的兴趣，帮助他们高效地学习、理解和掌握汉字，又能启发孩子的联想能力、表达能力，也就是作文的能力。

2. 词汇的匮乏，是一种精神匮乏，也是文笔不出彩的根源。当一束光、一丝情愫、一幅画面投射到心上，等待聚焦成像开花结果时，大脑在词库里搜索不到最准确的表述，只能就近替补，找大词、偏词——出来的东西就干瘪、不生动，读者也得不到惊喜、共鸣。

3. 一句话中应具备叙述、描写和判断这三个元素。

# 结构次序，孩子这样写作文不乱套

*写作文要讲先来后到，顺序结构。顺序不清，大厦将倾。不讲先来后到，作文一定乱套。*

*——非常*

孩子刚开始写作文时，很容易万箭齐发，却总是射不到靶子上。作文犹如断了线的风筝，摇摇摆摆，满天乱飞，不知去向。

非常老师在《作文多大点事儿》一书中说："写作文要讲先来后到，顺序结构。顺序不清，大厦将倾。不讲先来后到，作文一定乱套。"

如何将段落组合为一篇文章？这其实就是我们常说的谋篇布局。写文章时，按照什么样的逻辑来排列构造、谁先谁后、中间如何过渡……其实都大有文章。

» 1 »

## 写好开头

要想作文出彩，写好开头很重要。

一般来讲，作文的开头，主要有以下几种形式。

“交流对话，先声夺人”。这是唐堂最喜欢采用的一种开头。这种开头一般适合叙事、写人的文章，不用按部就班展开内容，而是直接描写当事人的语言，达到“未见其人先闻其声”的效果，从而使读者对人物的性格特点或事物进展中的某一过程产生深刻印象。如唐堂在《拖拉帅同桌》中写——

“老唐，把你的数学作业记录本借我抄一下嘛！”

“不！”我干脆、利落、果断地拒绝。

发出这个“求救信号”的人是谁呢？他，就是我的同桌……

“捕捉特写，细节描绘”。这是写人、状物的记叙文常用的写法，以文章所要刻画的主要人、物做开头，像电影中的特写镜头一样，捕捉住人、物某一方面的特点从而展开详尽的描绘。如——

一身乌黑光亮的羽毛，一对俊俏轻快的翅膀，再加上剪刀似的尾巴，凑成了活泼可爱的小燕子……

“巧设悬疑，激发兴趣”。在文章的开头，巧妙地设悬念，使大家产生急于知道下文的迫切愿望，促使他们去“追根究底”。如——

“咚咚！”屋外，西北风里夹着一阵阵敲击声，是谁？我一骨碌坐了起来，是爸爸吗？爸爸昨天不是说，他这两天去山东菏泽出差了么……

“引经据典，诗文导入”。为了叙述某件事情、描写某处风景、刻画某个人或阐明某个道理，在文章开头处引录与该事、该景、该人、该理有关的诗文，由此引出写作内容，水到渠成，顺畅自然。引用恰当，可以增加文章的诗意，揭示出内容的精华。如唐堂在《院中的紫藤花》中写——

李白诗云：紫藤挂云木，花蔓宜阳春。密叶隐歌鸟，香风留美人。

我家院子中的紫藤花，不是名贵的花，也不是最鲜艳的花，但对我来说，它却是最值得喜爱的花……

“议论开头，促人深思”。这种方法开宗明义，文章的开头就阐明自己的观点、看法、意见或主张，揭示文章蕴含的深意。如——

“满招损，谦受益”，这句格言流传至今少说也有两千年了，它作为普遍真理，是任何地区，任何时代，任何人都适用的真理……

“描写景物，烘托气氛”。这种方法不直接陈述内容，而是通过描绘与文章内容有关的风景、场面等，渲染气氛，为文章带来特定的感情色彩，定下文章的“基调”，使人有身临其境的感觉。如——

天灰蒙蒙的，又阴又冷。冬天的重庆街道两旁，“站”满了一排排光秃秃的银杏树，向东望不见头，向西望不见尾……

“联想回忆，巧妙叙述”。这种方法运用倒叙的方法进行叙述，即把事件的结局或事件中最突出的片断提到文章的开头进行叙述，然后再按事件的发展顺序进行叙述。如——

唉！烦死了，还是做题吧。可是，刚要动笔，学校发生的事情又浮现在脑海中……

作文开头写法多种多样，但对于刚学习写作的孩子来讲，将这些方法一股脑儿地全部兜售给他们，显然不可取。木匠多了盖歪房，艄公多了撑翻船。与其招式繁复、技艺不精，不如化繁为简、一招制敌。

就作文启蒙来讲，最简单、最常用、最直观的方法就是“开门见山、落笔入题”。百花齐放的开头，不如开门见山、直奔主题来得简单、明了。文章一开头，就把要写的人、事、景直截了当地摆出来，简洁明了迅速入题，使人一看开头就明确题旨。

如唐堂在《妈妈学奥数》中写——

今天星期五，是我和妈妈学奥数的日子……

既然题目是“妈妈学奥数”，当然第一句话里就要有“妈妈”和“奥数”出现。如果写了三句话，还没有“妈妈”和“奥数”出现，就会让人不明所以。

又如唐堂在《怪家伙、坏家伙与“好”家伙》中写——

今天，要跟大家讲一种动物，是我在一年级玩《捕鱼达人》时，认识的一种深海动物——鮟鱇鱼。

或许你没见过它的模样，但它长得确实很有特点；或许你没听说过它的大名，但它确实名声不大好；或许你不了解它的本领，但它确实聪明过“鱼”！

下面，就让我带领大家去见识见识鮟鱇鱼这个怪家伙、坏家伙与“好”家伙吧……

既然题目叫“怪家伙、坏家伙与‘好’家伙”，文章一开头，故事主角就要闪亮登场。如果第一句没出现“怪”家伙，那第二句就应该出现“坏”家伙，如果头三句都还没有出现这个“好”家伙，那么你这个小家伙到底想干吗！

其实唐堂刚开始写作文时，遇到的最大问题，便是不知道如何写好开头、切入主题。

下笔千言、离题万里，这是孩子在启蒙过程中最容易犯的毛病。比如，许多孩子写旅游，往往从头开始写，“从头”到什么程度？从前一天的规划开始，激动得难以入睡开始，然后起床、洗脸、刷牙、吃饭、整装出发、一路聊天、一路零食、一路风景、一路心情，终于到景点。

这样写作文，尤其是考场作文，等写到景点，要么考试时间不够了，要么作文答题纸不够了。

那么，要如何避免这类错误？

一句话到景点！例如以下三种开头：

经过几小时的颠簸，我们终于来到了峨眉山山脚。

“桂林山水甲天下”，这句话真是名不虚传。

“进山的门票这边买！”刚到风景区，就听见工作人员不住地吆喝。

开门见山，直入主题，是作文启蒙阶段最应养成的思维习惯。

开门见山，是作文启蒙的首选方法，既可以让孩子觉得作文容易写，不费力；也可以让文章短小精练，不跑题、不偏题。

开门见山，让作文启蒙变得爽快利落，避免作文开头羞羞答答、支支吾吾，这对于笔力不强的孩子来讲有奇效。您不妨带着孩子试试。

» 2 »

## 以顺序合成

用文字把思路表达出来，需要依据一定的、合理的顺序。而依据一定的、合理的顺序表现出来的思路，就是文章的结构。

从本质上来讲，文章的顺序、结构、章法、思路、逻辑是一回事。

当然，对于孩子而言，我们可以把以上这些抽象名词统称为顺序。文章的顺序就是先写什么，接着写什么，然后写什么，最后写什么。

作文应该按照统一的标准、一定的顺序来组织语言，也就是将段落按照一定的顺序串起来，这样才会显得不杂乱。在这一点上，小学语文课文是最好的范文。它们结构简单、容易模仿。

时间顺序、空间顺序、人物顺序、故事情节顺序这四种是最常用的写作顺序。作文启蒙得打好这个基础。

时间顺序——早中晚、今天明天后天、春夏秋冬……课文《风是一位画家》，就是按春夏秋冬的顺序来描写一年四季的风。

## 风是一位画家

风，最爱画画，一年四季画个不停。

春天，东风把大山染青，把大地抹绿，为花儿涂出五颜六色的脸颊。

夏天，南风画出满地滚圆滚圆的西瓜，画出满天晶亮晶亮的星星，还画出满池塘呱呱叫的青蛙和粉红的荷花。

秋天，西风画出的是一幅丰收景象：苹果红了，葡萄紫了，柿子黄了，遍地的稻穗都是金灿灿的。秋风还画出人们幸福的脸庞，那上面绽放着最美的笑容。

冬天，北风爱用白颜料画画。山啊，树啊，地面啊，屋顶啊，全都是白色的，只有雪人的长鼻子是红红的。

风是一位画家，画出了四季美丽的景象。

时间顺序是孩子们最常用的一种顺序，在记录一件事情时，时间不能乱。时间顺序是自然线索，当你不知道先写什么、后写什么的时候，按照时间顺序来写，就会很规整。

唐堂曾仿写过这篇文章。

## 雨是一位顽皮的魔术师

春天，春雨温柔地把自己交给土地妈妈收藏去了，让种子在湿润的空气里一个劲地往上长。

夏天，夏雨轻快地为天空妹妹洗把脸，然后给她扎个彩虹辫。

秋天，秋雨狂暴地把庄稼打得七零八落。

冬天，冬雨忧伤地将自己的寂寞埋在一片冰天雪地之中。

雨，这位顽皮的魔术师的喜怒哀乐还真不好掌握。

空间顺序——观察同一景物时，随着观察人位置的变换，景物将呈现先远后近、先小后大、先明后暗、先高后低等各种变化……课文《瀑布》，就是这样一篇范文。

### 瀑布

还没看见瀑布，
先听见瀑布的声音，
好像叠叠的浪涌上岸滩，
又像阵阵的风吹过松林。

山路忽然一转，
啊！望见了瀑布的全身！
这般景象没法比喻，
千丈青山衬着一道白银。

站在瀑布脚下仰望，
好伟大呀，一座珍珠的屏！
时时来一阵风，
把它吹得如烟，如雾，如尘。

本文采取由远及近、由高到低、由声及形及色的顺序，对瀑布做了全方位多角度的描绘。让人有身临其境之感。

人物顺序——同学、老师、家长；小鸡、小狗、小猫……课文《雪地里的小画家》，就是按动物们出场的顺序来描写的。故事虽短，但很生动，画面感极强。

### 雪地里的小画家

下雪啦！下雪啦！
雪地里来了一群小画家。
小鸡画竹叶，
小狗画梅花，
小鸭画枫叶，
小马画月牙。
不用颜料不用笔，

几步就成一幅画。

咦，青蛙为什么没参加？

哦，它在洞里睡觉哪。

故事情节顺序——故事的起因、发生、发展、高潮、结果……课文《风筝》，就是按做风筝、放风筝、寻风筝的事件顺序来叙述的。

## 风筝

童年的时候，我们这些孩子，最大的快乐就是做风筝，放风筝。

在芦塘里拔几根细苇，再找来几张纸，我们便做起风筝来。做一个蝴蝶样的吧。我们精心做着，心中充满了憧憬和希望。风筝做好了，却什么也不像了。我们依然快活，把它叫作“幸福鸟”，还把我们的名字写在上面。

我们去放风筝。一个人用手托着，另一个人牵着线，站在远远的地方，说声“放”，那线一紧一松，风筝就凌空飞起，渐渐高过树梢了。牵线人飞快地跑起来。风筝越飞越高，在空中翩翩飞舞着，我们快活地喊叫着，在田野里拼命地奔跑。村里人看见了，说：“放得这么高！”

从早晨玩到下午，我们还是歇不下来，牵着风筝在田野里奔跑。风筝越飞越高，似乎飞到了云彩上。忽然吹来一阵风，线嘣地断了。风筝在空中抖动了一下，便极快地飞走了。我们大惊失色，千呼万唤，那风筝越来越小，倏地便没了踪影。

我们都哭了，在田野里四处寻找，找了半个下午，还是没有踪影。我们垂头丧气地坐在田埂上，一抬头，看见远远的水面上半沉半浮着一个巨大的木轮，不停地转着，将水扬起来，半圈儿水在闪着白光。那是我们村的水磨坊。

“那儿找过了吗？”

“没找过，说不定‘幸福鸟’就落在那儿呢。”大家说。

我们向那房子跑去，继续寻找我们的“幸福鸟”……

此外，还有外貌顺序——眼、耳、口、鼻……心态顺序——心情的变化如由喜到悲、由笑到哭、由激动到沉静……物事特征顺序——形状、颜色、声音、气味、触感等。

总之，写作顺序多种多样，作文顺序也是灵活多变的，至于到底应该采用哪种顺序，要依据主题来确定。

» 3 »

## 分论式合成

通过句子构成段落，段落相互组合——由此形成总分式、并列式、递进式等写作手法。不同的段落承担起不同的功能与作用，从而构成一篇思路清晰、条理分明、表达有序的文章。

有些家长对孩子的作文很苦恼：为什么已经给了孩子一堆素材，他完全可以按时间线索、地点线索或是人物线索来描写，可孩子还是稍不留神就写成了流水账？这是因为在作文启蒙阶段，孩子往往找不到写作方向与写作重点。不少孩子的作文从头到尾只有一段，通篇读完，我们也感受不到心情的好坏、故事的起伏。

作文启蒙阶段，孩子的写作能力还不足以驾驭一篇文章。几百字围绕一个中心来讲述，往往是“眉毛胡子一把抓”。没有重点、没有层次，更没有细节描写，细节深入不下去，所有的点都在平均用力。

怎么解决作文启蒙中出现的这些问题？

一篇作文有清晰的、明确的、流畅的逻辑才是真正的大道，就像溪水一样自然流淌在行文之中。三段式或三点论是一个短期内见效快的解决办法。

在作文启蒙的某段特定时期，三段式有许多可取之处，虽没有化腐朽为神奇、化平凡为伟大的功效，但可以让孩子找到叙述的重点，从而能对每一重点着力加以细节刻画。

在辅导唐堂作文时，我也曾碰过一些钉子——孩子的行文天马行空却抓不住重点，作文散乱差。

为了纠正他的这些问题，那段时间，我采用了颇为“呆板”的教育方法——要求唐堂将一篇作文分为三个板块，分别叙述。凡事讲三点，首先、其次、最后；第一、第二、第三。经过一段时间的训练，他的作文条理性和细节感好了很多。

写人、状物、叙事，凡事讲三点，采用三段式作文，可以使文章条理清晰、观点明确，结构简洁；分别阐述，也可降低难度，便于孩子找到重点。

这是所谓的搭架子、理逻辑，正骨复位、把握文脉，作文才立得起来。如果没有支撑全文的骨架，脊椎动物就成了软体动物。

任何技法，如同硬币，都有两面。三段式作文也一样，有优点，也有缺点。

三段式中心突出，层次清晰，是作文的一种基本范式。满足范式挺容易，但模式化的文章也像快餐，吃一次两次还有新鲜感 ，吃多了就难以勾起人的“食欲”了。

三段式看似结构清晰，但模式化地寻找三点，如果各点之间的逻辑关系薄弱，往往会让我们的思维力、表达力停滞不前，文字也不易于出彩。

三段式只是简单的写作结构，谈不上写作层次。为凑足三个点，谁不是想破了脑袋，生拼硬凑?

所以，三段式只能作为作文启蒙初期参考的一种启蒙手段，若单纯把三段式变成模式化的作文套路，那就成了生搬硬套的套路。所以这种方法要慎用。

## 附：

## 唐堂习作《怪家伙、坏家伙与“好”家伙》

### 怪家伙、坏家伙与“好”家伙

今天，要跟大家讲一种动物，是我在一年级玩《捕鱼达人》时，认识的一种深海动物——鮟鱇鱼。

怪家伙

鮟鱇鱼的长相特别奇怪。它长着一张拖把脸，噢不，是一张刚拖了地的拖把脸。两只眼睛在头顶上“安家落户”，鼻子则直接“隐身不见”，嘴巴边缘长着一排像匕首一样锋利的、尖端向内的利齿，下颌有可倒伏的尖牙1~2行。它的整个身体，像一把琵琶，所以它又有一个艺名——琵琶鱼。

如果猛然间撞见鮟鱇鱼，那得给它吓得三魂七魄丢掉二魂六魄！它真是丑爆了。幸好它住在深海，那里一片漆黑，谁也看不见谁。要不然，别的鱼一眼就能看出这个丑陋的家伙是一条凶恶的坏鱼！因为它的坏就写在它的拖把脸上。

坏家伙

鮟鱇鱼经过进化，在脑袋上长了一根细细的钓竿，钓竿的最前端，还挂了一个会发光的“小灯笼”。这成了鮟鱇鱼的“捕鱼神器”。在深海生活的小鱼，大多都有趋光性。于是鮟鱇鱼这个“江湖术士”，利用头顶小灯笼若隐若现的光，散发出犹如万圣节糖果一样的诱惑，引诱着一些呆头呆脑、喜欢凑热闹的小鱼前来觅食，结果这些小鱼却成了鮟鱇鱼的“口粮”。

鮟鱇鱼的捕食过程大概是这样的——第一步，打开灯光，摇摆“小灯笼”。第二步，“守灯待鱼”，静静等待美食的出现。第三步，一旦有小鱼上当受骗，闯入这片致命的领域，鮟鱇鱼大嘴一张一合，OK，美食到口！

“好”家伙

“为了生存，就得有点绝活。”

鮟鱇鱼也不例外。它没有流线型的身体，没办法跟猎物比速度；没有强壮的肌肉，没办法跟猎物比力量。

但鮟鱇鱼很聪明，开发出了钓鱼绝技。它捕食时，通常把自己像一块岩石一样的身体“贴”在海底，点亮“小灯笼”，等待猎物靠近。同时，它又很有耐心。等待的过程十分漫长，有时要等上一周。这时的鮟鱇鱼就像一个安静的“美少女”。一旦有倒霉的小家伙上当，鮟鱇鱼立马变身为“冷面杀手”。一口吞下小鱼，真是一个“吃鱼不吐骨头”、足智多谋，又超有耐心的“好”家伙。

这篇作文，粗看觉得不错，但细读之下不难发现，存在三段式的所有毛病：生硬地分成三块，结果一二块之间，二三块之间均有不同程度的错位与撞车。这篇文章在杂志上发表时，编辑小姐姐就将“怪家伙、坏家伙与好家伙”三个板块，浓缩成了“怪家伙与好家伙”两个描写方向，结果逻辑反而更加清晰了。

小结

1. 就作文启蒙来讲，最简单、最常用、最直观的方法就是“开门见山、落笔入题”。

2. 时间顺序、空间顺序、人物顺序、故事情节顺序这四种是最常用的写作顺序。作文启蒙得打好这个基础。

3. 写人、状物、叙事，凡事讲三点，采用三段式作文，可以使文章条理清晰、观点明确，结构简洁；分别阐述，也可降低难度，便于孩子找到重点。

# 作文的
# “加法原则”与“减法原则”

*我们应当把不必要的话、不必要的字，狠狠地删去，像农人锄草那样。不要心疼一句好句子，或一个漂亮字，假若那一句、那一字在全段全句中并不起什么好的作用。文章正像一个活东西，全体都匀称调谐就美，孤零仃的只有一处美，可是跟全体不调谐，就不美。*

*——老舍*

» 1 »

## 加法原则

2015年，我去吉林省吉林市参加某校长论坛。在交流环节，谈起作文启蒙，一位作文培训学校的校长，手举得老高，很急迫的样子。

校长：“我们是一对一的作文辅导学校，每月一个主题。一月后，学校进行集中小测试，结果有一个三年级的小男孩，花了一个小时，写了36个字！怎么办？”

我：“文章写不长，是孩子们作文初期的通病。孩子有什么爱好不？”

校长：“有唯一的爱好——打游戏！”

我：“打游戏好啊！”

校长：“嗯，什么意思？”

我：“只要有爱好，我们就可以用爱好来‘诱惑’他。”

这个时代，孩子对游戏的狂热迷恋，既防不了，更堵不住。还得像李冰治水——把孩子的精力分流、转移到其他事情上，一味拒绝只会激起孩子的逆反心理。

随后，我给校长讲起我社周 .com 利用小步（周 .com 儿子）贪玩游戏的心理，来逐步提高小步作文水平的案例。

周 .com 先同小步订立“交换条件”：玩游戏可以，但游戏结束，需要小步写一个字、一个词或一句话来表达打游戏的感受。

计划实施的第一天，小步写了如下句子：

今天，玩了两小时游戏。

态度还不错，但像这句话一样，缺少了句子成分——主语。

小步再打游戏，周 .com 用上“加法第一原则”——表达完整，成分清晰。让小步在原句的基础上，增加“谁在什么时候玩什么类型的游戏”，一句话，先表达完整：

今天晚上，我玩了两小时“吃鸡”游戏。

下次，再让小步增加“谁在哪里玩什么类型的游戏，心情如何”：

今天晚上，我在卧室玩了两小时“吃鸡”游戏，很愉快，但也很累人。

周 .com 说：“当‘一个字’生长成‘一句话’时，缓一缓。不要急于提升难度，只要求孩子将句子写得通顺、明白即可。写一周，不重样。”

然后，我们在某些小环节，促使孩子不断改善，精雕细琢，便会有自成机杼的效果。

比如，孩子在初写作时，喜欢用“偷懒词”“笼统词”——“很”“最”“更”“非常”“十分”“极其”“格外”等来表示程度，抒发情感；类似的还有文章开头的“有一天”“今天”“昨天”，以及文章结尾时的“终于”等等。

每当这时，周.com便告诉小步“加法第二原则”——遇“偷懒词”“笼统词”，不要轻易下笔。停下来想一想，有没有更贴切的词语或描述可代替？

比如，用成语替代程度副词——

今天晚上，我在卧室玩了两小时“吃鸡”游戏，乐得我喜不自禁、眉飞色舞，但也很累人。

说玩游戏的心情，不一定要用“很愉快”来体现，喜不自禁、眉飞色舞也许更合适。而且顺势多用两个成语，既可强化情绪，增强气势和感染力，还能显示出情绪的多样性和层次感。

再比如，用环境描写替代“今天晚上”——

夜微凉，灯昏黄。在卧室玩了两小时“吃鸡”游戏的我，乐得喜不自禁、眉飞色舞，但也很累人。

把“今天晚上”替换成“夜微凉，灯昏黄”，后面的语序略微调整一下，是不是更有感觉了呢？

这句话，还有“很累人”没解决，当然不能再用成语一替到底啦。周.com使出“加法第三原则”——慎用成语，强化细节。

作文为什么写不长？都是成语惹的祸！

不是说多用成语才显得有文采吗？其实不然。

来看一个有关“车站，屁股”的例子。一个孩子写，“车站里，人来人往，熙熙攘攘……”成语用得不错，但很抽象。另一个孩子写，“车站里，人好多啊，我就觉得有很多屁股像卫星一样围着我旋转……”没有用成语，但以孩子的身高与视角来看，你会发现这妙不可言。

写作文如果只会按照套路使用成语，就容易忽视细节，让文章变得笼统干瘪。老老实实把自己看到的、感受到的用“高保真”的细节描写还原出来，比用诸如天高云淡、风和日丽、晴空万里、桃红柳绿、鸟语花香、花儿像火一样红这些大词、空词，更能感染人、打动人。

后来周 .com 和小步一起想办法，将“很累人”具体化，用具体的细节替换掉用滥的成语。这样既生动有趣，还解决了作文写不长写不细的难题。

夜微凉，灯昏黄。在卧室玩了两小时“吃鸡”游戏的我，乐得喜不自禁、眉飞色舞 。但也累得我头昏脑涨，绵软无力，身体耷拉靠在书桌边，像刚出滚筒洗衣机的衣服，用晒衣架都撑不直啦。

小步的表达逐渐有些像样的雏形，但仍不完整。玩游戏为何能让自己如此快乐？现场感、画面感还能不能提升？

当然能！比如，我们用人物对话的方式来改造小步的句子：

夜微凉，灯昏黄。我在卧室玩了两小时“吃鸡”游戏。

爸爸问我感觉如何。

我说：“累，但快乐。”

在一个句子中，一旦出现“说”“想”等谓语时，我们可以遵循“写说不出现说、写想不出现想”的方式对句子加以改造。

我说：“累，但快乐。”

我眉飞色舞地回答：“累，但快乐。”

我脑袋往椅子上一靠，眨巴眨巴干涩的眼睛，嘴角微微上翘：“累，但快乐！”

比较这三种写法，很显然，在语言前面加上动作、神态或心理描写，远远胜过干巴巴的“某某说”和“我心想”。这是因为，面对面交流的时候有声调、表情和手势等肢体语言帮助表达，一旦写出来，这些都没有了，于是就得用“加法原则”，增加字数来弥补这些损失，才能把想要表达的东西表达出来。

这就是周 .com 的“加法第四原则”——分解动作，“慢镜”回放；少用形容词，多用动词。

偶像组合 TFBOYS（加油男孩）的《青春修炼手册》中唱到，“跟着我左手右手一个慢动作……”如同歌中所唱，“慢动作”很重要，想要文章好看，就得学会抓住关键动作，慢镜头回放，连续使用动词，进行细致描写。

那么，如何才能将瞬间发生的事情“慢动作”重放呢？

用百字描述分秒钟发生的事件。

用描写替代叙述。叙述是纵向的脉络延展，描写则是横向的细节填充。

比如：“她流下了眼泪。”叙述不带感情色彩，平淡无奇。用慢镜头、大特写回放则会让人印象深刻：“她抽泣着，泪水在眼眶里游走一圈，立时让眼睛浸润一层薄薄的朦胧，然后拉成一条晶莹的珠链，‘簌簌’地跌落在地板上，碎了。”

再如，写一场乒乓球球赛：“他发了一个旋转球，让人看得眼花缭乱。”一个形容词就把文章给写完了。文字最怕抽象表达，一抽象，就枯燥。既无画面感，又让人难以体会到“他”乒乓球技艺到底高明在何处。

如何才能写出画面感？少用形容词，多用动词。因为控制人欲望的爬行脑更喜欢视觉化的信息，而非抽象化的信息——形容词是抽象化表达，动词是视觉化表达！

有人说：“形容词很虚妄，是飘的，无根，不及物。它华丽，但空洞，只能用来修饰句子，做不了主干，成不了主角。最要命的是，它可以到处修饰，傍谁的肩，都亲昵，有青楼气。形容词要节制着用。满头戴花的是傻村姑。闺秀只一朵，又孤又美。”这就是要少用形容词的缘由。但，请记住，我们说的是少用，而非不用。

动词则是所有词汇中，最富表现力的。它不但使文章充满浓郁的烟火气——写人如见其人，写物如睹其物，写景使人如临其境。用得巧妙的动词，甚至跟亲眼见到相比，会给我们留下更生动的效果、更细腻的印象。

掌握动词技巧后，就可以将其修改为：“只见他将乒乓球高高地抛起，眼睛死死盯着，球接触球板的一瞬间，他脚一跺，腰一扭，手腕轻轻一抖，乒乓球斗转星移 90 度，高速旋转着，向这边飞来，让人看得眼花缭乱。”一个动词转瞬变成六七个，画面即刻灵动丰富起来，球手高超的技艺，也随系列动词一一呈现在我们的面前。

同样的道理，我们再来改造小步的句子。

夜微凉，灯昏黄。我在卧室玩了两小时“吃鸡”游戏。

最后一把，“我”安静地蹲在房间角落，死死地盯着窗外，瞅准机会，一个箭步向前冲锋，左手快速按下B键切换开火模式，右手一点鼠标右键，手雷“嗖”的一声飞了出去，爆炸声起，黑烟腾飞，“吃鸡”成功！

这次成功“吃鸡”，乐得我喜不自禁、眉飞色舞，笑得合不拢嘴。但也累得我头昏脑涨，绵软无力，身体耷拉靠在书桌边，像刚出滚筒洗衣机的衣服，用晒衣架都撑不直啦。

爸爸问我感觉如何。

我脑袋往椅子上一靠，眨巴眨巴干涩的眼睛，嘴角微微上翘：“累，但快乐！”

你看，有时候改变就是这么简单。“加法原则”，让作文每次增加一点，改进一点，若干“小改进”，量变引起质变，最终带来孩子写作能力的超量成长。

两个月后，校长打来电话说：“效果很显著。孩子现在不但能写让人眼前一亮的好词佳句，还能测评游戏，预估游戏的生命周期。”

孩子玩得如此认真、如此专业，已经有从普通玩家向专业玩家发展的趋势，这难道不算孩子的“特长”吗？我想，照这样发展下去，孩子以后或许有机会成为职业游戏玩家、游戏架构师，或是游戏公司的产品经理，前程万里，大有可为。

## 2

## 减法原则

孩子的句子写长后，家长又会问这样一个问题：孩子在作文起步时，说话啰嗦，废话太多，更让人恼火的是，孩子还不愿修改，有什么改正的好方法吗？

当然有。

周 .com 建议用“减法原则”——先让孩子学会按自己的想法将句子写长、写完整，然后在不改变句意的情况下，让孩子在一段文字里减字。减字而不改变意思，把句子删到删无可删。删减到最后就成了《陋室铭》，一篇文章几十字，却能千古传诵。

还是拿小步的句子举例：

今天晚上很安静，我在卧室玩了两小时“吃鸡”游戏，很高兴。

周 .com 告诉小步，随着词语使用频率的增加，词语的效用正在持续“贬值”，比如“帅哥”，原指五官立体、举止潇洒的男子，但今日的“帅哥”，差不多就是指性别了，只要是男性，都叫帅哥。于是，面对真正的帅哥，我们得不断加码用“型男”“花美男”，甚至“男神”来称呼。

写话亦如此，开篇“今天晚上很安静”，句子虽然通顺，但文学性差了些，显得文字张力不足，难以打动人。如果用相对陌生的词语替代“很”和“安静”，就会给人一种新奇感。另外，句子也有些啰嗦，如果缩减一下，句子的力量感便会倍增。

小步似懂非懂地回到卧室，没过多久，拿来了他修改的句子：

今夜格外静谧，我在卧室玩了两小时“吃鸡”游戏，爽！

用“格外”“静谧”和“爽”，替代“很”“安静”和“很高兴”。虽然有提升，但总感觉还差得远！周 .com 啼笑皆非地对小步敷衍表扬。

本以为这事儿就这样结束。没想到一周后的一天，小步先拿出一本周 .com 常看的古龙武侠小说，指着上面的一句话，激动地说，原来句子还可以这样写：

残阳，如血。

随后，小步拿出小说下面藏着的作文本：

夜，静谧。无人打扰，天命“吃鸡”！

一句一顿，短促有力；朗朗上口，气场爆棚。

这着实给了周 .com 一个惊喜。

小步这一改，暗合语文特级教师蒋军晶在《作文九问》提倡的两条“减法原则”：

一是孩子初学作文，通常会犯主语重复“我、你、他”，谓语动词重复“有、是、像”，以及“然后”等其他类型的重复。如何改进？要像老舍先生建议的那样，用“减法原则”，把多余的虚词、无用的副词、无意义的形容词，当作杂草，毫不犹豫地锄掉。

比如外貌描写，在孩子的作文里总会看到类似这样的段落：

××× 长得很漂亮，她有一头又长又直的黑发，有一双乌黑会放电的大眼睛，有一个高高的鼻子，她还有一张樱桃小嘴。

试着让他们去掉文中的“她”和“有”，把文字重新串联一遍，除客观描述外貌外，增加两三处对外貌的主观评价，立马会发现表达顺畅了很多。

××× 可漂亮啦，一头又长又直的黑发自然地披在肩上。她那双乌黑会放电的大眼睛很迷人，眨动之间，透出一股聪明伶俐劲儿。高高的鼻子，和常常嘟起来的樱桃小嘴搭配在一起，可爱极了。

这样读起来，是不是舒服多了？

可还有问题：第一，去掉“她”和“有”，自然流畅地把 ××× 的五官组合在了一起，写得还不错，可让我们拿着这段满是形容词的文字去机场接人，恐怕我们很难辨认出 ×××；第二，是文字越写越多，这还是减法原则吗？

首先，人物描写，少用形容词，多用名词。前面说过，形容词华美但空泛，放在谁的身上都可以。比如“她身材颀长，面容姣好”，这种形象是很模糊的。名词虽然平淡，但可以很具体地告诉我们“是谁”。比如“她身高 1.75 米，嘴角有一颗美人痣”，一下就能让人物形象清晰定格。

其次，“以退为进”，再在上面的文字中加入以名词为主的“最有特点的是——”

×××可漂亮啦，一头又长又直的黑发自然地披在肩上。她那双乌黑会放电的大眼睛很迷人，眨动之间，透出一股聪明伶俐劲儿。高高的鼻子，和常常嘟起来的樱桃小嘴搭配在一起，可爱极了。最有特点的是她戴一顶水绿色折叠渔夫帽，帽檐一圈细碎的米黄色流苏，帽边上有一朵青金色的小花。

这样描写人物，让人过目不忘，在机场，分分钟锁定×××。

所以，写人物的外貌，就是要写那个人最有特点的地方。甚至把“最有特点的是”之前的句子全删掉，也是成立的。

最有特点的是她戴一顶水绿色折叠渔夫帽，帽檐一圈细碎的米黄色流苏，帽边上有一朵青金色的小花。

好的作家，在一本书里会创作上百个人物形象，如果每个人都要有完整的外貌描写，太费笔墨。他们多半也只描写各色人物“最有特点”的外貌。而且写得纯熟了，“最有特点”四个字只装在心里，而不会出现在文中。比如，作家金庸笔下的人物大都是如此处理的——

灭绝师太：只见她约莫四十四五岁年纪，容貌算得甚美，但（最有特点的是）两条眉毛斜斜下垂，一副面相变得极是诡异，几乎有点儿戏台上的吊死鬼味道。

莫大先生：只见一张板桌旁坐了一个身材瘦长的老者，脸色枯槁，（最有特点的是）披着一件青布长衫，洗得青中泛白，形状甚是落拓，显是个唱戏讨钱的。

二是少用长句，多用短句。

“棉田白，稻田香，家家农人去来忙。”

“红叶村，芦花港，处处听得秋虫响。”

当你读完上面的句子，会发现什么特点呢？尽管这些句子很短，用词也很朴素，但读起来轻快押韵。最重要的是这些短句短语，一句一景，移句换景，给我们呈现出一幅热闹饱满的农家景象。

现实中，很多孩子在写作文时，更喜欢用长句来表述。蒋军晶老师在《作文九问》中举了这样一个例子：

高高的绿绿的草散发着诱人的清香。一根一根都看得那么清楚，很挺拔的样子。

可以修改为：

草绿了，高了，散发着清香。一根一根，看得清清楚楚，很挺拔的样子。

用短句来代替从句和复句，读起来，你会发现，这样的作文节奏感会好很多。

很多同学对写作有认识误区——优美的句子就是堆砌华丽辞藻，句子越长越有文采。如果只是刻意堆砌，就失去了句子的“魂”。句子太长，读起来会很吃力，让人喘不过气来。同时，长句也是病句问题的“多发区”。

我们所提倡的多用短句，并不意味着所有长句都要进行拆分，而是在写作时，让句子长短相间，显得错落有致。这样，也利于培养孩子的语感。

家长在对孩子进行作文启蒙时，常会遇到“孩子写话经常东一句、西一句、文字欠缺逻辑感与顺序感”的问题，苦恼不已。

想要解决这个问题，建议家长不要一味让孩子多看优秀作文选、多背别人的优秀作文。优秀作文看得再多、背得再熟，始终是别人的生活、别人的体验，孩子的写作能力很难得到提升。就像一个将领，只可能在战争中学习战术一样，写作能力也只可能在写作中才能得到提高。隔岸观花，永远不可能掌握写作的精髓。

当孩子写完一篇作文时，让孩子先去读一读，然后修改不通顺之处。长期坚持下去，孩子的语感也将得到大幅度提高。

多跟孩子聊作文，用“加法原则”和“减法原则”引导孩子改作文，以孩子的作文为标靶，每次改变一点，提高一点——把句子写完整、写通顺、写具体、写连贯，逐渐写得长短相间、长短相宜。待一个月、两个月、一学期后回头再看，你会惊叹，嗬，孩子的作文竟然进步这么大！

“加法训练”与“减法训练”，既能让孩子明白自己写作中的优缺点，还能增强孩子的写作信心——原来按自己的思路，是可以写出好文章的！

您和孩子，不妨试试。

## 小结

1.形容词很虚妄，是飘的，无根，不及物。它华丽，但空洞，只能用来修饰句子，做不了主干，成不了主角。最要命的是，它可以到处修饰，傍谁的肩，都亲昵，有青楼气。形容词要节制着用。

2.动词使文章充满浓郁的烟火气——写人如见其人，写物如睹其物，写景使人如临其境。用得巧妙的动词，甚至跟亲眼见到相比，会给我们留下更生动的效果、更细腻的印象。

3.人物描写，少用形容词，多用名词。前面说过，形容词华美但空泛，放在谁的身上都可以。名词虽然平淡，但可以很具体地告诉我们“是谁”。比如“她身高 1.75 米，嘴角有一颗美人痣”，一下就能让人物形象清晰定格。

4.优秀作文看得再多、背得再熟，始终是别人的生活、别人的体验，孩子的写作能力很难得到提升。就像一个将领，只可能在战争中学习战术一样，写作能力也只可能在写作中才能得到提高。隔岸观花，永远不可能掌握写作的精髓。

# 作文的“外功”与“内功”

*我只能写我体验过的东西，我思考过和感觉过的东西，我爱过的东西，总而言之，我写我自己的生活，和与之长在一起的东西。*

*——冈察洛夫*

## 1

## 外功，“感官感受”

作文需要清晰表达，也需要生动表达。对许多小朋友来说，作文生硬呆板，写不生动是个难题。

小学作文，文体简单，一般是写物、写人、写事三类。观察体验永远是第一步，没有留意观察，写景抒情便无从谈起；没有深刻观察，写人叙事也会显得空洞乏味。

去一样的景点，游览一样长的时间，有的孩子描述得干瘪乏味，既不鲜活，又不精彩；有的孩子却能写出让人心潮澎湃的文字。

差别在哪儿？仍在“观察”二字。

作文启蒙时，我们一定要告诉孩子，观察，不仅仅只是用眼睛去看，还包括了用耳朵去听、用鼻子去闻、用舌头去尝、用身体去触摸、用聪明的脑袋去想象。把全部感官调动起来，才叫“观察”。

写形状，去观察高矮胖瘦、大小长短；写颜色，去观察赤橙黄绿青蓝紫；写味道，去感受麻辣鲜咸酸甜苦；写气味，去感受浓淡香臭焦腥；写声音，去体会沙哑沉闷细尖粗；写触感，去体会冷热滑糙痛痒……一个合格的观察者，要能通过不同感官去观察、去感受、去体会。

就像“4D”电影为何让人感觉更加真实一样，它将震动、吹风、喷水、烟雾、气泡、气味、布景、人物表演等特技效果引入影院，让人身临其境——如在北极险地的影像中感受片片雪花飘落、在疾驰的汽车场景中感受阵阵劲风吹来、在冲浪的情节中感受到点点水花飞溅……

观察感受是输入，作文表达是输出。从输入到输出，孩子还需要掌握用文字引导输出“感官感受”的方法——用视觉、听觉、味觉、触觉和想象来写，去占领你的作文。把读者的眼睛、耳朵、鼻子、舌头、身体和大脑都调动起来，和文字同频共振，一篇作文才会写得言之有形、言之有色、言之有味、言之有声、言之有意、言之有理。

当作文不再干巴巴、硬邦邦，就能打开生动之门，让孩子的作文上一级大台阶。

比如写桃花，既可以写它们是红的、粉的、黄的，像小女孩的蓬蓬裙；也可以写它们是香的，引得蜜蜂和蝴蝶流连忘返。

比如写一个人，既可以写她的样貌，美得让人忘记了呼吸；也可以写她如山泉叮咚般清脆的声音；还可以写她像一只欢快的云雀飞来飞去。

比如写风，既可以写风吹得小姑娘长发飞舞，衣裙飘飘；也可以写风像杀手一样，叫嚣着撞击门窗；还可以写风里夹杂着的甘草与露水混合的淡淡清香，沁人心脾；甚至可以写春风拂面，给人痒痒的、暖暖的感觉。

总之，写一样东西，不能只把眼睛看到的写出来，如果只有眼睛的观察，就像孩子上舞台前在休息室里的清唱，再精彩也势单力薄、形单影只。如果同时调动身体的各个感官，把听到的、闻到的、尝到的、摸到的、想到的都写下来，犹如孩子站上舞台，乐队、伴舞、灯光、布景、观众，开始协力配合，就能让表演更具感染力。

很多道理和方法，嘴巴说起来简单，眼睛看上去容易，可真动手却无处着力。如何才能像米其林餐厅的三星大厨一样，对同样的“原料”深度加工，蒸煮煎炒炸，还未出锅，就已香味四溢，让人垂涎欲滴？

下面采用前奥美广告人关健明在《爆款文案》中的方法，让我们一起来体会体会，如何才能真正让“感官感受”占领作文，让孩子写出充满激情、撩人心弦的文字——

眼睛：你看到了什么，好比你描写田间野花，仅写“五彩缤纷”是不够的，而应写“田野小花，一雨之后，由乱草丛中，争先恐后地透蓬蓬绿叶而出，红心紫瓣，风吹花动，整个原野摇曳生姿，五彩缤纷”。

鼻子：你闻到了什么，好比你描写食堂的早餐，仅写“香味浓郁”是不够的，而应写“羊肉口蘑臊子面，好香好香！葱油大饼，好香好香！闻着这种香味，馋得我直吞口水，真想一口葱油大饼，再就着一口羊肉口蘑臊子面”。（汪曾祺）

耳朵：你听到了什么，好比你描写黄果树瀑布，仅写“震耳欲聋”是不够的，而应写“瀑布从山崖一跃而下，它咧开大嘴，欢乐的哄闹声从山顶一直俯冲到山底，它把鼻子使劲一捏，憋足了气，‘扑通’一声钻入水中，轰鸣声回响在山中，久久不愿散去”。

舌头：你尝到了什么，好比你描写水蜜桃，仅写“酸甜可口”是不够的，而应写“甜糯的果肉，鲜活的果酸，争先恐后地在涌入口中，迅速征服了你的味蕾。每一口都是一种欢愉，好吃得根本停不下来”。

身体：你触摸到了什么，好比你描写秋雨，仅写“细雨绵绵”是不够的，而应写“我把手伸进这和风细雨中，顽皮的雨点争先恐后地蹦到手心里，凉丝丝的，好像妈妈在给我挠痒痒，浑身的疲累一扫而光”。

心里：你的内心感受到了什么，好比你描写蚊子的叮咬，仅写“瘙痒难忍”是不够的，而要写“抚摩着叮咬处，直到它由痛转痒，渐渐肿成一个小疙瘩。我也就从抚摩转成搔、掐，直到它由痒转痛，比较地能够打熬”。（鲁迅）

你和孩子感受到其中的差别了吗？

看到的——

听到的——

闻到的——

尝到的——

触碰到的——

想到的、感受到的——

当孩子用这样的文字来表达感受时，就能与读者的阅读联想产生共鸣，让读者在脑海里调动自己的感官，用孩子般的好奇心跟随文字，去看、去听、去闻、去尝、去触碰、去想、去感受。

“灵感”不是从天上掉下来的，在表达过程中，请引导孩子用文字记录下观察过程中的任何一丁点的不寻常，以及感官最细微（微动作、微表情、微心理）的起伏波动。学会这样的科学方法与写作技巧，任何孩子都可以清晰简明、按部就班地写出和以前完全不一样的高水准作文。

## 2

## 内功，“阅读经历”

练功夫，讲究“内练一口气，外练筋骨皮”，内功不强，外功不壮。作文也一样，技巧是外功，作文仅有花架子还远远不够。

著名词作家阎肃说过，要想写出好作品，其实很简单，只需两字——“阅历”。阅，就是阅读；历，就是经历。

阅读和经历，就是存钱的过程，持续小额存入；写作和演讲，就是刷卡的过程，遇事大额支取。作文启蒙，零存整取；存钱太少，一刷就爆！

很多家长都有一个这样的疑问：我家的孩子看了几百万字的书，什么类型都看，什么故事都读，为何还是写不出好作文？

有人说要想孩子的作文优秀，他需要看 5 倍、10 倍于教材的图书。几百万字的书，如果算二十万字一本，也就十多本书的文字量，阅读量根本算不上大。

更何况阅读是获取别人的经验，属于间接经验。看过许多故事，不代表孩子就读懂了这些故事；读懂了这些故事，不代表孩子就拥有这些故事；拥有这些故事，不代表孩子在下次写作时，就能用上这些故事。毕竟书中的故事，能和眼下作文主题完全契合的概率比较小。所以，孩子的作文要想有所借鉴，还得海量阅读，博览群书。

因为孩子看完一本书，能从这本书中吸取的营养或许是一种语体风格，或许是一种写作手法，或许是一句话。当孩子能把书中的内容与自己的生活相结合，转化成自己的体悟，就是所谓把书由厚读薄的过程。

比如，唐堂读完畅销世界的《佐贺的超级阿嬷》，能用在他的千字作文《妈妈学奥数》中的，就文章结尾中的一句话而已。

不知什么原因，妈妈竟然还抵御住了三大诱惑——打游戏、看小说和逛街。在奥数课上，比我还认真。我不会的题，她这个以前的数学“差生”，竟然能解答出来，而且经常把她的解题思路讲给我听，真是太神奇了。

后来，我知道妈妈学奥数，其实是陪我。这就如《佐贺的超级阿嬷》中讲的一样：真正的体贴总是那么让人难以察觉。学奥数，妈妈的陪伴就是真正的体贴。

想要练好作文的内功，单有阅读是不够的，还需要有经历，毕竟阅读与经历就如建造房屋的钢筋与骨架，有了这两样，作文才能立得起来。

诗人北岛在《回答》中写道：“一个人的行走范围，就是他的世界。”

作家韩寒感慨：“一个人连世界都没有观过，哪来的世界观？”

在启蒙阶段，孩子这两样都很欠缺，怎么办？

对家长来说，在孩子阅读量还不是太大的时候，最好让孩子去经历、去体验后再写作。

写事物时，就真的带领孩子到目的物前感受，比如写树，就和孩子一起去到树的面前，看看树叶像什么、树的味道如何、风吹来时树的反应是怎样的、下雨时树下又是怎样一番光景……有了这些直接体验、直接经验，写作文时自然有了素材。

电影《银河补习班》里也表达过类似的观点，邓超饰演的马皓文在辅导孩子写作文时，亲自将孩子带到草地上，问孩子“为什么明明是同一片草地，你脚下的小草颜色发黄，远处的草看起来却是绿色”。孩子瞬间就体会到古诗“草色遥看近却无”的意味。

在编辑部，经常接到类似的电话：周末重阳节，老师布置写一件帮助老人的好人好事，结果父母加班，出于安全的考虑，孩子在家待了一天，这篇作文怎么写？

在数次作文讲座现场，我经常问老师和家长：作文如何写？用手写，还是用心写？

绝大多数回答是用心写，像上面提到的这篇作文确实多数人是在“用心写”——在心里瞎编。

其实写作文应该忘掉分数，学会用“脚”写作文。

用手写作文，写了擦、擦了改，太累；用心写作文，坐而论道、脑补场景，太空。只有走出去，脚踏实地，才能文思泉涌。

我社周 .com 讲过一个故事，让人印象深刻。

2015 年 4 月 23 日，世界读书日当天，有一个重庆孩子的家庭作业是“采访爱读书的人”。

孩子通过 QQ 联系到周 .com，并问了一个问题：读万卷书，行万里路，哪一个重要？

周 .com 讲了一个例子——

在一些地方，老师教“本地区”（local area）时，会用半天时间，带孩子们去参观周围的医院、学校、斑马线、路灯、邮筒、商店、路牌……然后会问孩子一些问题，比如，斑马线为什么设置在这里，路牌的意义，商场的开闭时间，邮差什么时候取信，医院的急诊一般设置几个医生……这些都是需要去了解之后才能理解的事情，几天后汇集大家调查到的数据，一起来了解“本地区”……

而还有一种教“本地区”的方式就是：在课堂上，老师讲解“本地区”，声情并茂地告诉大家（我们假定老师都拥有很高的教育技能），本地区有什么，然后教读，然后组词、造句、背诵、听写、默写……

后来，周 .com 感叹，“调动感官去感知和默写背诵”这两种方式，优劣立判。

我对此有不同看法，读万卷书和行万里路，其实是个互补的组合，就像左手和右手，读书是了解方向，行路是在路上补充和验证看到的知识。若没有充足的知识和广泛的阅读作为储备，即使行了万里路也不过是个“邮差”。

不论是读万卷书还是行万里路，都需要在行走中去理解真实的生活。

出于繁重课业或是安全的考虑，老师通常不会为了教一个“本地区”，就带领学生耗费一个下午去体验生活。让学生一天到晚坐在教室里，是没办法培养学生的观察能力与思维能力的，这种认知教育与生活难免脱节。

比如，在自然课上学习了植物的特征，考试时孩子背得滚瓜烂熟，勇夺高分；但真正走到户外，站在植物面前，他们通常会觉得那是“最熟悉的陌生人”。学物理的不会换灯泡、学中文的写不出文章、学英语的看见外国人问路就闪躲……学以致用，才是学习应有的效果。

孩子们长居校园，只能寄希望于家长。在生活中找机会带孩子走出去，去探索、去玩耍、去观察生活的奥妙。

但家长应该避免的做法是：每次带孩子出去，刚出门就讲“今天的景点既有奇花异卉，又有人文历史，好好观察，回来写篇作文”。让孩子带着任务去玩，谁都不会乐意。长此以往，孩子会说：“带我出去玩，不就是为了回来让我写作文嘛！不去！”

让孩子写好作文，其实是双向的行为。在孩子观察力尚不完善的时期，我们可以帮助他们。想留住什么就录下什么，看到有意思的场景就拍下来，回来后和孩子一起整理，一起大开脑洞。

玩得尽兴，写得畅快，何乐而不为？

我社《创新作文》曾刊发过一篇《春天到了》的文章，讲述的正是我推崇的一种教育方法。

### 春天到了

文 / 和田雅美

真是太讨厌写这样的读后感了，这是 9 岁的片冈聪小朋友最真实的想法。在日本，老师们总爱布置阅读后写感想的作业，今天读了关于春天的文章，又要写一篇读后感，这可够小男孩头疼的。

“春天到了……温度开始升起来……”春天还有些什么呢，真是的！拿着笔半天挤不出一个完整的句子，字也写得歪歪扭扭，片冈聪急得一头汗。

“是什么让我们的片冈聪这么不安啊？”妈妈在宝贝身后轻轻地

微笑，“是不是写作又遇到了问题？让妈妈来看看有什么能帮忙的！”

“老师要求写些关于春天的感想，我可什么都写不出来！”片冈聪急得快哭了。

“这很好办啊，不要着急！”妈妈一边安慰，一边起身，“我带你去个地方，你得带上你的录音笔和拍立得相机，会有用的。”

母子俩坐车来到农场，“好啦，该你自己行动了！录音笔给你，打开录音功能，你看到什么觉得好的就用拍立得拍下来，回家咱们慢慢查字典来写作文，去吧！”

片冈聪一会儿跑进田野，一会儿爬上土堆，兴奋的小汗珠爬满了额头……

回到家，妈妈和9岁的儿子一起整理照片和录音，写得不亦乐乎。

“春天到了，世界从冬天里醒了过来！看得见，摸得着，樱花在枝头调皮地招手微笑，青草的清香在空气里打滚，就连翻开泥土都能闻到清新的味道。沿路叫不出名字的花尽情摇摆，像是在欢迎我们，就连蜜蜂和蝴蝶也被春天的味道邀请而来……回家我翻开词典，想找个词来形容春天的味道，那就是‘鲜’……”

老师充满感情地念完片冈聪同学的范文，教室里响起一片掌声。

这则故事里，片冈聪妈妈所用的方法，就是我所提倡的——用“脚”写作文。当然不是让你真的去练习用脚抓着笔一字字地写。

写作文，就像是画圆规，中心脚是初心。我们理提纲、打腹稿，定了要写什么，这个是不变的。另一条腿，是写作文的腿，你围绕中心脚能迈多长，走多远，决定了你文章的容量和面积，走得越远，你作文半径就越大……去经历、去尝试，执笔去写迈出去的每一步，这才应该是真正的作文。

作家阿来曾说“多阅读，迟开笔”，我们不妨再加一句“先行走，再作文”。

周.com还讲过两个这样的例子——

记得有个三年级的孩子写了篇童话给我看，他的想象力很好，文字也很优美，但是当我看到作文里写“一只小熊在灌木丛里拾板栗，却把小刺猬当作板栗给带回了家”时，不知道有没有家长和我产生一样的疑问，板栗和刺猬长得有那么像吗？因为我脑海里的板栗长着光滑的外壳。

于是一位三年级的孩子“教育”了我。孩子回老家时，妈妈特意带她去采板栗，孩子注意到，“生板栗原来是一圈的刺，扎手，而刺猬蜷缩起来，也是一圈的刺，扎手”。教育是一次相互成长，三年级孩子完胜了我。我要谢谢这个孩子让我知道板栗在没有成熟之前，有这样“青涩”“叛逆”的模样。

还有位家长因为孩子成天只知道调皮捣蛋，便在假期送他到乡下奶奶家，结果他竟然翻到猪圈里。但是，在一篇描写动物的作文里，孩子写道：“猪的耳朵能准确反映猪的情绪。当猪愤怒的时候，猪耳朵向后弯折；疲劳的时候，双耳下垂挡住眼睛；高兴的时候，双耳松弛，耳垂起微微的波浪……”这些是孩子在仔细观察后才会有的生活体验，有了这样的体验，作文又何愁写不好呢？

用“脚”写作文就是这样，经历决定作文的宽度。

与其让孩子去写一朵花，不如让他亲手种一盆花。让他自己想办法买种子，再播种、松土、浇水，等待发芽、开花……然后，再将真真切切感受到的花儿的成长记录下来，得到的才是属于自己的“花”，而不是书本上或别人嘴巴里讲出来的“花”。

就像一台榨汁机想要榨出鲜美的果汁，首先得有鲜美的水果一样。家长要鼓励孩子去玩、去探索世界，就要尊重孩子的兴趣，有的孩子喜欢昆虫，有的孩子热衷运动，这些都应该被鼓励。只有花时间陪伴孩子经历生活，他的内心才会更加丰盈。笔下的真实也唯有用时间和经历换取，别无他法。

任何事情和人都会在孩子的心里形成投影，你不必强求孩子现在就要写出来，或是写得多好，某天某个时间，他用到时，自然会让你眼前一亮。

## 小结

1. 观察，不仅仅只是用眼睛去看，还包括了用耳朵去听、用鼻子去闻、用舌头去尝、用身体去触摸、用聪明的脑袋去想象。把全部感官调动起来，才叫“观察”。

2. “灵感”不是从天上掉下来的，在表达过程中，请引导孩子用文字记录下观察过程中的任何一丁点的不寻常，以及感官最细微（微动作、微表情、微心理）的起伏波动。学会这样的科学方法与写作技巧，任何孩子都可以清晰简明、按部就班地写出和以前完全不一样的高水准作文。

3. 写作文应该忘掉分数，学会用“脚”写作文。

用手写作文，写了擦、擦了改，太累；用心写作文，坐而论道、脑补场景，太空。只有走出去，脚踏实地，才能文思泉涌。

4. 与其让孩子去写一朵花，不如让他亲手种一盆花。让他自己想办法买种子，再播种、松土、浇水，等待发芽、开花……然后，再将真真切切感受到的花儿的成长记录下来，得到的才是属于自己的“花”，而不是书本上或别人嘴巴里讲出来的“花”。

# 比喻，作文的“整容大师”

*经过精挑细选的词汇有着如此强大的力量，以至于与亲眼见到相比，比喻通常会给我们留下更生动的印象。*

*——约瑟夫·艾迪生*

比喻实在是人类伟大的“发明”。

用语言文字写人记事、写景状物，并不难，可多半很难出彩传神！用上比喻，却可以让一句话滋生出许多魔力，予人一种破茧成蝶的惊喜！

比如，下面一组孩子笔下的春天，就给予我们这样的感觉：

——妈妈：你看，满天的风筝，那是春天的候鸟吧？

儿子：不，那是人们在天上遛鸟呢！

——一阵春风吹过，所有的花儿都摇头晃脑地追问圣心湖，谁才是最美的花朵？圣心湖急得满脸堆起了皱纹。

——春天，阳光是个粗心的粉刷匠，总是刷了一半就开跑，刷了正面，忘记背面。

——春天，玉兰花开得像一只只彩色的羽毛球，好想统统摘回家，放着慢慢打。

春天，含苞待放的玉兰花，像蘸上或粉、或紫、或白的彩色毛笔，把春天描画得姹紫嫣红。

春天，含苞怒放的玉兰花，像商场里小女孩的蓬蓬裙，各式各样，挂满了树梢。

怎么样？孩子天马行空的想象力惊艳到你了吧！

春天就在那里，比喻让孩子笔下的春天变得鲜活、生动、有趣。可大部分孩子写出来的文字，干巴巴的，始终缺一份灵动。如何才能避免人云亦云，让孩子的文字充满律动，有生命力？

作文犹如一瓶好酒，不开，依然没有酒香。

比喻，就是那个“开瓶器”。

比喻能让孩子的作文化平淡为生动、化深奥为浅显、化抽象为具体、化冗长为简洁。使描写更容易产生共鸣，增加感染力。

作文没有比喻，好比天空失去颜色、太阳没有温度、海水不能流动。所以，在作文启蒙时，我们对孩子不妨做一个死板的要求——五句话内必须有一个比喻。

既然比喻如此重要，首先得让孩子积累一些常用的比喻词：

好像、像、似乎、如、好似、恰似、一样、仿佛、犹如、宛如、好比……

其次，要指导孩子避免使用那些烂大街的句子。比如脸蛋像苹果，大雪像鹅毛，云朵像棉花糖……这样的句子宁愿不写也不要用——太多人这样写，这样的比喻，别人看了毫无感觉，没人会觉得有价值。如果一定要比喻，就要想一个新颖恰当的比喻。

要知道，万物之间都是互有联系的，人类再写一千年，也不可能穷尽万物之间的联系。

想象力需要天赋，但也有一些套路可供借鉴学习。

» 1 »

## 比喻，从逻辑入手

比喻是写作中最重要的修辞手法——拿一物比一物，由一事关联一事。

比喻是同时描写两样东西，使它们相互辉映，互相衬托。当然，两样事物不会完全相像，比喻只需取两者相近似的一点、一个特征、一个侧面即可。

但在启蒙实践中，家长、孩子特别容易走入比喻的联想困局。

三年级的一天，唐堂的语文作业是改写句子，其中一句要求将“太阳炙烤着大地”改写成比喻句。百分之六七十的同学写了“太阳像火球一样炙烤着大地”“太阳像烤炉一样炙烤着大地”，好一点的同学写了“太阳把地球放进烤箱，开足电力，无情地炙烤着大地”。

原本这样的改写对孩子来说很有必要，但如果只是为了完成任务，选择一些被用烂、用旧、用俗的比喻，就一点都不好玩了，孩子也写得了无生趣。

太阳本身就是个大火球，我们还将它比喻成火、火球、烤炉，就太呆板了。在比喻时，我们应尽量避免把声音比作声音、味道比作味道、气味比作气味。

类似的比喻，其实是有迹可循的——从事物的形状、声音、颜色、动作、功能、特点、结果等方面出发，寻找事物间的联系。

比如雪花在空中飘落，我们根据形状和颜色可以写成：

雪花像一群会隐身的舞蹈小精灵，都戴着半透明的六角帽，一眨眼就会消失不见。

根据过程和动作可以将它写成：

雪花在空中飞舞，它们好似一个个快乐的音符。

根据特点和结果可以写成：

**雪花那么淘气，那么调皮，就像精灵一般从人们的领口钻进去，然后再笑嘻嘻地化开。**

后来，我和唐堂从太阳炙烤大地会造成什么结果的角度去思考——水分的快速蒸发，会造成大地龟裂、植物枯萎、气温快速攀升、电力供应不足……

于是，我们将太阳比喻成巨型抽水机，一瞬间就将大地上的水分吸光，把大地炙烤得一片荒芜，一切都显得有气无力；将太阳比喻成蹩脚的画家，他的调色盘，只剩下炭黑、煤黑、焦黄、石黄几种颜料，把大地涂抹得干涸丑陋；将太阳比喻成绿色收割机，突突突，消灭一切绿色植物，留下一片恐怖的大地。

» 2 »

## 比喻，从熟悉入手

世间万物，我们只对其中一小部分常见之物比较熟悉。若我们游览国家博物馆后，须向人谈及一件完全陌生的古物，最可靠的办法就是用大家熟悉的事物去比喻这件陌生的珍品。

比喻就是用熟悉喻陌生，用已知喻未知。

打比喻，永远要用自己熟悉的东西来作比。比如看过的书、做过的事、接触过的事物，这样才能传神。有段时间，我强烈要求唐堂在写句子或打比喻时，只能用 5 米以内的物件或自己用过、吃过、读过、看过的事物来比喻。

比如，唐堂在一年级下期，学习了《种水珠》一文：

地上能长出小草，长出小树，长出小蘑菇，也能长出亮晶晶的水珠。

老师要求回家后仿写这句话。

种子能长出小嫩芽，长出蔬菜，长出水果，也能长出亮晶晶的水珠。

这是唐堂的同学们仿写的句子。

一年级刚开始学写话，能写出类似的句子，也算不错。那段时间，我刚好在与唐堂玩“拿到什么东西，就写什么”的游戏，唐堂 5 米以内就有他最熟悉的文具与图书，他拿在手里的是本子，于是，我们仿写的句子是：

本子上能“长”出文字，“长”出句子，“长”出作文，也能“长”出无人可及的本领。

如果手里拿的是“笔”，同样将“本子”改为“笔”就行。

如果是书包的话：

书包里能“长”出本子，“长”出图书，“长”出文具，也能“长”出多姿多彩的知识。

一年级下学期，老师布置用“旋转”造句，大多同学能想到的都是小姑娘跳舞时旋转，真漂亮。唐堂写的是：

神奇真神奇！我发现，洗澡时挤出的沐浴液在手心里打着转，旋转堆积，最后堆成了懒羊羊的便便发型。

再比如吃辣椒。有一次，有一个小作者在《第一次吃辣椒》中描写他口中的辣：

偷偷地夹起一个辣椒，放进嘴里。顿时，我的口腔开始冒火，辣得我舌头像针刺一般，稍后舌头开始变苦，眼泪直往下流，我满脸通红。这时的我活像一只蚂蚱，在房间里上蹦下跳。妈妈见状赶紧拿来一瓶矿泉水，我一下给它喝个精光。稍作休息，我才慢慢恢复平静。

我社作文大师周 .com 点评说：

辣的最高级是文字里找不到一个“辣”字，让人读起来，嘴里不辣，心里都能产生共鸣，有种被辣到的感觉。

那辣的反应有哪些呢？流汗、热、流鼻涕、流眼泪、哈气、脸红，这些词里都没有辣字，但文字叠加起来，分明就表现出被辣晕了。

另外，辣还有什么用处呢？可以给在北极探险的科学家暖暖身体，可以让犯罪分子流眼泪、束手就擒……还有呢？再想想，可以找不到化妆师的时候，“人造”一个关云长，这样是不是就有点意思了？

同时，辣椒，红红火火，也是过年的象征，这里面又有些什么典故呢？

最后，周 .com 建议将文章名改为“我和辣椒的第一次谈判”，画面感是不是呼之欲出了呢？

后来，我按周 .com 的思路改了一个版本：

红色的辣椒像发怒的孙猴子，一路抖落下来无数的分身，随即在我的舌头上“大闹天宫”，一脚就踢翻了太上老君的炼丹炉，一瞬间整个口腔和喉咙化身成为千里赤焰的“火焰山”。成千上万的孙猴子举着金箍棒，左一棒右一棒，一路从舌尖打到了喉咙和胃，让我的整个食道失去了知觉。突然猴子们钻进血管，血液顿时沸腾起来……

我曾经和一群二三年级的小朋友交流过“辣”这一话题，我问小朋友，“除了孙悟空以外，还可以把辣椒比喻成谁？穿红衣、脾气火爆……”我话还没说完，大家争先恐后地说——“哪吒、红孩儿！”

发现没有？这些都是孩子们最熟悉的动画“明星”。

## » 3 »

## 比喻，从“人设”入手

明星常常讲“人设”——追求的就是要跟别人不一样。比喻也一样，每个孩子的喜好不同、个性不同、经历不同，这就给孩子打造具有个人“版权”的比喻句提供了方向。

比如对吃货而言，他们改造的比喻句是这样的：

我像泄了气的皮球一样倒在了沙发上。

我就像煮熟了的面条，软绵绵地瘫倒在沙发上，就连筷子也拿不起来。

用面条比喻非常形象，一句“就连筷子也拿不起来”进一步强调了“瘫倒”的感觉。

白白的雪像羽毛般铺在地上和山上。

放眼望去，地上有白白的雪，像巧克力上淋了一层我最爱的色拉酱；山上有白白的雪，像巧克力宝塔洒上了一层白糖霜。

吃货的最高境界，就是无论看见什么，都能转化成让人垂涎三尺的美食。

我的心里像吃了蜜一样甜。

我仿佛看到熊大、熊二为了争一个蜂蜜罐，跑进我的身体，突然罐子摔碎了，蜂蜜流出来，滋润了我的整个心田。

为心里的“蜜”设计一个来历，是一种非常聪明的描写方法——这个场景多萌呀！

细雨像牛毛、像绣花针。

天和地就像两片分开的、香喷喷的藕片，细雨就是藕当中一根根洁白、晶莹的藕丝。

我们常说藕断丝连，但这么神奇的比喻，也只有小吃货才能想出来。

比如对动物控和铲屎官而言，他们改造的比喻句是这样的：

细雨像牛毛、像绣花针。

细雨像一百万只脱毛的狗狗同时在天上抖毛。

家有猫狗的人都知道，每到掉毛季，家里那景象，说起来都是泪！同样的描写对象，不同的比喻句，吃货和动物控写出的句子，各有各的好。

星星一闪一闪的，就像孩子的眼睛。

星星一闪一闪的，就像天上藏着许多许多快睡着的小猫咪，躺在妈妈的怀里，眨巴着一双双小眼睛。

是不是看得你都想抱着这样一只小猫咪入睡了呢？

妈妈的唠叨声，就像机关枪一样，突突突，根本停不下来。

妈妈的唠叨声，就像奔跑的小马，“嘚儿嘚儿”地跑呀跑呀，永远也不知道什么时候会停止。

妈妈唠叨的声音竟然“长这个样”？

比如对一直在学校成长的孩子而言，他们改造的比喻句是这样的：

妈妈的唠叨声，就像机关枪一样，突突突，根本停不下来。

妈妈的唠叨声，就像一篇文言文，一写到底，根本没有标点符号。

其实妈妈的唠叨声，不但节奏快，而且也像文言文一样深奥难懂。

老师的教导，在我们的成长路上留下一串清晰的印迹。

老师的教导，在我们的成长路上板书下一串清晰的印迹。

用上老师们的教学专用语，是不是一下就让语言、人物和故事贴合在一起了？

哥哥急得像热锅上的蚂蚁——团团转。

哥哥急得像教室里坏掉的小挂钟，时针、分针、秒针到处乱转，却总也转不到正确的位置。

动画片里，钟坏了之后，时针、分针、秒针会一圈一圈地乱转。想想那个画面，是不是特别形象？

家长在对孩子作文启蒙时，如何让孩子的作文告别平淡？以上这些小朋友和老师修改的经典又精彩的比喻句，给了我们最好的启示——

除参考借鉴一些好词佳句外，在自己的生活里、从自己的“人设”中找到作文的根，讲属于自己的故事最能打动人。

## 4

## 比喻，从跨界入手，从摘抄入手

跨界比喻，专业一点的叫法是通感，非专业一点的叫法是串场，通俗一点的叫法是混搭。

不管怎么叫，其实就是把不同感官的感受沟通起来，借联想引起感觉的转移。在描述客观事物时，用形象的语言将人的听觉、视觉、嗅觉、味觉、触觉等不同感受互相沟通、交错，彼此挪移转换。

通过感官的跨界，颜色似乎会有温度，声音似乎会有形象，冷暖似乎会有重量。如“清脆”和“响亮”，仿佛视觉和听觉相通；如“热闹”和“冷静”，仿佛感觉和听觉相通。

在跨界比喻上，作家张爱玲和菲茨杰拉德是集大成者，他们似乎已将所有感官全部打通，从而拥有了化平庸为神奇的魔法。

下面，我们一起从豆瓣人气作者、写作教练舒明月《大师们的写作课》的摘录中，感受一下跨界比喻的奥妙：

——屋顶花园里常常有孩子们溜冰，兴致高的时候，从早到晚在我们头上咕滋咕滋挫过来又挫过去，像瓷器的摩擦，又像熟睡的人在那里磨牙，听得我们一粒粒牙齿在牙龈里发酸，如同青石榴的子，剔一剔便会掉下来。

——蔽旧的太阳弥漫在空气里像金的灰尘，微微呛人的金灰，揉进眼睛里去，昏昏的……

张爱玲跨界将视觉、听觉、味觉、嗅觉、触觉统统衔接在一起，除熨帖以外，既有新奇感，还有辨识度。

——草坪从海滩发足奔向大门，一路奔了四百来米，跨过日晷、砖经和绚烂的花园——终于奔到房前，像是借助于冲刺的势头，一跃而成绿油油的常青藤继续向上。

——这是一个灰烬之谷——这里就像一个奇幻诡异的农场，垃圾烧成的灰像小麦似的不停生长，长成了山脊、小丘和丑怪的园子，再不然便化成了房舍、烟囱和炊烟的样子。最后，以超绝的本领幻化成人形，一个个蒙着灰烬的人走动着，姿态模糊，在满是粉尘的空气中，也像快要崩塌粉碎似的。偶尔会有成排灰蒙蒙的车厢，沿着一条看不见的轨道缓缓驶来，发出阴森的嘎吱声之后停下来，那些扛着铅铲的灰汉子便蜂拥而上，扬起一朵坚不可摧的灰云遮蔽住视线，使你看不见他们令人费解的活动。

——“她的声音很不寻常，”我说，“它充满了……”我猜疑了一下。

“她的声音充满了金钱。”他突然说。

用舒明月的话说，菲茨杰拉德俨然是一位通灵的上师，他的每一句话都值得背诵。

如果孩子的语言比较平淡，既啰唆又口水，不妨让孩子在阅读这些名家作品时，多留意这些好词佳句，并圈点出来，再准备一本摘抄本，按主题将这些脑洞大开的比喻集中起来，加以比较，体会感悟一下，甚至仿写锤炼一下。如此让孩子告别读而不记、读后不思的囧境，坚持一个月，便有小成——通过归纳总结，你和孩子会发现一样东西可以拿来比喻许多事和物。一个物品、一个动作，你都可以无数次地从不同角度去使用。

比如，把有关“湖”的比喻集聚在一起比较，是很有味道的——

湖是天的镜子。

湖是一张流动的水彩画。

湖是大地的眼泪。

湖是太阳的一杯饮料。

湖是野鸭的运动场。

湖是水鸟的围猎场。

初春，扑通一声，一只鸭子入水，便拉开了湖面的拉链。

夏夜，湖面上的游轮，似熨斗般将这五光十色的水锦缎，熨烫得如丝般柔顺。

……

通感说起来感觉特别高大上，特别难，需要将同一事物在不同感觉之间转换。其实孩子是最擅长通感的。多元智能理论之父、哈佛大学心理学家霍华德·加德纳博士在《智能的结构》一书中说："一般四岁的儿童，就能想出吸引人的修辞手段，来讲述自己的冒险故事，或讲自己杜撰出来的人物的冒险故事……四五岁儿童的语言技能，超过了任何计算机语言程序。世界上最出色的语言学家，至今都没有能发现儿童语言的表达方式的规则。"

家长和孩子在平时不妨做一些跨界比喻的专项训练游戏。

比如，在你和孩子的眼里，声音长什么样呢？你会为各种各样的声音塑造什么样的外形呢？

爸爸批评我的声音"长什么样"？

这声音是一头发怒的大象，用鼻子紧紧地缠绕着我，让我无法逃跑，只好乖乖地束手就擒，承认错误。

同学的呼噜声"长什么样"？

这声音是连绵起伏的山峦，悠长，悠长……

风的声音"长什么样"？

这声音是一条飘逸的缎带，刮台风的时候，这条缎带可以把整个世界都缠起来。

打喷嚏的声音“长什么样”？

这声音是拿不稳的颜料盘，颜料不停地往外泼洒，溅了一地。

比如，我社《创新作文》曾做过一期请孩子写“风看起来像______一样”的选题，结果孩子诸多“大师级”的跨界比喻，让编辑们惊叹不已。

风看起来像失控了的汽车一样，在街上横冲直撞。

风看起来像凶狠的杀手一样，边吼叫边把屋顶都掀翻了。

风看起来就像一个喜欢游玩的孩子，田野上有它的身影，小河旁有它的脚步，就连天上的云彩也被它涂鸦了一番。

风看起来就像和蔼可亲的老爷爷一样，轻轻地抚摸着我的小脸，让我感到很温暖。

风看起来像舞蹈班的孩子一样，硬拉着柳枝和它一起跳舞。

……

想象力是一种无中生有、吐故纳新的“幻术”，比喻所需要的想象力还是一种可见生产力，不应该被我们的教育格式化、同质化。

关于想象力，周.com给家长的建议是——Open（开放），给孩子开放的环境、良好的交流、快乐的想象。即使孩子在启蒙阶段什么都不懂，我们也要给孩子一片自留地，让他放肆调皮、玩耍，不要去打扰他对事物的专注。在他发呆着迷时，微笑着等一等，就算是他趴在地面看蚂蚁，也别因为脏了衣服，命令他起来。

孩子的想法本真而快乐，如果用字数去束缚、用成绩去衡量，却是野蛮而低效，副作用太大。

让孩子从比喻中去发现作文的乐趣、生活的奥妙，对他来说会是很好的启蒙。

## 小结

1. 作文犹如一瓶好酒，不开，依然没有酒香。

比喻，就是那个“开瓶器”。

比喻能让孩子的作文化平淡为生动、化深奥为浅显、化抽象为具体、化冗长为简洁。使描写更容易产生共鸣，增加感染力。

2. 比喻是同时描写两样东西，使它们相互辉映，互相衬托。当然，两样事物不会完全相像，比喻只需取两者相近似的一点、一个特征、一个侧面即可。

3. 比喻就是用熟悉喻陌生，用已知喻未知。

4. 明星常常讲“人设”——追求的就是要跟别人不一样。比喻也一样，每个孩子的喜好不同、个性不同、经历不同，这就给孩子打造具有个人“版权”的比喻句提供了方向。

第五章

# 数学，是智力发展的“动车头”

儿子学习奥数归家，狡黠地问爸爸：“假如你是一艘船的船长，船上有7个船员，26只羊，10只兔，请问船长多少岁？”

# 数学，
# 不是重要，而是太重要了

*工作这么多年发现，数学对于你当个不错的程序员来说，没那么重要，但是要再往上走一步，有一点点技术上的创新，就都是数学的事儿了。*

*——代码小卒*

数学是一门怎样的学科？

在百度搜索，以下是几个比较热门的答案——

数学是智力的“磨刀石”，是训练思维能力的一门学科，不管你将来做什么，都需要它，它也是判断你是否聪明的重要条件之一。

数学是“科学之母”，同时也是技术运用的基础，如物理、化学、医学、经济、机械、计算机、光电技术，以及这个时代最热门的各类大数据分析和人工智能机器人……都需要数学做基础，数学不学好，学这些时就困难了。

数学是成绩的“火车头”，火车跑得快，全靠车头带！总体成绩要想快速提升，就得看数学这个火车头跑得快不快。

下面，我们不妨就从这三个方面来谈谈数学对孩子的重要性。

1

## 数学，智力的“磨刀石”

孩子跑得快、跳得高，篮球玩得出神入化、足球踢得自然洒脱，我们会说他们有运动天赋；孩子歌唱得好，舞跳得棒，口技惟妙惟肖，书画疏落有致，我们会说他们有艺术天分；孩子数学成绩好，我们则会称赞他们——聪明。

长久以来，从古希腊一直到欧洲中世纪，数学所在的四艺（算术、几何、音乐、历史）就比人文学科的三艺（语法、修辞、辩证法）地位高。工业革命开始后，人们信奉科学是第一生产力，而数学对科学技术的助推，更是通过伽利略、牛顿、爱因斯坦等伟大科学家的伟大贡献彰显无疑。近现代以来，随着学校教育体系的完善，学科设置上，数学与物理、化学、生物等理科关联度高、联系紧密。数学成绩好的人理科成绩往往不会差，于是数学好，就会给人一种聪明的印象。

由此，我们有了一个“数学好 = 聪明”的世界观——最迷人的性感，就是有一颗缜密的数学头脑。

事实上，学习数学，确实能对一个人的智力进行打磨和提升。

有一道经典的趣味智力数学题——

华山顶上有个道士在日出前离开道观，步行去山下办事儿。自古华山一条路，有些路段相当陡峭，道士走得相当小心，他会在日落前不久抵达山下目的地。第二天早上，他原路返回，还是在日出前动身。虽然是上山，相较下山要费体力得多。但爬过山的人都知道，上山容易下山难。所以他回到道观的时间还是在日落时分。请问：他会不会在前后两天中的同一时间点经过这条路上的同一个地点？

这个问题，既没有告诉你道士上下山的路程、速度，也没有你此刻在心里胡乱猜测的遗漏信息。习惯于代数计算“路程 = 速度 × 时间”的你是否一筹莫展？这时，是不是有一个道士徒劳地在你脑袋里头一天下山，第二天上山，反复地走着，累得你精疲力竭，可你就是不知从何下手解答，只剩下猜了？

面对这样的题目，我们需要一点儿耐心和与众不同的视角。一旦你和孩子开始这么做，或许就可以轻松地找到答案。但难点就在于你该如何找到这样独特的视角。

比如将代数思维转化成图像思维，用“路程－时间”图像来解决——如图所示，显然，前后两天，道士必然会在同一时间点经过同一地点。

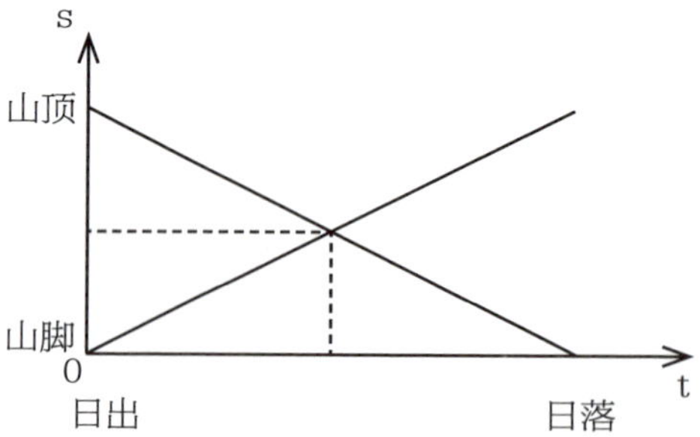


更简单的解决方法是，将抽象思维转化成形象思维。让我们来做一次思想实验——

完全依靠想象在大脑中展开一次实验——将脑袋里播放的“一个道士第一天下山，第二天上山”的画面，切换成“两个道士在同一天的日出时分出发，一个下山，一个上山”。华山只有一条道，很明显，他们一定会在某个时间点、在路上的某一个地点碰面。这正是问题中道士会在前后两天同一时间到达的地点。

所以，道士会在下山和上山的同一时刻，经过同一地点！

这看上去像一个不太可能出现的巧合。但你以略微不同的思维视角去思考，就会发现，这是一件必然会发生的事情。

我们的大脑存在两套系统—— 一套与感性、直觉相关，比如猜想、预感、顿悟、条件反射，它是个不按常理出牌的家伙，反应不经大脑思考，是对逻辑思辨的抗拒。它快速、主动，既能让你欢呼雀跃，也会经常出错，让你追悔莫及。另一套与计算推理、理性判断有关，它缓慢复杂，不易出错，但让人费脑筋。一旦人们经常偷懒，放弃思考，理性让位于感性，推理屈膝于直觉，脱口而出必将成为思维堕落的常态。

因为，不努力不思考，真的很舒服！

思维的宽度、广度与深度，就是人与人之间最大的差距。拥有什么样的思维，就拥有什么样的行为；拥有什么样的行为，就决定你拥有什么样的人生。

我们往往将数学误会成单纯的计算，于是我们让孩子成天埋头于草稿纸，在老师演示过的相似题目中，代入不同的参数，依葫芦画瓢地重复计算，以获取成绩单上的“优”。完全忘记学习数学的初心——数学是思维的体操，学习数学就是为了锻炼思维能力。

教育专家王金战先生在《英才是怎样造就的》一书中说——

数学是换脑的一门学科。特别是低年级的学生，学数学的目的是什么？就是换脑。说得通俗一点，当你考虑不严谨的时候，通过数学的训练变得严谨了；当你计算不准确的时候，通过数学变得准确了；当你反应不灵活的时候，通过数学的刺激变得灵活了。于是这个学生整体素质就得到提高了，整体素质提高了，学生将来干什么都能行，数学的特点就是在这儿。

所以，数学这门学科虽然看似没有用处，但是掌握数学的人，将来干什么都具备了基础。比如说诺贝尔经济学奖获得者，好多都是数学专业毕业的。他们把数学应用在经济上，就形成了一种经济理论。

下面，再给大家来一道提神醒脑的趣味数学智力题——

设有红酒和白酒各一杯，两杯分量相同。现从白酒杯中舀一勺白酒放入红酒杯中调匀后，又舀回一勺放入白酒杯中。请问白酒杯中所含红酒是否少于红酒杯中所含的白酒？

大家粗略一想，第一勺舀的是纯白酒，舀回的一勺是混合酒，所以应该是红酒中所含的白酒多。但再仔细想想，虽然第一勺舀出的是纯白酒，但舀回的一勺中又带回来了一些白酒。你会告诫自己，结果不可能这么简单！

训练有素的孩子开始设酒杯中原有的红酒、白酒各为 a，勺的容量为 b，在第一次动作之后，白酒杯中还剩（a−b）的白酒，红酒杯中则有（a+b）的混合酒，白酒在其中的占比是……更聪明一点的孩子，可能会用一组特殊的数值，进行赋值计算：假设酒杯中原有的红酒、白酒各为 100ml，勺的容量为 10 ml……

可以想象，越往后公式越复杂，思维的陷阱还会令你晕头转向。即使大家列出公式知道如何求解，但恐怕有一大半的人会因计算出错而郁闷——怎么老是粗心大意？

其实问题的症结并不是不仔细或计算能力不过关，而是解决问题的视角太单一、太僵化，只会“算”，不会思考。

实际上，两种酒的含量一样多。如果你用对思维方法的话，结果是显而易见的——两个杯子最初的分量相同，最终分量也相同。如果将每杯中的白酒与红酒分离，显然，白酒杯中损失的白酒恰好被同分量的红酒所替代了，红酒杯中损失的红酒也恰好被同分量的白酒所替代了，因此白酒杯中的红酒与红酒杯中的白酒分量完全相同。

著名数学家陈省身说：“我们每个人一生都花了很多时间学数学，但我们其实只是学会了计算，而不是数学。”比如，上面的两道趣味数学智力题，只有少数人会用“思考”来解决，更多的人离开计算，便束手无策。

正因为深度思考弥足珍贵，我们才更应强调数学对智力的深度打磨、思维的多元拓展，唯有如此，才能让孩子脱颖而出。

## 2

## 数学，“科学之母”

2016年，华为创始人兼总裁任正非在全国科技创新大会上对科技发展“无人区”有如下论述——

华为现在的水平尚停留在工程数学、物理算法等工程科学的创新层面，尚未真正进入基础理论研究。随着逐步逼近香农定理、摩尔定律的极限，而对大流量、低时延的理论还未创造出来，华为已感到前途茫茫、找不到方向。华为已前进在迷航中。重大创新是无人区的生存法则，没有理论突破，没有技术突破，没有大量的技术积累，是不可能产生爆发性创新的。

华为正在本行业逐步攻入无人区、处在无人领航、无既定规则、无人跟随的困境。华为跟着人跑的“机会主义”高速度，会逐步慢下来，创立引导理论的责任已经到来。

当我们的科学创新处于“无人区”时，不妨回顾一下科学的历程。

牛顿凭借他发明的微积分开创了经典力学世界，从此科学摈弃了亚里士多德以降2000多年来，受目的驱动的自然观，转而拥抱毕达哥拉斯受数学驱动的宇宙观；爱因斯坦在他的数学家朋友马塞尔·格罗斯曼的协助下，运用奇异几何曲面空间完成了他的相对论，从而让统治超过200年的牛顿力学，成为只在速度相对缓慢时才成立的一种特例；海森堡使用矩阵代数创造的量子理论，完全取代牛顿运动定律，成为物理学的一种基本理论，从而彻底颠覆位置、速度和确定性等我们早已接受的概念。

是谁拨云见日，带领我们突破当时人类科学的“无人区”？不是旁人，正是科学之母——数学。

数学是科学的语言，数学语言帮助科学更深入地发掘理论的意义，它增强了科学定律的表达效果，这要比普通语言更具洞察力和精确性。

当我们进入“无人区”，没有任何探索工具时，数学将是人类超越感官、认识世界、制造工具的工具。

数学是一切科学的基础，人类每一次重大进步的背后都离不开数学。

“一个国家的科学水平可以用它消耗的数学来度量。”移动互联网和人工智能是这个时代热度最高的行业，著名一线程序员“代码小卒”说——

工作这么多年发现，数学对于你当个不错的程序员来说，没那么重要，但是要再往上走一步，有一点点技术上的创新，就都是数学的事儿了。两年前，我在T公司，用Configurator处理某个程序的时候，开始有点儿意识到这一点了，于是，那阵子还花了不少时间重新翻了翻数理逻辑。今年，换了新工作后为了工作看点儿机器学习的东西的时候，终于发现，这全都是数学啊。当你要超越CRUD，做任何一点点有创新性的技术的时候（不说产品），最有机会遇到的问题，其实是数学问题。

现在各行各业都流行“互联网+”，其实新兴行业更应该“数学+”。

数学算法的突破，会带动很多学科的突破。数学与其他学科的结合，也必然引起相关学科的飞跃发展。

不论是2018年的“中兴事件”，还是2019年的“华为事件”，都让我们认识到我国高科技行业在核心技术领域与欧美等科技发达国家尚存在不小的差距。2035年中国要想跻身创新型国家前列，青少年的科学素养水平将起到决定性作用。从这个意义上讲，“00后”及“10后”的数学教育至关重要，因为高科技不是工程基建，任性砸钱就能成功，科学科技的突破最终还得从基础教育抓起，这是一个漫长的过程。

所以，作为家长，应该意识到，国家战略的发展方向，未来社会的发展趋势——机器深度学习、人工智能算法……必定是孩子未来大展拳脚的最佳领域——新的择业方向跟机会。孩子要成为高技术、高科技行业所欠缺的人才，就一定要重视数学。

» 3 »

## 数学，成绩的“火车头”

《华商报》曾报道过一个非典型案例——

2016 年 2 月 16 日，17 岁的重庆学生何琦骁，收到纽约大学阿布扎比分校的录取通知书。何琦骁的妈妈把这个好消息发到网上，瞬间一石激起千层浪——炸开了花。

纽约大学阿布扎比分校，录取率比哈佛大学还要低，是全球最难考的大学之一。它为何琦骁提供每年 7.6 万美元的奖学金（四年超 200 万人民币），包括“衣食住行学”等费用，以及每年两张阿布扎比往返重庆的机票等。

而纽约大学阿布扎比分校看重的是何琦骁在数学上的特长。

何琦骁从小学开始，就对数学特别感兴趣。每一个数学公式，他不仅仅只是记住，而是通过自己的思考搞明白来龙去脉。

何琦骁说：“老师在课堂上提问，同学们多半都会异口同声、脱口而出同一个答案，只有我常常给出一个不同的解决思路。老师不仅没有打压我的积极性，反而让我上讲台讲解自己的解题思路，这给了我很大的鼓励。”

课余时间，何琦骁阅读各种和数学有关的兴趣读物与专业书籍，在学校，他组织了同学间的数学分享会。高一，何琦骁研究出一种计算球体表面面积的独特方法。

在写给纽约大学阿布扎比分校的申请书中，他将对数学的热爱作为重点写了进去。

于是就有了这个故事。

国外名校为何如此重视数学？这是个案，还是普遍要求？

著名华裔数学家丘成桐的言论，给了我们一个参考答案——

除语言以外，推理是西方教育很重要的一环，因此数学是中学和大学最受重视的一门学科。

数学之所以成为智力才能的遴选工具，是基于教育界普遍相信数学作为“科学之母”，是智力的“磨刀石”，数学成绩好的孩子普遍更“聪明”，而且数学与其他学科相比，测验结果更可信，也更容易操作。各个领域都将数学作为一个筛选工具，不仅自然学科要通过这个考验，大多数人文学科也有一定的数学要求。由此，数学成为各级各类学校挑选学生的重要指标，甚至在某些阶段成为唯一指标。

所以，对一个家庭来说，数学不是重要，而是太重要了！

初高中时期，考查的科目更多，除数学这一必考的超级“拉分大户”外，与数学相关的还有物理、化学、生物等学科。如果数学不好，孩子的未来生涯发展可能性将由“N”秒变“$\frac{N}{2}$”，甚至直接回归“1”。更让人不能容忍的是，数学成绩不好的痛苦将贯穿整个初高中生涯。每一次考试后看见数学成绩单，真的会有一种绝望感！

现在的大学里，考研成为 30% 左右大学生的不二选择。以“考研不考数学的专业有哪些”为关键字搜索，百度出来几千万个结果。从这些数据，我们能感受到数学不好给人生带来的连锁反应以及被数学长久支配的恐惧。

2019 年考研数学题难出新高度，一大波崩溃的吐槽来袭——

——做完数二，感觉这一年的数学白学了。从第一道崩到最后一道，我座位前面的人拿到题看了 5 分钟就走了，等我做到第二道选择题的时候，我的心就跟他走了，点首《凉凉》送给我最亲爱的——数学。

—— 别怪数三，数一数二没一个简单的，出题人只是想告诉你今年没戏了。

—— 只能说还是太年轻了，命题人很社会，好好的数学三做出了奥数竞赛的感觉。

—— 数学三，今年差分方程我看了一万多遍，怕忘了今早还看了一遍，结果你却背着我爱别人——考二阶差分方程，超不超纲命题组心里没点数吗！

不同的时代，有不同的时代烙印。

在我们的童年时代，爸妈常说，写得一手好字是人生的敲门砖。而在这个“考考考，学校的法宝；分分分，学生的命根”的时代，数学就是名校的把门铁将军，数学就是升学的敲门砖。

数学好，自带门禁遥感装置，所有的名校，都将为你大开方便之门。

人生并非环环相扣，不读好小学，不读名中学，不读“双一流”大学，不见得就不能找到好工作，不见得就没有好人生。世界那么大，当然什么模式都可能成功。但凡事总得讲求个概率，如此小概率的成功，显然不具有普遍性，家长是否真敢这样去对待孩子的前途？

只能让孩子好好学数学。

而且数学知识是紧密相连、环环相扣的，一步差，步步差。孩子能否承受数学软肋带来学业上的连锁反应？

如果答案是否定的，就好好培养孩子的数学能力吧。

## 小结

1. 数学是思维的体操，学习数学就是为了锻炼思维能力。

2. 作为家长，应该意识到，国家战略的发展方向，未来社会的发展趋势——机器深度学习、人工智能算法……必定是孩子成长的空间和大展拳脚的最佳领域——新的择业方向跟机会。孩子要成为高技术、高科技行业所欠缺的人才，就一定要重视数学。

3. 在这个“考考考，学校的法宝；分分分，学生的命根”的时代，数学就是名校的把门铁将军，数学就是升学的敲门砖。数学好，自带门禁遥感装置，所有的名校，都将为你大开方便之门。

# 没想到吧！
## 是你扼杀了孩子对数学的兴趣

*学习数学唯一正确的方法是实行“再创造”学习，也就是由学生本人去发现或创造出要学习的东西；教师的任务是引导和帮助学生去进行这种再创造的工作，而不是把现成的知识灌输给学生。*

*——弗赖登塔尔*

在对唐堂进行数学启蒙的过程中，我走过各式各样的弯路，遭遇林林总总的挫折，总之是好心办了坏事——在数学起步阶段，扼杀了唐堂对数学的兴趣！

我的这段经历，就是家长在对孩子数学启蒙时最好的“负面教材”。让我深刻体会到“在责怪孩子不优秀前，先看看启蒙做对没有”这句话的含义。

下面与大家分享几个唐堂数学启蒙时发生的小故事，这里面既有个别成功案例，也有许多失败经历，我想把自己上过的当、踩过的坑，孩子吃过的苦、流过的泪分享给大家，希望你和孩子不再遭受同样的罪。

» 1 »

## 再创造学数学，“分糖”的遗憾

唐堂 4 岁左右，每天吃完晚饭缠着要我带他去超市玩，因为他可以在超市生鲜部看各种各样的鱼虾、与我在超市中躲猫猫，除此以外，唐堂最喜欢干的还有一件事儿——分糖。

在超市自选糖果区，几十种糖果分门别类，摆放在几十个方方正正的货柜格子里，因为顾客的随意抓取，每种糖果中总是混杂了周围的一种或几种糖果，唐堂每次到超市都要将它们物归原位。看见糖果各自归位，泾渭分明地躺在自己的格子里时，唐堂总会扭过头，对我咯咯地笑。他很有成就感，觉得帮了超市大忙。

刚开始，我们只是把糖果按部就班分类归位了事。后来我灵机一动，提醒唐堂可以记录一下我们分糖的成果，第二天来的时候，就可以跟前一天比较一下，看看一周内哪天的成果最佳。

我们先分拣出混杂的糖果，唐堂跟着我一起数 1、2、3……38，为了确认没有差错，我们又数了一遍，还是 38 颗。我引导唐堂发现一个现象：不论从哪颗糖开始数，只要没有遗漏，38 这个最后数到的数字，就是这一堆糖果的总数。这样做的好处在于，将物与数字一一对应起来，实现了实际物体与抽象数字的联系。孩子通过数糖果的方法，掌握了数量的含义，避免了将数数演变成死记硬背。

为了便于记录每天的分糖成果，再去超市的时候，我们会带上一个小本子进行记录——周一，38；周二，35；周三，29；周四，35；周五，57；周六，62；周日，54。慢慢我们发现，一周分糖的数量是有规律的——周末超市采购糖果的顾客多，混杂的糖果数量也比平时更多。

再后来，唐堂每拣出一种糖果中混杂的其他糖果，我就在小本子上记录下相应数字。结果记录变成了这样——周一，6+12+5+3+11+6=43。

在唐堂还没来得及数总数时，我就告诉了他今天的成果，他一数，果不其然，觉得爸爸很神奇。

唐堂拿过本子看了看，指着“+”问我：“这是什么？”我告诉他这是加号，将他拣出的每种糖果数量相加，就是总数。第二天再去超市，他说：“爸爸，今天你来分糖，我来记录。”我当然求之不得，每拣出一种混杂的糖果，我就报数，唐堂歪歪扭扭地在本子上记下数字，并在后面写下“+”。每当我完成分糖的时候，唐堂的记录也刚好完成——周二，13+16+5+8+3+9。唐堂歪着头问我：“爸爸，今天的成果是多少？”我一边口算，一边说 54。唐堂迫不及待把本子塞到我手里，忙不迭地数起糖果来，不多不少，刚好 54。

就这样，唐堂慢慢掌握了基本的数学计算：加、减，并在抽象符号处理能力上有了巨大提升。在分拣糖果的过程中，他甚至对方程也有一定的了解——在方程的一边加上 9，另一边也将增加 9；在方程的一边减去 15，另一边也将减少 15。正当我欣喜万分，想将唐堂的分糖数学引向乘、除的计算之时，我们搬家了。唐堂入读新幼儿园，周围没有超市，数学启蒙也就戛然而止。

荷兰数学家和教育家弗赖登塔尔认为：学习数学唯一正确的方法是实行“再创造”学习，也就是由学生本人去发现或创造出要学习的东西；教师的任务是引导和帮助学生去进行这种再创造的工作，而不是把现成的知识灌输给学生。

分糖这件事让我确信，在数学启蒙上，孩子可以独自或在别人的帮助下，进行“再创造”学习，在玩耍中，孩子就能将一系列的数学知识提炼出来。

四五岁，是对孩子进行数学启蒙的最佳时期。这个时期的孩子对数字极为敏感，错过这个启蒙期，效果可能就不甚明显了。最怕的是在孩子还没有数字概念的时候，要求他们毫无乐趣地从 1 数到 100，或去记忆 20、50、100 以内的加减法。数学思维，不是让孩子死记硬背就能习得的能力，而应将知识和学习融入生活当中，才会让孩子产生学习的兴趣。

家长若是急于求成，迫于家长的压力，孩子费尽心力去记忆一些抽象的东西，很可能演变成孩子还没有发现数学的乐趣，就早早丧失了对数学的兴趣。

所以，别急着教孩子 1+1=2，真正的数学启蒙才不是这样的死记硬背。只要父母有心，数学能力总能在生活中随时随地进行培养。

别看我说得头头是道，可惜是个“事后诸葛”。现实中，除了在引导唐堂分糖这件事上做得尚可，其他的数学启蒙，我几乎把“坑”都踩了一遍。

## 2

## 超市大赢家，照搬好妈妈经典启蒙的尴尬

大概在唐堂 4 岁半的时候，恰逢教育专家尹建莉的《好妈妈胜过好老师》一书风行全国。在书中，她介绍了对女儿圆圆进行数学启蒙的方法。最初，她也是采用掰着手指数数这样的方法。圆圆开始还挺喜欢，时间稍长就表现出了厌倦。后来，她们干脆在家里开设了一个假想超市，让圆圆自己对物品进行定价，甚至有的商品价格还有零头。然后一家人进行假想的超市交易，在卖与买的过程中，圆圆的口算能力和交际能力都得到了训练。一家人乐在其中，可谓一举两得——

圆圆做了掌柜的，我和她爸爸当然就是顾客。我们拿一些东西给她在地下围出一个“小店”，并摆上各种“货物”，货物有真的，有替代品（比如她最喜欢吃的雪糕就得找替代品），只要她明白就行，

然后我们轮流光顾她的小店。

我们认真地浏览她的商品，选定要买什么，问她多少钱，有时还要讨价还价一下。付款时，一般情况下都是需要找一些零钱回来的，比如买一根筷子 6 角钱，我们一般会给她 1 元钱，这样她就得找 4 角钱出来。

开始时都是她自己定价，小孩定价，无论大小都是一个比较整、比较简单的数字，比如 1 元、200 元等。她一般不用“1.4 元”或“203 元”这样的定价来为难自己。

玩过几次后，我们就暗暗地把她往稍复杂些的计算上引。

比如雪糕原来卖 1 元一支，我们就建议说，这几天雪糕涨价了，每支一块二了，你这里要不要涨价啊，涨价可以每支多赚两毛呢。然后我们给她两元钱或五元钱，这样她的计算就比较复杂了。

圆圆开始时不喜欢这种有零头的定价，这给她的计算带来麻烦了。我就在带她到外面小卖部买东西时，让她注意一下小卖部商品定价基本上都有零头，于是她的“价格”都变得有零头了。

开小卖部的计算难度上升时，过渡应自然，这样会保持孩子的兴趣。

我们开始时一般都是玩 100 元以内的加减法，稍后就给她一些建议，认为某个东西应该很贵，可以把价格定到三五百元。我印象中圆圆在 4 岁左右时，可心算 500 以内的加减法，这基本上是通过“做生意”学来的。

开小卖部游戏大约一直玩到圆圆上小学二三年级。她学习乘法和除法时，我就暗暗在游戏中加进了相关知识，比如一根铅笔 9 分钱，我要求一下买 8 根；或者一包饼干 4 元钱，里面有 10 块，而我只想买 3 块。这样，她就得动用她的乘除法知识来计算了。

“开小卖部”的过程就是孩子不停地做“应用题”的过程，这对孩子有很好的数学启蒙效果。数学教育不要一下把孩子拉到抽象的数字上，不要拿一些干巴巴的枯燥的计算来为难孩子。要让孩子在游戏中感受数字，让他体会到计算不是抽象的东西，是存在于周围生活中有用的东西，和我们的日常生活密切联系着。

读到这样的故事，我想起了自己小时候。

那时，爸爸在县城供销社工作，卖盐、卖糖、卖鞭炮。读幼儿园的我，很喜欢帮爸爸卖东西。因为表现得好，可以得到一块糖果作为奖励，最高兴的是得到一串鞭炮，可以四处去吓人。那时候，还没有超市一说，客人与货品之间隔着一层柜台，客人是不允许进来的。客人要买什么，都是我撅着小屁股跑前跑后、爬上爬下地帮爸爸拿客人要买的东西。得到客人的一句“这个娃儿真能干”，我干劲就更大，跑得更欢畅。

后来，我学着给客人找补零钱，爸爸说补多少，我就补多少。再后来，总会有讨厌的客人不怀好意地笑着考问我找补零钱，但这件事对我来说已经 so easy。渐渐地，我知道了货品分类的重要性，知道了每到月底要盘点，甚至莫名其妙地学会了使用算盘运算，什么三盘清、九盘清，我都弄得门清。可能也是因为这个，从小学到大学，我学得最好的一门功课就是数学，以及与数学相关度甚高的物理、化学。

我的数学启蒙不是来自课本，不是来自老师，而是来自生活，来自爸爸打开店门，就能看到、听到、用到的东西。数学就藏在日常平凡的生活之中。

看到尹建莉开假超市启蒙孩子数学的故事，想到自己小时候的经历。刹那间，我仿佛化身为发现三大运动定律的牛顿，似乎掌握了孩子数学启蒙的普遍真理，于是准备依葫芦画瓢，带 4 岁半的唐堂做豪华升级版的“开小卖部”游戏——“超市大赢家”。

我：“唐堂，我们今天来玩一个十分有趣的游戏，好不好？”

唐堂：“什么游戏？”

我：“超市大赢家，这个游戏可以挣钱哟！”

我马不停蹄、手舞足蹈地给唐堂解释了游戏规则。听说游戏可以挣钱，

“小财迷”唐堂毫不犹豫地答应了。

在唐堂同意的一瞬间，我似乎看见一个数学神童就要横空出世，不由得露出了老父亲欣慰的笑容。

吃完晚饭，我搬来一箱唐堂的玩具堆在地上，招呼唐堂妈和奶奶、外婆开玩“超市大赢家”。可玩了不到五分钟，唐堂就抗拒地说：“这个游戏实在太假了！无聊死了！不玩了！”

从此，唐堂对 “超市大赢家”再无半点兴趣！

究其原因，可能是孩子自身性格差异导致的，更可能是因为我在做游戏之前没有做任何的铺垫与预热。虽然在晚饭时，我给唐堂妈和奶奶、外婆简单解释过这一游戏，但因为唐堂在场，没敢把游戏的目的说得太明白。于是大人们参与游戏，不明就里。没有分工与配合，一拥而上，七嘴八舌，演技浮夸，敷衍了事，一看就很假。因而，唐堂对此只会感到莫名其妙：为什么要玩超市游戏？为什么要他当店主？为什么卖的东西都是假的、收的钱也是假的？为什么玩游戏还要做算术找零，算错了还要被纠正？

毫不夸张地讲，这次游戏我几乎犯了所有尹建莉在书中提到的玩“开小卖部游戏”要特别注意的几个问题——

第一，是不要把用意告诉孩子。

玩这样的游戏，在家长这里是为了让孩子学会计算，如果你把这个目的告诉孩子了，或被他察觉了，孩子就会失去游戏的兴趣。要让孩子觉得这仅仅就是个游戏，只是为了玩。大人在和孩子玩时，要拿出认真而单纯的心态，把自己当成孩子一样投入地玩，不要在这个过程中有任何说教，更不要因为孩子算错账训斥孩子。

第二，是避免造成孩子不好意思……我们只是为了让她学会计算，不是为了让她学会做生意……

第三，是不要让计算为难孩子……如果孩子在买卖中屡屡感到计算的困难，他就会有受挫感，就会失去兴趣。

第四，是不强迫孩子玩……不要为了让孩子学习而频频地玩同一个游戏……只要孩子表现出不想玩了，就要立即停止，以免败坏孩子对游戏的胃口。如果家长在游戏中表现得太积极，还容易让孩子察觉你的用意。

第五，是尽量用真钱。

第六，是增加游戏变数，尽量使每次游戏略有不同……保持游戏的新鲜感。

一个亲子互动游戏，竟然有这么多的门道。不得不说，好的启蒙教育，真是需要预设的。

尹建莉很好地给我们示范了什么叫“不玩无准备之游戏”；而我，则给大家展示了什么叫拿着半截就开跑。多么痛的领悟！

» 3 »

## 超市大作战，“盗版”与“正版”的差异

虽然“超市大赢家”遭遇滑铁卢，但我还是没有放弃通过类似游戏来提高唐堂计算能力的想法。再读《好妈妈胜过好老师》，发现里面还有一段是这样描述的——

有一次圆圆和我从小店买东西出来，带着满眼羡慕的神情，说她长大要开小卖部。我问为什么，她说咱们买东西要花钱，开小卖部的人就不用花钱。我后来发现她和邻居小朋友在一起玩开小卖部的游戏，互相扮演店主和顾客，扮店主的人总是很有几分得意。看来她满心想做个小店主，由此我想到和她玩开小卖部的游戏。

看到这段话，我心里的小九九又活泛起来。

我有一个大胆的想法：在家里，假的超市没开成功，那换个地点，来个真实的超市大作战会不会不一样呢？不是说和生活结合的学习效果更好吗！

说干就干。当我再次带唐堂去超市，心不在焉地陪他玩了常规项目后，便进入了正题——给他 10 块钱，告诉他只要能自己去结账，便可以随便挑选他喜欢的小零食。唐堂自然很欢喜，于是东选选、西挑挑，选了好些个小玩意儿。可要去结账时，他突然被告之，要先算好价格，再去结账。因为选的都是小玩意儿，有整有零，又有好几样，唐堂为难了，算不出商品的总价，自然十分抗拒一个人独自去结账。

刚开始还装着很有耐心的我，一把撕下“慢羊羊”村长伪善的面具，秒变灰太狼，一声断喝——去不去？唐堂吓得一动不敢动，呆立当场。最后在我的恐吓之下，眼含泪水，一步三回头，委屈地走向收银台。从那之后，他对计算产生了强烈的反感和恐惧，甚至不愿意再和我一起去超市了。

这就是盲目模仿的下场。

唐堂到超市原本想：今天又有好玩的了，又可以和爸爸在超市躲猫猫了，又可以看看那些怪鱼大虾了……结果我却要他在超市进行加减计算这么困难的活动，而且没有铺垫与预热。这样的启蒙，别说孩子，就连大人也会抗拒。

这又是一次适得其反的行动。家长太着急，揠苗助长，总幻想孩子能一飞冲天。之前唐堂只会简单地数数和分糖，突然之间，没头没脑地就要他做加减法，而且还有零头。当孩子还没学会爬的时候，我就想他在数学的世界中飞奔，这么违背学习成长规律的事儿，我却干得执着坚定。

几年后，我看见了一个正版“超市大作战”的成功案例——周 .com 和他家小步。

小步，4 岁多，每周末我们都会回外婆家去吃个午饭，他喜欢喝饮料，比如矿泉水、脉动什么的。我就在想，我帮他买，还不如他自己去买，能锻炼他的自主意识。

于是，第一周，我鼓励他自己拿钱去买水，我站在超市外看着他。他怯生生地进去，不好意思地喊阿姨，我想买瓶水……

第二次，我远一点……

第三次，我在转角的地方，他看不见我。

第四次，我希望他能自己算账，并找钱回来。

第五次，我希望他能帮全家人买水。（我看着他抱得很辛苦，我让他自己想办法，他说，下次拿一个塑料袋）

每一次回来，我都为他鼓掌，然后聊聊，哪里比较困难，下次怎么做。

孩子的底子（天赋）其实不会有太大的差距，虽然自己孩子自己更爱。但叠加的力量，会相当的强悍。隔了一段时间，外婆都被吓一跳，在她心里很“糯米”的小步，自如进出超市，利落算账、找补。

每天 24 小时，有很多很多的碎片时间，我们忽视了，不在意。于是，它们溜走，看不见也摸不着。只有你先做有心人，帮孩子这一点那一点地利用起来，孩子才会进步神速。

同样逛超市，每个孩子的侧重点和偏好不一样，小步喜欢帮家人买糖、买醋、买饮料，而唐堂喜欢在超市中躲猫猫、看鱼虾，因势才能利导，细节不同导致结果不同。孩子的思想就像降落伞，并非凭空就能精准投送到大人预定的目的地。

看似雷同的数学计算启蒙，周.com 在细节上，显然做得比我好太多。先是让小步就一瓶水结账，再慢慢增加难度。从易到难，从简单到复杂。而我一上来就心急火燎地几样小商品叠加，有整有零。起点太高，孩子够不着，失败的风险指数骤升。

在数学启蒙中，我任性地干了这样一些无厘头的“混账事”，对唐堂学习数学的兴趣造成了或大或小的挫伤。自己挖的坑，再深，哭着跪着也得一点一点将它填平。

痛定思痛，我秉承一贯的“小强精神”，知错就改，决心好好研究一下数学启蒙的正确打开方式。

后来的事实证明，一切都还为时不晚！

/小结/

1. 四五岁，是对孩子进行数学启蒙的最佳时期。这个时期的孩子对数字极为敏感，错过这个启蒙期，效果可能就不甚明显了。最怕的是在孩子还没有数字概念的时候，要求他们毫无乐趣地从 1 数到 100，或去记忆 20、50、100 以内的加减法。数学思维，不是让孩子死记硬背就能习得的能力，而应将知识和学习融入生活当中，才会让孩子产生学习的兴趣。

2. 家长若是急于求成，迫于家长的压力，孩子费尽心力去记忆一些抽象的东西，很可能演变成孩子还没有发现数学的乐趣，就早早丧失了对数学的兴趣。

# 数学思维，
# 正在被死记硬背摧毁



*在没有交流、没有探讨的课堂上，如果什么知识、公式都让孩子像语文课文一样背上七八遍，隐藏在公式口诀背后的道理早已忘得干干净净。那些看似捷径的顺口溜，还真就成了智商杀手！*

*——咏鹏*

相较语文和英语，数学可以说是一种神奇的存在。

对绝大多数孩子来说，只要付出足够多的时间和精力去“死磕”——背诵练习，都能在语文和英语上，取得不错的成绩。相较之下，数学显得比较“难搞”，仅靠背诵练习，可就南辕北辙！

唐堂妈时常念叨：“其实我小学的时候，数学成绩还是挺不错的，不说次次 100 分吧，但绝没有低于 95 分。但不知为何，一进初中，数学成绩忽然就降了下来，一蹶不振、一落千丈。哪怕我花在数学上的时间，是其他学科时间的总和，但再也没学懂过！中学六年，最痛苦的就是上数学课，听不懂也要强忍着听，还时时担心老师的提问。”

唐堂妈在数学学习上的遭遇，并非个案。我们常常看到，进入小学四年级，有一小批孩子的数学成绩慢慢滑了下来；升入初中，有一批孩子的数学成绩突然就跟不上了；再到高中，又有一大批学生的数学成绩猝不及防地整段垮掉。

这是为什么？

因为小、初、高各阶段的数学知识深浅不一，学习节奏快慢不同。越往上走，越需要各种数学思维的“合纵连横”。数学学习出问题，90% 的原因，在于没把数学思维的地基打牢。

小学三年级以前，只需要记住一些基础的四则运算法则，依葫芦画瓢就能搞定，像学语文或英语一样来学数学，成绩也会不错。

小学四年级开始，增加了方程、解应用题等知识板块，孩子如果没能培养起解决问题的数学思维，仅靠记住一些定理公式，或者某类题型的求解方法，显然只能在某些特定场合下奏效。大多数时候，灵活一点的题目，将相关知识，一组合，一变阵，逻辑思维能力不足的学生，便跟不上前进的节奏。

初中，随着平面几何、初等代数等内容的加入，形象思维、抽象思维能力不足的学生渐次掉队。

高中，随着立体几何、解析几何等内容的加入，初等代数内容的加深，除空间想象能力以外，还要用到转化思维、逆向思维、类比思维、对应思维、系统思维等数学思维能力，综合能力不足的学生，力不从心，无力回天。

在网上有很多网友吐槽数学：

——偶尔会做“到黑板前面做数学题”的噩梦：甲乙两队合作一项工程，甲做了……乙做了……甲乙合作……甲先做……乙……完全不会解答，直接吓哭！

——火车相遇，汽车追赶，进水放水，鸡兔同笼，顺流逆流……出这些题的人都是坏人！

——每次考几何，都要克制自己直接用量角器去量所求角度的冲动。

——现在小学三年级的数学题可真难啊，昨天看到侄子的作业有一道逻辑推理题，想了半天都没有想出答案，求各位解救：

986F、875E、764D、653C、__________、431A，请问横线处该填什么呢？真心求解答！

耗费大量的时间去背诵练习，数学成绩却丝毫不见起色。每一条吐槽都是那么熟悉，隔着屏幕都能感受到大家的无奈与痛苦。

为何像唐堂妈这样，明明付出了极多的时间、精力去学习，数学成绩却仍然只能在及格边缘徘徊？数学为何如此“不科学”“不公平”“不友善”？

究竟是什么原因导致这些孩子在数学学习上如此坎坷？真的是这些孩子没有“数学细胞”吗？

» 1 »

## 数学启蒙不是识字启蒙

在孩子的数学认知敏感期（3~6 岁），我们把数学启蒙当成识字启蒙来处理，是用错了方法。

神经心理学研究表明，对数字之间的关系及有关数学概念的理解，基本上是由大脑右半球控制的。而标示数学符号的能力却与阅读一样，是由大脑左半球控制的。

标示数学符号与数学运用，竟然不是由同一脑半球控制，真是神奇。或许源于我们对孩子进行数学启蒙时，习惯将数字与识字一并教授。大多数人的数学就是通过背诵记忆来启蒙的，而非在运用中启蒙。于是数字“1234……”被大脑处理成“山石田土……”这样的同类信息。

一天，我社黄女士，带着她 5 岁的女儿来上班，小女孩扎两根冲天辫，皮肤白里透着粉，再配上一双黑白分明的大眼睛，特卡通，特别讨人喜欢。中午休息，听见黄女士正在教孩子加法计算。我走过去问：“8

加 3 等于几呀？”孩子想了想说“11”。我上一秒交口称赞，下一秒却做了个不明智的决定——给孩子开个玩笑，接着问：“3 加 8 等于几呀？”孩子挠了挠头，不好意思地看了看妈妈，然后撇了撇嘴，说自己记不得了。她妈妈有点丧气地说：“8 加 3，跟 3 加 8 一样的啊！”

孩子完全是在死记硬背答案，根本没有搞清楚数字、算术是什么。

“数学启蒙”和“数学学习”天差地别。数学启蒙绝不等于数数与加减法，启蒙最重要的是保护孩子的兴趣。反复记诵则是扼杀孩子数学兴趣最有效的手段！

这个年龄的孩子对抽象的数字似懂非懂，我们最好由孩子日常的生活入手，由孩子喜欢的游戏入手，引导他们从具象的实物，来弄懂抽象的意义。一旦掌握这种方法，让孩子告别死记硬背，从生活、游戏中开启妙趣横生的数学启蒙。同时全面提升数感（number sense）：灵活认识数字，拆解数学问题，将数字、算术跟生活、运用串联起来——1234567，可不仅仅是数字串，还有可能是 do-re-mi-fa-sol-la-si、赤橙黄绿青蓝紫或星期一到星期天。

道理很简单，孩子总是从他最熟悉的事物开始学习。

比如玩积木，每次“借给”孩子数目一定的积木，若孩子归还时，数目准确，下次孩子就可多借。这样处理好处多多：

一、可以培养孩子的责任感；

二、可以让孩子对一种玩具保持长久的兴趣；

三、可以培养孩子对数字总和的认知——借给孩子 11 块积木，可以引导孩子发现，不论从哪块积木开始数，都是 11 块，所以 11 代表积木的总数；

四、可以引导孩子自主发现算术的意义和“发明”计算——有意识地给 8 块长方形、3 块三角形的积木（用颜色区分亦可），分成两堆，不难引导孩子发现，这一堆积木，不管是长方形加三角形（8+3），还是三角形加长方形（3+8），结果都一样。

如此启蒙，孩子在潜移默化中，就能总结出加法的意义与加法的交换律，这对培养孩子掌握科学探索方法和科学探索思想有莫大的益处。

» 2 »

## 数学学习不是背课文

当孩子进入数学正式学习期，有的老师把数学当成语文来教，有的孩子把数学当成课文来背。100 以内的加减法、九九乘法表……孩子通过死记硬背，迅速取得好成绩。

一些老师天真地以为，背诵练习就是数学学习的终南捷径。就此带着学生一路狂飙，与数学的终极奥义——“生活的运用工具”背道而驰。

许多时候，让孩子备受煎熬的不是知识，不是习题，而是授课的人。知识板块与练习题目并无优劣好坏之分，但孩子学习的效果天差地别，差距可能是因为授课的人。同一教案，有的老师讲得深入浅出、生动有趣，喜欢举一反三式的思维训练；有的老师讲得生涩古板、让人厌恶，喜欢名人名言式的死记硬背。

自由教师咏鹏曾在《奥数是个替死鬼》中，讲述过一个让人“大开眼界”的故事——

某天晚上，一个五年级的课本班，中年女老师，她的教法让我很开眼。

那天的内容是求一个数有多少个约数，以 360 为例，步骤如下：

分解质因数：$360=8\times9\times5=2^3\times3^2\times5^1$

把每个指数加 1 后连乘起来：$(3+1)\times(2+1)\times(1+1)=24$

所以 360 的约数一共有 24 个。

这个方法乍一看不太直观，但实际上脉络还是很清晰的。

……

当天，这位老师可没费这么大的劲，编了一个顺口溜：“先分解，再整理，指数加一连乘起。”写好后，她让学生先抄在笔记本上，然后带着他们一起朗读了七八遍，然后笑眯眯地问道：

“同学们，你们说这三个步骤，哪一步最重要呀？”

“指数加一连乘起！”同学们读在兴头上，异口同声地回答。

没想到她脸色陡变，厉声说：“分解都没分解，怎么指数加一连乘起？！”

编个顺口溜其实挺好，不过完全不讲思路的话，就算再顺口的溜也毫无建设性。但最后这句训斥，真是太没天理了，学生们几乎是被吓得愣了两秒，之后赶紧改口。（便于下文说明，数据略有改动）

回忆自己不短的教师生涯，在每年的青年教师优质课大赛或名师示范课上，总有那么几位老师，对展示自己的人文素养有着痴迷的兴趣，常常将一些知识点编成一段顺口溜，作为知识小结传授给他的弟子。这样的老师，往往也会获得更高的评价，但如此操作真的就代表高水平吗？

这种教学方式，短期来看，在做一些基本题型时，学生用时更短、出错更少、得分更高，看似“效果”更好。但你很难说，这样的高分真的能代表孩子思维能力的成长进步。孩子们并没有融会贯通、举一反三，只是“比着箍箍买鸭蛋”地套公式而已。

咏鹏感叹，这么好的一个应用乘法原理的机会，这么好的一个理解约数的角度，这么好的一个贴近生活的例子，塞给学生一个顺口溜实在太可惜了。那些顺口溜甚至可能成为学生的“智商杀手”。

其实，乘法原理和生活联系特别密切。

比如，唐堂的学校食堂中午有回锅肉、鱼香肉丝和水煮肉片三种荤菜，有麻婆豆腐、清炒油麦尖两种素菜。他中午想吃一个荤菜加一个素菜，那么每一种荤菜都有两个素菜可搭配，因而总共有 $3\times2=6$ 种不同的组合。约数个数的求法其实也是同样的思路。

重庆的夏天很热，每家每户都会批发一些雪糕储藏在冰箱中消夏。五六年级交接的暑假，唐堂刚好在奥数班学完约数，为了帮助他理解约数，听完课后的我逮着一个机会对唐堂说：“天气这么热，今天我们土豪一回，批发 360 元的雪糕，给几个好朋友都送点儿去，如何？”一听有雪糕吃，小馋猫立马说：“好好好！别人雪中送炭，我们夏日送冰。”

“但有一个要求，要刚好花光 360 元。”我不急不缓地接着说。

“这不就是找 360 的约数嘛，$360=8\times9\times5=2^3\times3^2\times5^1$。大家的口味不同、喜好不同，怎么买？”

“将 2、3、5 看成三种不同价格的雪糕。其中‘2’这种雪糕一共有三种口味，可以有四种不同的选择：不选、选一种、选两种、选三种。依次类推，‘3’这种雪糕有两种口味，一共有三种选择。‘5’有两种选择。如同吃饭配菜一样，最终可以有 $4\times3\times2=24$ 种搭配。也就是说，360 一共有 24 个不同的约数。”

你看，理解这些公式背后的数学思路并不困难，而且还包含着很多有用的生活常识。这些思路也并不比顺口溜难记。

## 3

## 数学公式不是金科玉律

在为“考”而教的思想下，必然出现“劣币驱逐良币”效应。对思维训练有莫大好处的数形结合、逻辑推理、逆向思维等较为费时的解决方法，必然被不动脑筋的背诵和条件反射式的公式代入法所替代。

送唐堂学奥数期间，我常随机旁听培训学校里一些老师的奥数课。有一天，某班正在讲等差数列，老师很敬业，课前在黑板上写下三条恐怖的金科玉律：

通项公式：$a_n=a_1+(n-1)\times d$

项数公式：$n=(a_n-a_1)\div d+1$

求和公式：$S=(a_1+a_n)\times n\div 2$

为什么说恐怖呢？

一是因为等差数列的相关知识，是属于高中知识板块的内容。我知道小学奥数班会讲解一些超前的数学知识，但万万没想到会“超车”这么凶猛。

二是因为对四五年级的小学生来说，他们才刚开始接触代数方程，用 x 代替数字，都会让许多孩子发蒙。现在的奥数班，一下子让他们学习这么多带有字母和下标的复杂公式，他们的脑袋不死机才怪。

好的开端，未必就有好结果；坏的开端，结果往往会更糟。罗列公式并让他们背诵，就是高效打击小学生学习数学积极性的方式，快、准、狠，一击即中。

课堂上，学奥数的孩子大都很刻苦，就这么几行字母公式，努力一把还是能记住的。但这样无意义的机械记忆，记得缓慢，记得零散，忘得飞快。我们的大脑就充斥着无数这样的公式碎片，如果突然问学过等差数列的我们：4、7、10、13……100，这个数列一共有多少项，第 31 项是多少，和是多少？恐怕绝大多数人都是一脸呆滞，无法马上说出答案。

其实，原理公式当中隐藏着深刻的思想和故事性，犹如一本精彩的小说，一两个月，甚至一两年过去，小说里有趣有料的情节，仍然令人印象深刻。而单纯地背诵一本满是公式的教科书，只会令孩子觉得索然无味、昏昏欲睡，很难取得令人满意的效果。即使今天背了，过几天也就模糊不清了。

这就是为什么有的孩子学习很努力，每天从早上 7 点学习到晚上 11 点，周末还参加各种辅导班，但到了考场上，一紧张，公式定理忘得一干二净，成绩也令人大失所望——不清楚公式之间的关系脉络，不明白定理法则的因果逻辑。

如何才能让记忆更持久？唯有理解后的记忆，才能让人不遗忘，或遗忘得慢一点。

无论是公立学校还是培训机构，无论是语数外还是音体美，老师们各有各的招，有的老师因材施教，不要求标准化；有些老师平庸不动脑，只会逼孩子背知识点、刷题。就像一把菜刀，在庸才手里，就是一把利落的刀，手起刀落，聪明脑瓜变呆瓜；而在大厨手里，就成了一把神奇的刀，手起刀落，成就舌尖上的美味。

咏鹏无疑就是一个拥有神奇魔力的五星大厨。在《奥数是个替死鬼》中，他分享了在讲解等差数列知识点时的高招——

1、2、3、4……87，一共几个数？谁都知道是87个数。那些编公式的人也不比我们聪明，他们也只知道从1开始一个一个地数。所以每遇到一个数列，他们都得想办法把它折腾成从1开始的连续数。例如2、4、6……50，就把每个数都除以2，遇到3、6、9……75，就把每个数都除以3。而现在4、7、10、13……100的公差也是3，所以最后也要除以3才能让它们连起来，可目前它们都不是3的倍数。那就先一起减1，就全变成3的倍数了，然后再一起除以3。

原数列：4、7、10、13……100

每个数减1：3、6、9、12……99

每个得数除以3：1、2、3、4……33

这样，我们就在保持项数不变的情况下，把原始数列折腾成最直观的从1开始的连续自然数，项数一目了然。而编公式的人只不过把末项的变化总结了一下而已。

很明显，这比单纯记公式要麻烦得多，但真正要学的东西、真正的数学乐趣不都在这里了吗？项数公式背了两三年以后，突然得到这样一种解释，很多学生的脸上会有一种如释重负的笑容。尤其当他们知道编公式的人和他们一样也只会从1开始一个个数的时候，就好像高深莫测的大法师从山顶上走下来拉住了他们的手。

老师怎么教，学生就会怎么学；老师想要什么就强化什么，强化什么就得到什么。

解决问题，有公式代入法、数形结合法、逻辑推理法、逆向思维法等，但老师除第一次教学外，无一例外，采用的都是“最快捷”的公式代入法，长此以往，学生只可能建立起算式化的数学思维与解决问题的方法。

更可怕的是，我们通常学了一个公式后，还没来得及吃透它，紧接着就是一系列的代公式计算。第一道题或许还会想想，后面就只会机械式地计算，冲淡刚建立起来的思路。学习就这样一点点地变成了一项不知所以然的背诵任务。

在这种背景下，老师们除了要求学生死记硬背、海量刷题外，好像还真没有其他好办法把分数提上去。这样一来，就出现了孩子小时候知识少、创造力强，长大后知识足却又缺乏创造力的怪象。特别是在孩子上初中以后，差别慢慢就显现出来。

如何扭转这一局面？很简单，把被劣币赶跑的良币请回来。在对孩子进行数学启蒙或者其他启蒙时，家长不急于求成，尊重孩子的想象力，采用图像化、生活化、游戏化、阅读化的教育方式，就能让孩子成长更快乐，知识掌握更扎实，思维模式更多元。

**小结**

1.“数学启蒙”跟“数学学习”天差地别。数学启蒙绝不等于数数与加减法，启蒙最重要的是保护孩子的兴趣。反复记诵则是扼杀孩子数学兴趣最有效的手段！

2.许多时候，让孩子备受煎熬的不是知识，不是习题，而是授课的人。

3.好的开端，未必就有好结果；坏的开端，结果往往会更糟。罗列公式并让他们背诵，就是高效打击小学生学习数学积极性的方式，快、准、狠，一击即中。

# 数学运算能力——让孩子在玩扑克、魔术中爱上数学

*纯数学是魔术家真正的魔杖。*

*——诺瓦列斯*

要想孩子的数学好，首先得帮孩子打好“三大地基”，培养起最重要、最核心的数学能力：数字运算能力、逻辑思维能力、空间想象能力。

这其中，又以数字运算能力最为基础。基础不牢，地动山摇。数字运算能力决定快速计算的准确度。数字运算能力强的孩子，可以将大把精力聚焦在解决问题的思考上，而不用时刻担忧最后的计算结果。这样的孩子，学习数学效率会更高。

如何才能在启蒙阶段快速提升孩子的运算能力？死记硬背？毫无乐趣且痛苦低效。题海战术？机械重复而令人疲累。家长如果在启蒙阶段这样“帮助”孩子学习，孩子不恨死数学才怪。

学习的高压之下，其实我们还可以选择在“扑克游戏”“数学魔术”中，快乐地培养孩子的数字运算能力。

» 1 »

## “21 点”，一副扑克，玩转数字计算

2013 年 11 月左右，入读一年级两个多月的唐堂，每晚都要在我或唐堂妈的监督下，完成老师布置的任务：背诵 20 以内的加减法。这样的数学学习方法，对在供销社商店长大、不知不觉就能帮爸爸盘点找零的我来说简直难以理解。看着唐堂背诵时的痛苦表情，我决定想个办法救唐堂于水火之中。

办法还没想出来，我就在杂志社的安排下，于 2014 年元旦，前往美国参加一年一度的全球电子消费展。晚上在拉斯维加斯的酒店大堂里闲逛，一张张牌桌上，“老外”们满脸兴奋地玩“21 点”。我猛然意识到，“21 点”正是众里寻他千百度的数学启蒙游戏啊。

出差回来，我便迫不及待给唐堂讲起美国人玩“21 点”的乐趣，以及我的 20 美元是如何一块一块输掉的。唐堂很感兴趣，缠着我要玩，还把唐堂妈拉过来，坐得规规矩矩，听我讲“21 点”的游戏规则——

“21 点”又叫黑杰克，用除大小王之外的 52 张牌，游戏者的目标是使手中的牌的点数之和不超过 21 点，且尽量的大。2 至 9 牌，按其原点数计算；J、Q、K 和 10 牌都算作 10 点；A 牌既可算作 1 点，也可算作 11 点，由玩家自己决定。开局时，由庄家按顺时针方向，依次给每一个玩家（包括庄家）发两张牌面向下的牌（暗牌），由玩家计算后决定是否继续拿牌，拿牌后有可能继续朝 21 点靠近，但也有可能超过 21 点爆牌。爆牌者淘汰，没爆牌的，最后跟庄家比大小。如果玩家手里的两张牌加起来刚好 21 点（一张 A 牌和一张 10 点的牌），这就是通吃的黑杰克。

“21 点”看似简单，但它对孩子的数学启蒙有事半功倍的效果。

首先，提升了孩子的计算能力，包括心算巧算、组合计算的能力。刚开始唐堂按拿牌的顺序硬加，总得花上点时间，手里拿的牌越多，越

容易出错。但我和唐堂妈总会把能“凑整”的牌放在一起相加，速度快的同时也不容易出错。唐堂慢慢看出了诀窍，也开始这样操作，而且把这种解决问题的思维模式，逐渐从游戏过渡到了作业之中。

其次，孩子还能从这个游戏中学到概率思想。比如，唐堂拿到的两张牌之和是 16，还要不要继续拿下一张牌？这时，他就得去做减法——距 21 点还差几点？并分析和判断接下来拿到点数是 1、2、3、4、5 的可能性的大小，然后在靠近 21 点或爆掉的风险中做出决定。这就是概率的初始启蒙。

除此之外，因 A 牌既可算作 1 点，也可算作 11 点，当他拿到 A 牌时，就得思考应该把它当作哪一个点数来使用最有利，随着手中拿到的牌的变化，A 牌的点数选择可能会进一步改变。这就是数学思想中很重要的分类与假设思想。

小学有一道经典数学题：小红家、小明家与学校处在同一条直线上，小红家、小明家离学校的距离分别是 20 千米和 30 千米，请问小红家和小明家之间的距离是多少？这道题的答案是 50 千米或者 10 千米，就是利用分类思想得出的答案。

不仅如此，唐堂还渐渐发现了游戏规律——似乎庄家赢的次数会更多。

唐堂总结说：“因为庄家最后才开牌，可以根据玩家的情况，再确定自己的解决方案，这就是所谓的后手优势——其他玩家在靠近 21 点和爆掉的可能性如果各是 50%，那么庄家在自己还没开牌前，就‘享受’了一次一半赢的机会。即便前面的玩家‘幸存’下来，庄家开自己的牌时，又‘享受’了一次不要牌的红利——很有可能庄家不加牌，就比幸存玩家的点数大。即使点数不如幸存玩家，庄家也还有一次自己加牌更靠近 21 点的概率。当然赢的机会就更大！”

随着唐堂计算能力的增强，我们还将游戏改造成了“31 点”“41 点”，这样不确定性因素更多，涉及的数值更大，唐堂的计算能力和数学思维得到了进一步锻炼。

“21 点”游戏不仅帮助唐堂完成了老师布置的家庭作业，拓展了心算巧算能力，还启迪了一些数学经典思维模式。

一个小小的“21 点”游戏，能让数学的计算启蒙从枯燥地背诵变成欢乐地游戏，试问哪个孩子会不爱？

受“21 点”游戏的启发，在唐堂四年级开始学习四则运算、老师天天布置四则运算习题时，我们一家人又开始玩起了“24 点” 游戏——

将一副牌抽去大小王，使用剩下的 52 张。从中任意抽取 4 张牌，用加、减、乘、除（可加括号）四则运算，把牌面上的四个数（A 算作 1；2 至 10 牌，按其原点数计算；J 算作 11、Q 算作 12、K 算作 13）凑成 24。每张牌必须用一次，且只能用一次。如果拿到的 4 个数能算得 24，谁先算出来谁就获胜，谁的算法多谁就获胜；如果遇到的 4 个数不能算得 24，就算和牌，进入下一轮。

唐堂曾问：“为什么‘24 点’会成为一款经典游戏，25 点、29 点为何不行？”

这个问题把我难住了，第二天，我去请教了我社《智慧数学》的李海瑕主编。原来 24 是 30 以下自然数中，因数最多的整数，它有 1、2、3、4、6、8、12、24 这 8 个因数。其中有七个都在扑克牌的点数范围之内。一个数的因数越多，越容易成为加减乘除运算的结果。经测算，一副牌（52 张）中，任意抽取 4 张，有 1820 种不同组合，其中仅有 458 个牌组算不出 24 点，如 A、A、A、5。

唐堂刚开始玩“24 点”，基本上就是瞎碰乱凑牌面上的 4 个数，效率低下。为了照顾他的情绪，还需要我和唐堂妈演戏，假装很难算的样子，故意输他几次，让他有兴趣玩下去。

“24 点”涉及众多运算组合，可以让唐堂从不同角度去解决问题，训练他的推理能力。由于一种运算组合方法不一定会得出 24，所以必须学会尝试从各种维度去推理、运算。比如，大多数孩子擅长用“倒推法”求解——

如果最后一步用乘法有：24=1*24=2*12=3*8=4*6 这 4 种；

用加法有：24=16+8=14+10=12+12 等；

用减法有：24=30−6=32−8=64−40=56−32 等；

用除法有：$24=\frac{48}{2}=\frac{72}{3}=\frac{96}{4}=\frac{120}{5}=\frac{144}{6}$等。

最后一步是乘法的组合最少，难度最小。所以唐堂习惯用正向（从小变大，两数相加或相乘后的数字更大）的乘法思维去解决问题。我和唐堂妈往往用减法或除法思维去引导他，唐堂从我或唐堂妈的解决方案中，慢慢得到一些启发，在正向思维解决不了的情况下，也尝试逆向（从大变小，两数相减或相除后的数字更小）思考，思维模式逐渐变得更全面。

一个牌组，他提出的解决方案越来越快，也越来越多。四则混合运算的重点难点，就这样，在游戏的一片欢声笑语中被攻破了。

“24 点”就是四则混合计算的游戏版。用它来锻炼四则运算能力，要比纯做习题有趣、高效、自由、方便得多。

因为“24 点”的组合多，牌的点数不同，运用的方法也大相径庭。而且是由计算最快、计算方案最多的一方胜出，极为“烧脑”——孩子的大脑在游戏中得以高速运转——快速计算能力、运算规划能力和思维敏捷度在游戏中得到指数级的增长。同时，还提升了孩子的专注力。

所以，如果你的孩子正在上四年级，学习四则混合运算，你和孩子不妨玩一玩“24 点”。比如“4、6、6、8”这一牌组，能想出 5 种以上的算法吗？

## » 2 »

## 数学魔术，见证数字运算奇迹的时刻

唐堂在四年级下学期的某天，我在《智慧数学》杂志的清样上看到一道趣味数学测试题，号称能从答案看出一个人的思维是“逻辑型”还是“直觉型”。

题目如下——

9、72、8、56、7、42、6、30、5、20……3、______、2……空格上应该填多少呢？

据称，答“6”代表你是“逻辑型”思维，答“9”则是“直觉型”思维。

我饶有兴味地测试了一下，推理出来是“6”，逻辑型思维！完全符合我理科男的专业背景，连我都觉得有些不可思议。

我兴奋地将这道数学题用手机拍下，下班回家，急不可耐地拿给唐堂测试。唐堂拿过手机，在草稿上划拉两下就填出了“6”，这跟唐堂的自我定位相同。唐堂很高兴，忙邀请他妈妈也来测一测，结果文科生唐堂妈，推算出来的结果是“9”。于是，全家人沸腾了，大家都认为测试结果很准。

后来，我在网上查了一下，发现该题目流传已久，正确答案众说纷纭。由于题目不严谨，好几个答案基本上都说得通。据说答案还可以是“14”。

这类题目，要说真能测出思维倾向，稍显夸张。但用于增加孩子学习数学的兴趣还是蛮不错的。很多时候，家长想培养孩子的数学兴趣，并不需要一板一眼和答案较劲儿。

一直以来，大人小孩都对魔术情有独钟。稀奇古怪的魔术，总会给人带来惊喜。其实，在算术王国中，简简单单的几个数字，加上一些小小的计算诀窍，就能让数字拥有神奇的魔力，将孩子的好奇心给勾引出来，激发他们学习数学的兴趣。

我常用这些好玩得不得了的魔术，在唐堂面前展现数学的魅力，以吸引他对数学的热爱。下面这几个神奇的数学魔术，就是我跟唐堂一起玩过的众多数学魔术中的佼佼者。

**魔术一，读心术。**

第一步：玩家在心中随便选定一个数字。

第二步：把这个数加倍。

第三步：加上18。

第四步：除以2。

第五步：减去玩家一开始选择的那个数字。

第六步：魔术师通过读心术，说出玩家最后的得数。

一天，我神神秘秘地告诉唐堂，我今天学会了一种读心术，可以看穿别人心中所想。唐堂看着表演浮夸的我，实在不忍心打击我的积极性，于是配合我的演出，决定试一试。

在唐堂完成上列步骤并算出得数后，我装模作样地盯着唐堂的眼睛，口中念念有词，施展读心术。我在唐堂满是算式的草稿本上，找了个空，见缝插针地写下了数字“9”，唐堂的嘴惊讶得张成了“O”。

为了确认我不是猜的，唐堂和我又玩了一次。当他再次选定一个数字，重复上面的步骤，我只是将步骤三，改为“加上 34”。当我试图与唐堂再次建立心灵感应，盯着他闪烁躲避的眼睛开始“读心”时，唐堂干脆蒙上了眼睛。我假装为难地用手去摸了摸他的头顶，然后在纸上写下“17”。

唐堂睁眼看见“17”，不禁失声大叫：“妈妈，快来，爸爸会读心术！”

唐堂妈加入后，他们很快就识破了我的读心术——不管你最初选定的数字是多少，最终的答案是步骤三“加上数字”的一半。

唐堂再略加思考，发现了步骤二的说法其实就是乘以 2，与步骤四除以 2，正好抵消。这一发现激起了唐堂的研究精神。他在草稿纸上按步骤写下算式，竟然随随便便就戳破了我的读心术。

第一步：$N$

第二步：$2N$

第三步：$2N+M$

第四步：$N+\frac{M}{2}$

第五步：$\frac{M}{2}$

你看，只需要一点点的算术知识，一个小孩子就能破译魔法的奥秘。

**魔术二，一个神奇算式，能算出你穿几码鞋和多少岁。**

请玩家用他的鞋码数字乘以 5，再加 50，然后将结果乘以 20，再加 1020，再减去代表玩家出生年份的四个数字。最后，我们会得到一个四位数，前两位数是玩家的鞋码，后两位是玩家的年龄。

要看穿这个数学魔术，其实不难。

第一步：用鞋码数字乘以 5，后来又乘以 20，就等于在鞋码数字后添了两个零。

第二步：用 50 乘以 20 再加 1020 这个步骤就能得到 2020。

第三步：用 2020 这个数字减去你的出生年份数字，就是你两位数的年龄。（温馨提示：该魔术不适合百岁以上老人参与。想想为什么。）

第四步：用第一步的结果加上第三步的结果，得到的四位数，显然前两位就是你的鞋码，后两位就是你的年龄。

怎么样？小把戏一戳穿，你就该知道明年玩的时候你要把 1020 那个数字换成 1021 了吧！

**魔术三，神奇的数字 9。**

请玩家随便写下一个四位数（数字不能相同）。然后按从大到小的顺序，把四位数重新排列成新的四位数，然后用新四位数（大数）减去原来的四位数（小数）。得到的结果，不足四位的，在数据前用“0”填补，以保证得数不变。只要玩家告诉其中的三个数字，魔术师就能回答出第四个数字是多少——用玩家告诉的三个数字相加，如果得数不是一位数，再次用得数的两个数字相加，直到得出一位数为止，然后用“9”减去这个一位数，得数就是玩家隐藏的第四个数字。

这个魔术，有一种例外情况，当玩家报出“018”三个数时，第四个数字可能是“0”，也可能是“9”。

我在跟唐堂玩这个魔术时，为了增强戏剧效果，我和唐堂分别待在两个房间，相互看不见对方。唐堂在他的房间，写下这样一个四位数，完成一系列计算后。我在另一个房间扯着喉咙问：“结果是不是四位数？”唐堂大声说：“是。”

我告诉他，只要他告诉我其中的三位数字，我就能告诉他第四个数字。

唐堂闪烁其词，断断续续地说出其中三位：“109。”我假装延迟 3 秒钟，然后说出了第四个数字：“是 8 对吗？”

唐堂虽然惊讶得合不拢嘴，但有破解以前魔术的经验，他以为会像前两个魔术一般，多玩几次就能戳穿我的把戏——“264”，“6”；“762”，“3”；“029”，“7”……玩了很多次，唐堂仍没识破其中的门道。

唐堂开始对我软磨硬泡，非要我把隐藏的奥秘倾囊相授，以便让他在班上一展身手。

下面我们管中窥豹式地了解一下该魔术的秘密：

步骤一：任选中一位四位数，比如abcd，可将其改写为abcd=1000a+100b+10c+d。

步骤二：按从大到小顺序重新排列成一位四位数，比如是dbca(其他情况请你带着孩子尝试吧)，也将其改写成dbca=1000d+100b+10c+a。

步骤三：dbca−abcd =999d−999a=999（d −a）。

不难发现，不论如何改变四位数各数位上数字的顺序，最终结果总是9的倍数。仔细研究9的倍数，我们会发现它有一个神奇的特点：

9、18、27、36、45、54、63、72、81、90、99、108、117、126、135、144、153、162……

把这些数所有数位上的数字相加，和始终为9。

在这其中，有一种情况例外——9的11倍99，9+9=18，不过18也是9的倍数，而且1+8还是9。一直往后重复以上的计算，我们不难得出一个结论：如果某个数字是9的倍数，那么该数的各个数位上的数字之和也必然是9的倍数。

所以，当玩家告诉魔术师其中三个数字，若三个数字相加是一位数，那它再加上第四个数字，和必然是9。反之，用9减去这个一位数，结果就是玩家隐没的第四个数字。

若三个数字相加是两位数，10、11、12、13、14……19，再将各个数位上的数字相加，分别是1、2、3、4、5……10，相当于在第一次的数字和中减去“9”。四位数最终的和仍是9的倍数，在9的倍数中减去一个“9”，结果必定还是9的倍数。所以，用9减去经过两次相加的得数，结果就是被掩藏的第四个数字。这在“9”的计算法则中又叫“弃9法”。

应用数字 9 的这些特性，我们还可以设计出若干数学魔术——只要设计出的多次计算结果是 9 的倍数，告之除一位数字之外的其他数字，就可以计算出被藏匿的数字是几。

一个数字 9 竟引出无数神奇的数学知识，演绎若干神秘的数学魔术。

数学与魔术，一个看似奇怪的组合，一旦能引导孩子透过现象看本质，找出躲藏在魔术华丽外衣下的秘密，必然会开启孩子看待数学的全新视野，从而爱上数学。

数学魔术，将冰冷的数学知识，用有温度的方式在魔术中展露光芒。

数学魔术，最大的魅力是触动人的好奇心，唤醒孩子主动探索的兴趣。

数学魔术，用特立独行的形式，眼花缭乱的障眼法，阐释着数学“变中不变”的永恒规律。

所以，家长不妨试着做个孩子眼里的数学魔术师，尽情展现你杰出的表演天赋，引领孩子在魔术的世界里收获对数学的无穷乐趣，并见证数学的力量。

## 小结

1. 数字运算能力决定快速计算的准确度。数字运算能力强的孩子，可以将大把精力聚焦在解决问题的思考上，而不用时刻担忧最后的计算结果。这样的孩子，学习数学效率会更高。

2. “21 点”“24 点”，使孩子的大脑在游戏中得以高速运转——快速计算能力、运算规划能力和思维敏捷度在游戏中得到指数级的增强。同时，还提升了孩子的专注力。

3. 数学与魔术，一个看似奇怪的组合，一旦能引导孩子透过现象看本质，找出躲藏在魔术华丽外衣下的秘密，必然会开启孩子看待数学的全新视野，从而爱上数学。

# 逻辑思维能力——
# 笨不可怕，思维混乱比较可怕

*要想让孩子的数学思维、逻辑思维得到长足的发展，最好的办法，就是让孩子主动走出课本学习给他画的圈子，到游戏中、生活中去有意识地运用数学思维、培养数学思维。*

*——唐斌*

学数学不仅仅是学计算，更重要的是培养孩子的逻辑思维。

逻辑思维能力，是孩子借助观察、类比、归纳、演绎、分析、综合、抽象和系统化等思维方法，运用正确的推理方法，准确而有条理地表述自己思维过程与解决问题的能力。

逻辑思维能力，是数学学习中最重要的能力，既是解决问题的关键，更是智慧的核心。无逻辑，不思维。逻辑思维能力好的孩子往往有着强大的推理归纳能力，即便在考场上忘记公式，也可以按图索骥推导出答案来。

## » 1 »

## 数学成绩不等于数学思维

提起数学思维，不少人想当然地认为，数学成绩好的小孩，数学思维能力肯定也不错。事实可能和大家的想象恰恰相反。在数学课上，作业本上培养的仅是孩子的“习惯化”思维，“照猫画虎”或“依葫芦画瓢”，基本上都是照搬老师讲解的方法，采用同一种思路解题，没有自己的思考。

比如小学阶段，有一道充分体现统筹规划能力的典型思维训练题——

小明要完成以下工作：用洗衣机洗一缸衣服需要 45 分钟，烧开一壶水需要 15 分钟，晾衣服需要 5 分钟，打扫卫生需要 10 分钟，请问小明完成以上任务所需最短时间是多少分钟?

这样的数学问题，很少有学生做错。但在生活中面对具体问题时，你会发现，他们知识迁移的能力简直“弱爆了”，基本不会“思考”。

南方的冬天，从某种意义上讲，确实比北方难熬，没有暖气，晴天干冷，雨天阴冷。所以，冬天的南方，很多大人小孩，都需要一个暖宝宝来暖被窝。

唐堂也有一个心爱的暖宝宝，每天睡前需要充 5~7 分钟的电。大多数时候，都是唐堂妈充好电，提前几分钟把暖宝宝放进唐堂的被窝。但唐堂妈也有遗忘或是上晚自习的时候，每当唐堂洗漱结束要上床时，才发现暖宝宝还没充电，于是蜷缩在冰冷的被窝中，扯起喉咙喊：“妈妈，妈妈……帮我充一下暖宝宝。”有时候甚至边喊边抱怨，“妈妈，你怎么老是忘记给我充暖宝宝！”唐堂妈很生气，话像出膛的子弹：“唉，充暖宝宝什么时候变成我的任务了？自己充！”当唐堂妈生气或是上晚自习未归时，唐堂无奈地瞅我两眼，想起我是坐等吃饭的角色，悻悻地穿上睡衣，亲自下床给暖宝宝充电。

在给暖宝宝充电这件事上，唐堂是典型的单线条思维——串行思维模式——做完 A 工作后，再开始 B 工作；B 工作结束后，再启动 C 工作。

有一天晚上，我逮住唐堂妈生气的机会，装成好好先生，告诉唐堂，若他采用并行思维模式，洗漱前先给暖宝宝充上电，在他完成拖沓冗长的洗漱动作后，暖宝宝多半也充满了电，带上热乎乎的暖宝宝，哧溜一下钻进被窝，多巴适（重庆方言，意为安逸）！既提高了时间的利用效率，又不会央求和麻烦别人，多好！

刚被妈妈念叨半天的唐堂一听，觉得有道理，于是接下来几天，他都如此操作。我挺满意自己对唐堂思维的改造，心想再坚持 21 天，他就可以养成自己动手的好习惯了。

中国家长，总是在“大包大揽”与“大喊大叫”中摇摆不定。好景不长，随着唐堂妈心情向好，晚上又帮唐堂提前充上了暖宝宝。于是，情形急转直下，全家人的行为和思维模式，又外甥打灯笼——一切照舅（旧）了。

如果说唐堂的并行思维模式没能建立起来，是因为不断有唐堂妈泛滥的爱心干扰。那奥数班小朋友的数学思维迁移能力又如何呢？

有一次，我听唐堂同学兼好朋友小任所在奥数班的一节《三角形数，杨辉三角》课，笔记很多，老师很敬业，开课前 10 分钟就把一排公式写在白板上。

“今天笔记有点多，大家抄一下，免得放学后再花时间记。”老师边放下书写笔边说，“下面请同学们把上一堂的作业拿上来批改。”话音未落，“呼啦”一声全班近 20 个小朋友拿着作业本，规规矩矩地在老师面前排起了一列蜿蜒曲折的队伍，等待批改作业。只有小任同学，看了一眼弯弯曲曲的队伍，不慌不忙地拿出笔记本，从容不迫地抄起了笔记。等他抄完，最后一个小朋友的作业恰好批改结束，他气定神闲地走了上去，半分钟不到，得意扬扬地拿着批改好的作业本，优哉游哉地返回座位。

同样的时间，小任同学有条不紊地“杀青”两项任务，时间利用率超高，一分钟都没耽搁。这才是真正的时间管理，这才是真正的统筹思维！再看看其他小孩，相同时间里，辛辛苦苦排队候着老师，心急火燎地仅完成一件事儿。

按说奥数班的孩子，数学知识与能力，都是同龄人中的佼佼者，但他们的知识能力为何只体现在作业本上、试卷上，怎么就跟生活如此水火不相容？

美籍华人数学教授蔡金法的一项对比研究，体现了小学生间数学思维的巨大差异——

7个女孩平分2个比萨饼，3个男孩平分1个比萨饼。每个女孩和每个男孩，谁分到的更多？

调查显示，大部分学生使用了如下的常规策略：每个男孩分得$\frac{1}{3}$个比萨饼，而每个女孩将分得$\frac{2}{7}$个比萨饼。将这两个分数通分（$\frac{1}{3}=\frac{7}{21}$，$\frac{2}{7}=\frac{6}{21}$，$\frac{7}{21}-\frac{6}{21}=\frac{1}{21}$）或是把它们都转化为小数（$\frac{1}{3}$=0.33，$\frac{2}{7}$=0.29，0.33−0.29=0.04），就可知道$\frac{1}{3}$大于$\frac{2}{7}$。

小部分学生使用了如下的非常规策略中的一种。

解法1：三个女孩分一个比萨饼，另外三个女孩分另一个比萨饼。这六个女孩中的每个女孩都与三个男孩中的每个男孩分得同样多的比萨饼。但是有一个女孩没有分得比萨饼。所以，每个男孩分得的比萨饼更多。

解法2：三个女孩分一个比萨饼，剩下的四个女孩分一个比萨饼。剩下的四个女孩每人分得的比萨饼要少于每个男孩分得的比萨饼。所以男孩分得的比萨饼更多。

解法3：7个女孩有2个比萨饼，3个男孩有1个比萨饼。女孩所拥有的比萨饼是男孩所拥有的比萨饼的2倍。但女孩的人数却不止男孩人数的2倍，所以男孩分得的比萨饼更多。

解法4：每个比萨饼被分成4块。每个女孩分得1块，还剩余1块。每个男孩分得1块，也还剩余1块。剩下的1块必须由7个女孩再次来分，而另外剩下的1块只需要3个男孩再次来分，所以男孩分得的比萨饼更多。

这样一道有趣的测试题，我在唐堂和小宝身上试过，两个“学霸”听完题目，用迷惑怀疑的眼光盯着我，以为我设置了什么陷阱。通过我的耐心解释，两个人争先恐后给出了正确答案。思考问题的方式和上文中的大部分孩子一样，都是比较 $\frac{2}{7}$ 与 $\frac{1}{3}$ 的大小。

后来，我还在许多适龄的孩子身上做过类似的测试，结果，越是训练有素、数学成绩好的孩子，思维模式越单一。思维的多元化，基本从这一年龄开始就绝迹了。这种单线条思维方式，让人很是伤心。

如果孩子始终埋头沉浸在循环往复的强化复习中，通过长期坚定不移、没完没了的计算练习，久而久之将全面落入“习惯化”（诺贝尔生物学奖获得者坎德尔提出的一个极富启发性的词汇）的思维定式。并在一次又一次的考试中，得以固化定型。如同“拉磨”的毛驴，只知原地转圈，而忘记了奔跑。甚至走出数学教室，放下数学作业本的孩子，仍然如卸了套的毛驴，还是走不出那个圈。知识停留在教室里、作业本上，思维失去了迁移能力。

学习最重要的不是记住规律与结论，而是要能思考条件与结论之间的因果联系，知行合一，学以致用。

我们肯定同意打篮球、骑自行车、游泳、搏击这些技能，不可能仅从教科书和作业本上就能习得。但在大家心中，数学这样的学科就是在课堂上学出来的、作业本上练出来的，而不是通过实践总结出来的。

这真是大错特错。

数学源于货物计量与交易、土地测量勘测，因“生活需要”和“游戏需要”而诞生。数学最初就是人的一种技能活动，如同搏击一样，要在搏击中学会搏击，我们也必须在使用数学中学习数学，在解决数学问题中学习数学，在运用数学中学习数学。

知识“有用”，方能长久。

启蒙阶段的数学，与生活联系最是紧密。家长不能仅仅让孩子在书本上学习，还应放到生活中去“再创造”学习。

因此，要想让孩子的数学思维、逻辑思维得到长足的发展，最好的办法，就是让孩子主动走出课本学习给他画的圈子，到游戏中、生活中去有意识地培养数学思维、运用数学思维。

» 2 »

## 数学思维，在生活中培养

只要家长留心，随时随地都能在生活中发现别径奇道，去培养孩子的数学思维能力。

重庆的冬天特别阴冷，又没暖气，起床成了全家老小的“每日难题”。

唐堂每晚睡觉，衣裤脱得很随意，一堆衣服裤子毫无章法，乱糟糟地堆在一起，早上起床穿衣裤就成了大问题。暖洋洋的被窝和冷飕飕的空气形成鲜明反差，好不容易鼓起勇气，裹着被子坐起身，顺手拿起放在床头的衣裤，一看，竟然是裤子！赶紧扔掉，继续在一堆衣裤里胡乱寻找贴身保暖内衣。甚至有几次，为了赶时间，唐堂先穿裤子，再穿上衣。看他光着上身，哆嗦穿裤子的情形，真是哭笑不得。

在一个变态冷的晚上，我问唐堂：“冬天很冷，晚上睡觉的时候，想一想应该先脱裤子，还是先脱衣服，才不会受冻？”

唐堂稍加思索回答：“当然先脱裤子好，脱掉裤子，就可以把腿放进被窝里，再一层一层地脱下衣服，这样腿不仅不会受冻，被窝也会渐渐变得暖和。”

我向他伸出大拇指，顺着他的思路接着说：“按脱衣裤的先后顺序，裤子放在最下面，外套、毛衣、保暖内衣依次叠放好。早晨起床，穿衣裤的顺序恰好跟脱衣裤的顺序相反。从保暖内衣开始一件一件地往身上穿，用不着慌乱地找衣服，穿好上衣，再钻出被窝穿裤子。这样一来，世界上最残忍的事情——冬天从暖乎乎的被窝中挣扎着起床，也就没有那么困难了。”

生活处处有数学，冬天脱衣裤、穿衣裤这件小事就包含着不少的逻辑性。衣裤一层又一层，按一定顺序地脱与放就是逻辑思维的过程。我们稍加留意生活中的这些小细节，潜移默化中，数学思维、逻辑思维就会在孩子的生活中扎下根来，在大脑中滋养生长。

唐堂从小在妈妈的细心呵护下，养成了一个坏习惯。每晚睡觉，躺在床上，都会扯着嗓子吼：“妈妈，妈妈，明天我穿什么衣服啊，帮我找出来！”或是他上床熄灯后，一再叮嘱我：“等妈妈下晚自习回来，请她来我寝室，帮我找一下明天的衣服。”这让我头痛不已。

私底下，就唐堂每天衣裤搭配的问题，我和唐堂妈，交流不下数十次。我告诉唐堂妈，小孩应该自己选择穿什么衣服。穿搭是个复杂的问题：不说牵扯诸如款式、色彩搭配等时尚知识的穿搭好不好看，单说衣裤厚薄是否保暖，就涉及诸多数学知识——将衣裤的厚薄与天气温度挂钩：10℃对应羽绒服加保暖内衣和毛衣、15℃对应棒球衣加保暖内衣、20℃对应薄外套加衬衣、25℃对应衬衣或 T 恤衫等。除此之外还有干扰项，起大风添加内衣、出太阳减少外套、下雨雪添加毛衣等，然后唐堂就可以根据具体的情况，自己分类匹配衣裤。

根据事件的已知条件、干扰条件、影响因子等多个因素数，按数学映射思路一一对应得出不同的结果。这样的日常生活是一个多么好的培养孩子数学思维的契机！

唐堂妈一边听，一边频频点头称是。

可我话音未落，唐堂的呼叫声准时响起，唐堂妈立马抛下一切，又大包大揽起唐堂明天的衣裤搭配。

就这样，在唐堂妈享受被唐堂需要的感觉中，唐堂每晚的吼叫，如“半夜鸡叫”，从小学一年级吼到了四年级。

在唐堂成长过程中，还有一件事儿，让我印象深刻。

2016 年春节前后，我以前学校的同事和唐堂小学的校长都因脑瘤相继去世。两人从查出病因到去世，都只有短短的几周时间。唐堂既伤心，又很不理解——几个星期前还看到校长在四处巡视校园，还跟自己亲切地打招呼，不像生病的样子，怎么突然一下说没就没了呢？

为了冲淡这些悲伤，并让唐堂对癌症这种疾病有所了解，具备一些基本的常识。我给唐堂讲了一道认知反射数学题——

**湖里种植了一株睡莲，此后睡莲的面积每天增加一倍。假如 30 天后这个湖面被这株睡莲的子孙盖满，整个物种将因窒息、缺少空间和食物而死亡，那么覆盖一半的湖面需要多长的时间？**

大多数人率先想到的答案是“15”，但它是错误的。采用逆向思维，问题立马可以得到解决：一天翻一倍，30 天全覆盖。倒推过来，盖住一半湖面，当然就是第 29 天。

联系之前提到的死亡，正如这道题目一样，人体就像湖面，癌细胞就如这株睡莲，同样是每天数量翻倍。用逆向思维继续倒推，不难发现，直到第 25 天，盖住湖面的睡莲癌细胞刚超过 3% 而已。这对正常的机体而言，有什么需要担心的吗？没有！更不会有人对自己的未来忧心忡忡。

三个多星期过去，97% 的身体仍然健康，身体出现的症状并不明显，或许有一些类似发低烧、头晕的小感冒症状出现而已。大家都以为还有大把时间静观其变，调理修复。其实我们错了，虽然癌细胞扩散到 3% 的身体用了将近 25 天，但扩散至剩余 97% 的身体只需要 5 天——第 26 天，癌细胞扩散超过 6%；第 27 天，癌细胞扩散超过 12%；第 28 天，癌细胞扩散到 25%；第 29 天，癌细胞扩散到 50%；第 30 天，癌细胞扩散到全身 100%！

所以说一夜之间，癌细胞就扩散到全身的情况确实是存在的。

虽然这个例子看来有些沉重，但生活中的确处处有数学。

孩子的启蒙期，家长在生活中培养孩子的数学思维，或许比在课堂、作业中来得更高效、有趣。而且孩子的逻辑思维一旦建立起来，未来进行系统的数学学习时也会轻松很多。

## 小结

1．逻辑思维能力，是数学学习中最最重要的能力，既是解决问题的关键，更是智慧的核心。无逻辑，不思维。逻辑思维能力好的孩子往往有着强大的推理归纳能力，即便在考场上忘记公式，也可以按图索骥推导出答案来。

2．在数学课上，作业本上培养的仅是孩子的“习惯化”思维——“照猫画虎”或“依葫芦画瓢”。

3．要想让孩子的数学思维、逻辑思维得到长足的发展，最好的办法，就是让孩子主动走出课本学习给他画的圈子，到游戏中、生活中去有意识地培养数学思维、动用数学思维。

# 空间想象能力——
## 天马行空，从孩子有扎实的基础开始

*数学是不怎么需要记忆的一门学科，一般数学有很多公式，但是这些公式是在理解的基础上，你都能理解就会用了，你用得越来越熟练，就不需要格外费劲去记忆了。*

*——王金战*

空间想象能力，是发现隐藏线索的能力。事物间的联系，有时全靠似有若无的辅助线建立新的联系，让人柳暗花明，豁然开朗。空间想象能力强的人，解决难题的能力往往更强大。

家长最容易忽视的一项孩子的数学能力，正是空间想象能力。

有的孩子很喜欢数学，喜欢挑战各种数学应用题，但遇到有关图形的问题，就一点儿思路都没有——视觉上的观察能力弱，大脑中的联想能力差，老是看不透点线面之间隐蔽的线索。家长也从来没有意识到孩子的"空间想象能力"需要单独培养。

在小学高年级、初中直至高中的考试中，几何板块（平面几何、立体几何、解析几何）占据的分值权重极高，难度也相当大。空间想象能力是真正拉开孩子成绩差距的"兵家必争之地"，不可等闲视之。

» 1 »

## 几何面包，剪、切、拉、扯、拼、凑

唐堂三年级下学期的某天，我下班回家，发现他正在“刻苦学习”，口中念念有词：上底加下底乘以高除以二，上底加下底乘以高除以二……作为一个“理科生”和“过来人”，我对他用背英语单词的方法来记忆梯形面积公式的做法，吃惊不小。

我打趣道：“儿子，干吗呢，念咒语啊？”

“背梯形的面积公式，明天老师要抽查。”唐堂专注背公式，头也不回地说，“老师还说，要我们周末做一些几何图形，下周带到学校去，上课要用！”

在我的认知当中，小学数学没有太多的公式需要背诵。比如面积公式，我们只要理解长方形的面积公式即可。至于其他图形的面积公式，都可以从长方形的面积公式中推导出来，当然包括圆的面积公式。

正如教育专家王金战先生在《英才是怎样造就的》一书中说——

数学是不怎么需要记忆的一门学科，一般数学有很多公式，但是这些公式是在理解的基础上，你都能理解就会用了，你用得越来越熟练，就不需要格外费劲去记忆了。所以说，有很多人把数学当成一门记忆的学科，这就错了。数学没有记忆的负担，你只要能力上去了，就能兵来将挡，水来土掩，是很好学的一门学科。有些同学一学数学，首先就顾虑胆怯，好像天生就学不了数学，这都是因为不了解数学。

我们常看到，许多老师要求孩子“背公式”，孩子也挺喜欢不费脑力地囫囵吞枣。但没有理解的记忆，我们都知道它忘得有多快—— 一进考场，一紧张，就把公式忘掉，彻底想不起来。这就是典型的“背诵数学”，思维能力没有得到丝毫的锻炼。

数学思维的培养，绝对不是让孩子提前学习一元二次方程，或者是奥数班一味地强化难度。单纯地提前学知识和做难题，对于数学思维的提升极为有限。真正地理解公式和定理背后的来龙去脉，这才是数学思维的内生力。

正巧那段时间唐堂读完《面包制作科学》和《简简单单做面包》，迷上了面包烘焙，催着我们买来了烤箱、高筋面粉、黄油、酵母粉……

接下来的周末，晚饭后，我坐在沙发上，饶有兴致地看着白案学徒唐堂，站在饭桌前的椅子上，躬身利用小身板的全部重量揉捏面团，用吃奶的力气摔打面团。看着他通红的小脸，我突发奇想，给唐堂提议："今天咱们别做什么吐司面包、蜂蜜蛋糕，来做几个特别的'几何面包'吧。这样岂不是一举两得！"

"什么一举两得？我才不想做什么无聊的'几何面包'，我要做葡萄干面包！"唐堂指着旁边满满的一碗葡萄干说。

"一举两得就是既烤了面包，还出其不意地完成了老师布置的作业——可以吃的几何图形。"我边解释边抛出诱饵，"你们班上，肯定不可能有小朋友的几何图形，做得比你的更有创意！"

这时才想起还要做一些几何图形家庭作业的唐堂，看看时间，无奈地接受了建议。

我们动手将发酵多时的面团，放在撒满面粉的案板上，用手揪下一小团，用力压成扁平状，然后用刀切成小长方形。看着旁边满满一碗葡萄干，唐堂脑子灵光一闪，主动建议在长方形面块上，用葡萄干拼凑出它的面积公式。我向他竖起大拇指："Good idea（好主意）！"于是，我们用葡萄干在长方形面团的脸上歪歪扭扭地嵌出"ab"。

随后，我们做了一个平行四边形，我问唐堂怎么求它的面积。唐堂张口就想背公式，我大手一挥："对聪明人来说，只要知道长方形的面积怎么算，其他的图形就简单了。只要会剪、切、拉、扯、拼、凑……反正只要能把所求的图形改造成长方形就 OK！"

说完，我用“切”字诀与“拼”字诀，开始“拆东墙补西墙”——用刀沿平行四边形的高任意切下一块，然后拼在另一边，平行四边形秒变长方形，显然面积不变，还是“长乘宽”，只不过应该说成“长乘高”而已。将其复原成平行四边形后，仍用葡萄干，在平行四边形面团上记录下公式“ah”。

三角形就更容易了，用“切”字诀，一刀将长方形沿对角线分成两个相等的三角形，于是在每一个三角形面团上用葡萄干嵌出“$\frac{ah}{2}$”。

梯形要复杂一些。做两块一模一样的等腰梯形，将其中一块翻个面，两两拼凑，就是一个平行四边形。于是梯形的面积自然就是拼凑起来的平行四边形面积的一半“$\frac{(a+b)h}{2}$”。

唐堂手舞足蹈，运用着自己“发明”出的“新刀法”：将梯形一刀切成一个平行四边形和一个三角形，欢天喜地地给我讲起他的拼凑法是如何推导出梯形的面积公式的。

圆的面积公式，唐堂还没学，也不知道怎么拆东补西。于是，我先做了一个大小合适的正方形，用“切”字诀，沿两条中线将正方形分成四个一模一样的小正方形。然后将一个碗倒扣过来，做了大正方形的内切圆。不费任何工夫，唐堂一眼就看出，圆的面积，要比 4 个小正方形的面积小许多，但肯定又比 2 个小正方形要大，或许跟 3 个小正方形差不多。我收集除内切圆外的“边角废料”，重新压平做成一个小正方形，唐堂说：“可能有原来一个小正方形的 80% 左右。”

我故意夸张地告诉他：“你太厉害了！你和伟大的毕达哥拉斯一样，重新发现了圆的面积公式。圆的面积是小正方形面积的 3.14 倍，你看你的答案跟正确答案只差 0.06，精确到小数点后两位了！”

随后，我告诉他 3.14 又叫“圆周率”，一般用“π”表示，就是《少年派的奇幻漂流》中的少年背诵的那个常数。说到圆的半径时，唐堂脱口而出：“我知道，圆的半径等于小正方形的边长。”最后，唐堂小心翼翼地用葡萄干将“$\pi r^2$”嵌在圆面团上。

我们将有“刺青”面积公式的“几何面包”，兴奋地放进烤箱，开始漫长又无聊的等待。

回想这两个小时，我和唐堂利用剪、切、拉、扯、拼、凑……从长方形出发，将正方形、平行四边形、梯形和圆的面积玩了个遍。一口气做完如此多的事情，唐堂依然兴致盎然，乐此不疲。

这件事对我触动很大——如果我们老是通过背诵、计算“为难”孩子，难免会让数学变得艰深晦涩，可如果把它当成一种游戏，孩子就可以轻松愉快地学习它了。

或许有读者朋友会问，唐堂第二天到学校，有没有受到老师的表扬？显然没有！

我和唐堂——两个没生活常识的家伙，完全没想到，又扁又规矩的几何面片放进烤箱，经过烘焙后，变成了胖乎乎、圆滚滚的大面包，根本看不出它原来的模样。面包上的公式完全变形——“几何面包”变“鬼脸面包”。唐堂绝望地盯着我，我挺不好意思地挠挠头，笑着说：“吃了没常识的亏啊，都是坐等吃饭惹的祸！”

对唐堂来说，摊上这样一个多事儿的爸爸，花费许多心思，做了若干“无用功”，却没有丝毫奖励，或许有些“倒霉”。

作为家长，我可以接受这样的“挫折”，但不能接受没有尝试的死板记忆——总是要求孩子不加思考地迅疾乱记一通，结果大脑里存放了一堆乱码，其实什么也没学到。

有时候，我们可以尝试让教育慢下来，慢，才是学习成长的正确方法。速度一快，便很难关注到细节，也很难看清“沿途的风景”；速度越快，忽略的东西越多，看得越模糊。

## 2

## 空间想象能力，良币驱逐劣币

分数，是小学数学学习的一个难点。

我记得有一天唐堂做家庭作业，作业中有一道题目是——

45 分钟等于几分之几小时？

我看见他思考了几秒钟，然后在答题处写下“$\frac{45}{60}$”。

我说能不能化简一点，他开始口中念念有词：五九四十五；一五得五、余一十、二五一十。唐堂擦掉“$\frac{45}{60}$”，改成了“$\frac{9}{12}$”。我说都到这一步了，写个最简的。他扭过头看了看我说：“你这个人，麻烦得很！”但还是顺从地念念有词：三三得九，三四十二。最后他将“$\frac{3}{4}$”规规矩矩地写在习题本上。

我问：“能不能直接想到$\frac{3}{4}$？”

唐堂答：“怎么可能，经过了这么多步骤。”

我拿起他书架上的小闹钟，转着后面的旋钮说：“你看，分针转一圈是一小时，60 分钟，分针转多少圈是 45 分钟呢？”

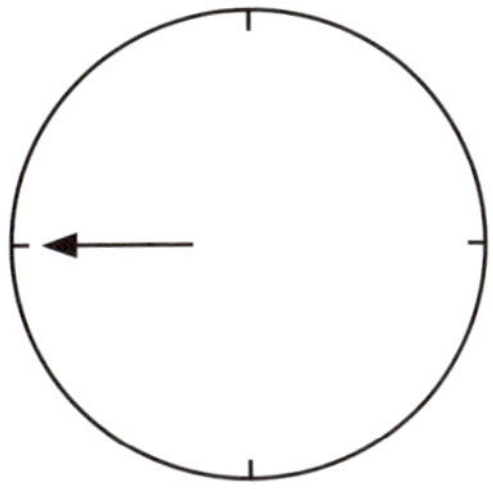

“$\frac{3}{4}$，啊……”唐堂有点兴奋。

随后，我想起进门时，挂在客厅墙壁上，外婆做的十字绣挂钟，因为电池许久没换，挂钟已“死”。出于一个前高中物理老师的职业习惯与心血来潮，我准备验证一下，看看小学三年级的小孩子，能否理解高中物理的力矩知识——

我带唐堂到客厅，指着安静的闹钟问：“为什么分针老是‘死’在‘$\frac{3}{4}$’9 点钟这个位置呢？”

唐堂答：“不知道。”

我说：“想象一下，如果你在竖直的钟面上骑自行车，从 0 点出发，需要完成十圈，当你完成的时候，累瘫了，都没力气刹车了。想让车自然停下，一路下冲，到 6 点，会不会自然停下？”

唐堂说：“不会，因为之前走的是下坡路，只可能越来越快！”

我问：“那最后最可能停在哪里呢？”

唐堂说：“哈哈，我知道了，最可能停在 9 的前后。因为前面积累的能量耗尽了。”

你看，唐堂虽然不知道高中物理的力矩知识，却能从生活常识中得以理解。

随后，我们一起动手，愉快地给挂钟换了“心”，挂钟指针又围着外婆绣的精美十字绣欢快地转动起来。

还有三角形面积公式——“底乘高除以二”，对小学生来说也是一个难点。把这六个字背下来太容易，唐堂张口就能来。但记得快、背得溜，不代表对图形的认识到位。

唐堂刚开始学习三角形时，就遭遇了口诀背得畅快，知识却不能“搬家”的问题——只习惯看规整的三角形，记忆中的“底边”，必须老老实实待在“底”上，一旦图形旋转一定的角度，则完全无力理解。三角形平放在地上能计算，斜倚在墙上就不会了，这能算是学明白了吗？

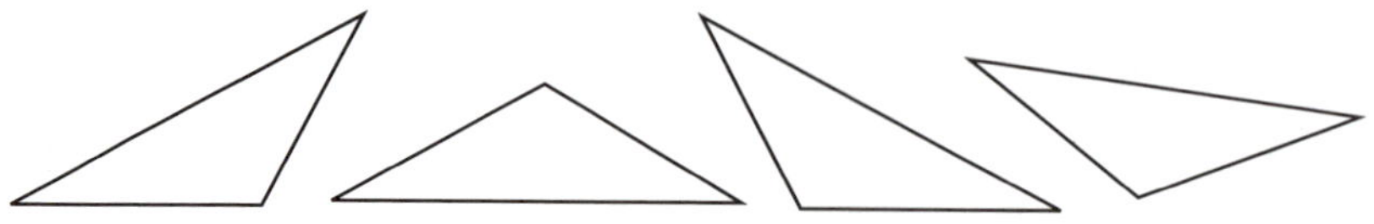

三角形的边与高，其实就是三对“CP”，选哪条边做底都行。做题时，我们可以歪着脑袋看图、转动试卷看图，底边不一定就在最下方，可以是倾斜的，甚至在图的最上方。

这可怎么办？

多亏咏鹏在《奥数是个替死鬼》中讲过的一道经典三角形等积变换问题，帮助唐堂突破了上述难点——

**请用至少四种方法，把一个三角形分成面积相等的四块。**

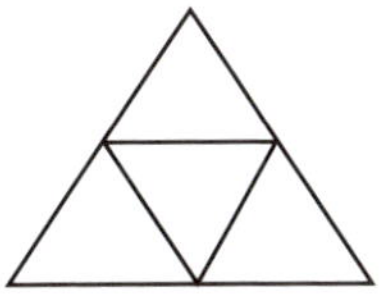
图一

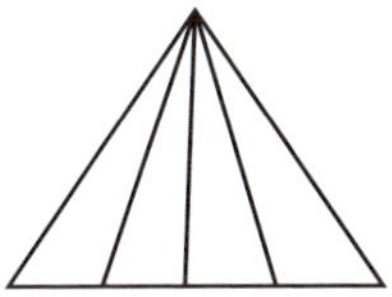
图二

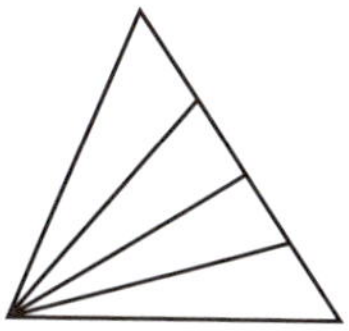
图三

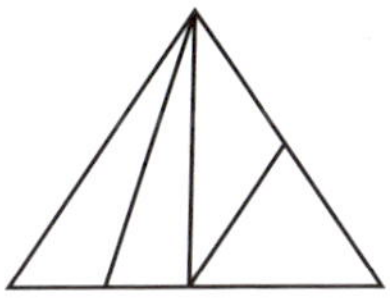
图四

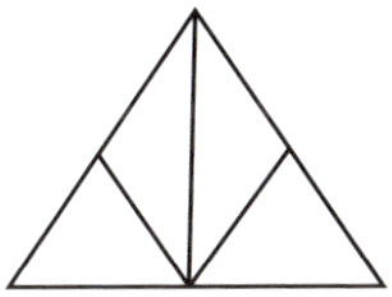
图五

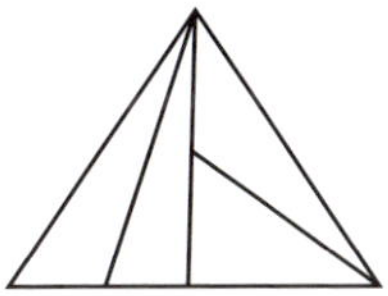
图六

图一，是一种特殊情况，不仅面积相等，而且形状也相同，是孩子最容易想到的一种方法。但仅在面积四等分时成立。

图二，因为底边在“底”上，四个小三角形长得还算“方正”，孩子理解起来并不困难——底相等，高相同，所以它们的面积一样大。

图三，虽然看起来和图二差不多，却是打破三角形面积计算，给孩子心中死板印象的一记重锤——原来斜边也可以看作底边，只是相应的高也跟着改变了。

从图四开始，用咏鹏的话说，是想象力起飞的地方。在局部二等分的小三角形中，采用不同的方案，将二等分小三角形，再次等分，变换出不再那么“方正”的两个等分三角形，逐渐破除三角形面积中的许多“迷信”——底边一定是最下面那条边，三角形都“方正”……

咏鹏每每讲到这里，都明显亢奋起来，他告诉孩子们，别说4种方法，就算要你画 30 种方案，都是 so easy 的事儿。然后，他请孩子们继续发挥自己的想象力。这时，孩子的表情分化了，有一种是豁然开朗，思路一下子自由奔放起来；还有一种是昏天黑地，怎么这么多样式要记呀？

上述等积变换思维，恰恰正是现在小升初的考查热点。比如——

如下图所示，已知大正方形的面积为 100 平方厘米，小正方形面积为 50 平方厘米，求阴影部分的面积是多少平方厘米。

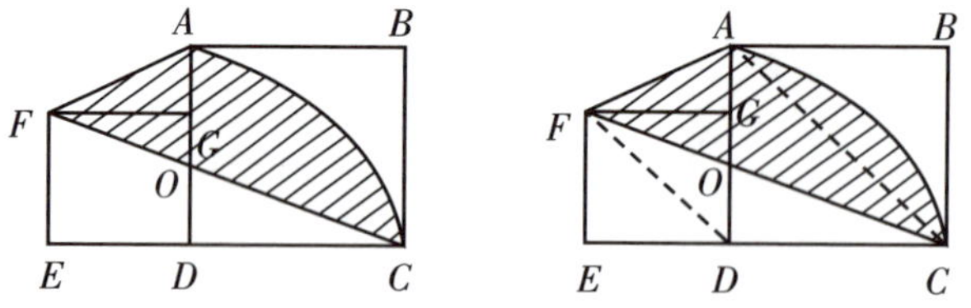


分析与提示：作辅助线 $AC$ 和 $DF$，将阴影部分转化为一个扇形的面积来求解。

解：如图，作辅助线 $AC$ 和 $DF$，因为 $AC$ 与 $DF$ 平行，

得梯形 $AFDC$，因为 $\triangle AFD$ 与 $\triangle DCF$ 等底等高，所以面积相等

所以 $S_{\triangle AOF}=S_{\triangle OCD}$，所以 $S_{阴}=S_{扇形ADC}$

$S_{阴}=CD^2\times\pi\times\frac{1}{4}=78\text{cm}^2$

受咏鹏的启发，我发现培养孩子的空间想象能力，可以从几何的一些基本定理入手，在“根”上建立起孩子的空间想象基座。

比如勾股定理（毕达哥拉斯定理），数学中最为著名的几何定理——$a^2+b^2=c^2$。

据说，勾股定理的证明方法超过 300 种，可我们往往只记住了公式和应用，却没有几人能够证明。典型的知其然而不知其所以然。但这显然是空间想象能力可视化的最好出发点。

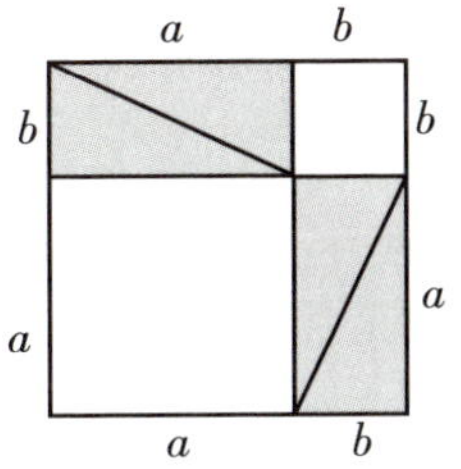


图一

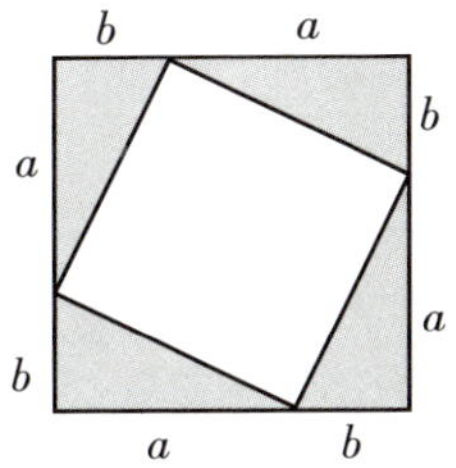


图二

假设直角三角形的直角边长为 $a$ 和 $b$，斜边长为 $c$。我们将这样四个直角三角形，采用不同方案拼成如图大小一样，边长均为（$a+b$）的两个大正方形。

图一空白区域的面积：$a^2+b^2$

图二空白区域的面积：$c^2$（想一想，为什么中间空白区域是正方形？）

显然两个大正方形的面积相同，四个直角三角形的面积（阴影部分）也相同，于是两个图中空白区域的面积必然相同。因此：$a^2+b^2=c^2$

单独用图二也可求证。

大正方形的面积：$(a+b)^2=a^2+2ab+b^2$

大正方形的面积还等于四个直角三角形面积 $4\times(\frac{ab}{2})$，即 $2ab$，加中间空白区域的面积 $c^2$

即：$a^2+2ab+b^2=2ab+c^2$

$a^2+b^2=c^2$

怎么样，是不是觉得几何非常有意思？

只要搞清楚这些基础原理的来龙去脉，便可让孩子明白，构造法是解决几何的基本思维方法。等到你来解决这些问题时，构造法、加辅助线等方法，就不再是一个陌生的概念。

下面一种构造法，也可以证明勾股定理，请你和孩子一起试一试。

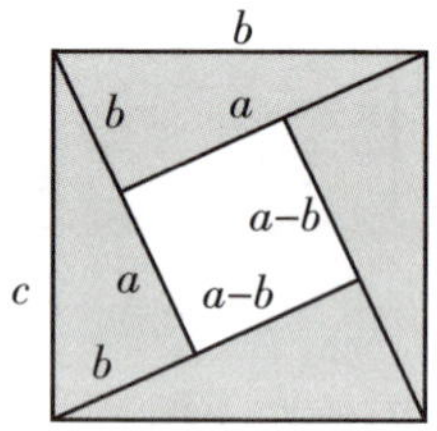


前文说过，我和唐堂在做几何面包的过程中，曾估算过圆的面积小于四个小正方形的面积，但又比三个小正方形的面积大。但一直没有机会证明。

后来，唐堂在奥数培训学校，老师用“切”字诀和“拼”字诀，证明了圆的面积公式：$S=\pi r^2$。

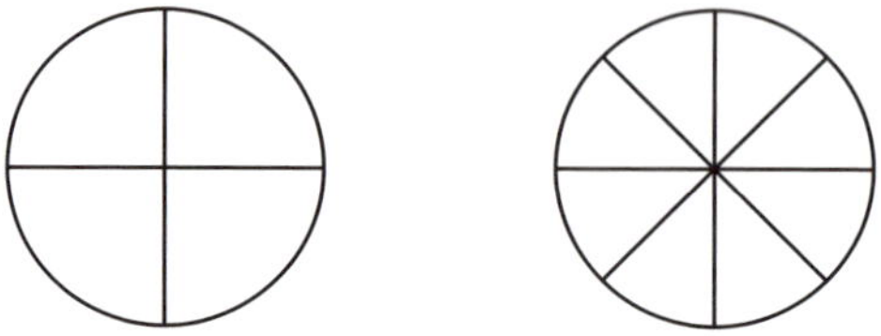

将圆看成一份唐堂最爱的海鲜鱿鱼比萨，将其分成若干份大小相等的扇形，然后将上下半圆分成的扇形交叉穿插排列在一起，如上图显示的是 4 等分与 8 等分的情况。

显然，我们将上述过程再进行下去，等分数越密集，形成的新图形越接近平行四边形。

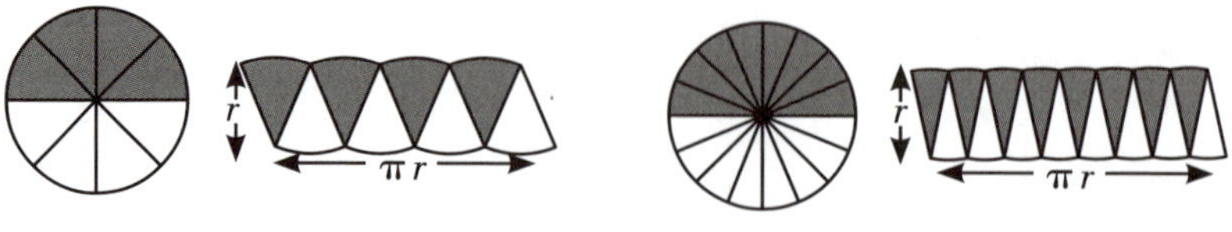


显然该平行四边形的底边长，是圆的周长的一半 $\pi r$，高就是圆的半径 $r$。该平行四边形的面积是：

$S=ah=(\pi r)r=\pi r^2$

将圆看作比萨饼，采用切割法可以证明圆的面积公式。

把圆当作洋葱圈，一样可以证明圆的面积公式：

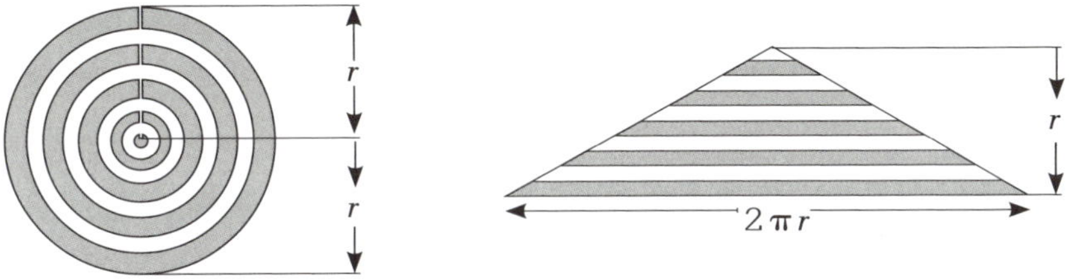


将圆看作许多层同心洋葱圈，按图中的方式，从顶部向下切割，直至圆心处，然后将它一层一层地展开，不难发现，最终将构成一个类似三角形的图形。如果洋葱圈层越多，切割合成的形状越接近三角形，这个三角形的面积是：

$S=\frac{ah}{2}=(2\pi r)\frac{r}{2}=\pi r^2$

你看，数学学习其实并不枯燥。

数学启蒙，孩子背了太多东西，背诵 20 以内的加减法，背诵九九乘法表，背诵各种长方形、三角形、梯形面积公式……如果只要求孩子死记硬背这些公式，只会是“以其昏昏，使人昭昭”。

数学启蒙，总有一些神奇的小把戏，从“一副扑克，玩转数字计算”到“见证数字运算奇迹的魔术时刻”；从“生活场景中的逻辑思维”到“剪、切、拉、扯、拼、凑几何面包的逻辑推理”；从“三角形等积变换破除空间认知迷信”到“从几何基本定理入手，在‘根’上建立起孩子的空间想象基座”，就能把孩子从学数学的痛苦中解救出来。

数学启蒙，其实还有另外一种可能，另外一种解决方案，那就是——

能够用“游戏”解决的，千万别去“背”；

能够用“图形”解决的，千万别去“算”；

能够用“生活”解决的，千万别去“纸上谈兵”。

## 小结

1. 空间想象能力，在小学高年级、初中，直至高中的考试中，几何板块（平面几何、立体几何、解析几何）占据的分值权重极高，难度也相当大，空间想象能力是真正拉开孩子成绩差距的“兵家必争之地”。

2. 数学思维的培养，绝对不是让孩子提前学习一元二次方程，或者是奥数班一味地强化难度。单纯地提前学知识和做难题，对于数学思维的提升极为有限。真正地理解公式和定理背后的来龙去脉，这才是数学思维的内生力。

3. 有时候，我们可以尝试让教育慢下来，慢，才是学习成长的正确方法。速度一快，便很难关注到细节，也很难看清“沿途的风景”；速度越快，忽略的东西越多，看得越模糊。

4. 数学启蒙，其实还有另外一种可能，另外一种解决方案，那就是——

能够用“游戏”解决的，千万别去“背”；

能够用“图形”解决的，千万别去“算”；

能够用“生活”解决的，千万别去“纸上谈兵”。

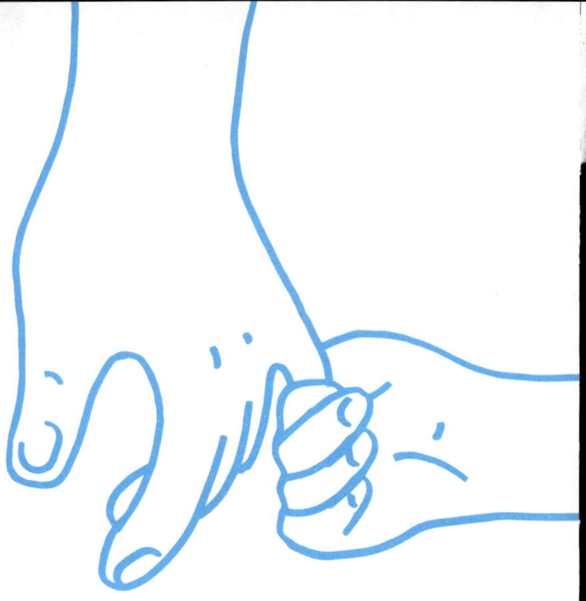